Playful Parenting

游戏力

笑声，激活孩子天性中的合作与勇气

[美] 劳伦斯·科恩 Lawrence J. Cohen/著　　李岩/译

中信出版集团·北京　　中国人口出版社

图书在版编目（CIP）数据

游戏力．笑声，激活孩子天性中的合作与勇气 /（美）劳伦斯·科恩著；李岩译．—北京：中信出版社，2018.7（2018.9重印）
书名原文：Playful Parenting
ISBN 978-7-5086-9015-5

Ⅰ．①游… Ⅱ．①劳… ②李… Ⅲ．①儿童教育－家庭教育 ②儿童心理学 Ⅳ．① G782 ② B844.1

中国版本图书馆 CIP 数据核字（2018）第 101294 号

由大苹果安排中国人口出版社与中信出版社联合出版

游戏力：笑声，激活孩子天性中的合作与勇气

著　者：[美]劳伦斯·科恩
译　者：李 岩
出版发行：中信出版集团股份有限公司
（北京市朝阳区惠新东街甲 4 号富盛大厦 2 座　邮编　100029）
承 印 者：北京鑫瑞兴印刷有限公司

开　本：710mm × 1000mm　1/16　　印　张：20　　字　数：210 千字
版　次：2018 年 7 月第 1 版　　印　次：2018 年 9 月第 2 次印刷
京权图字：01-2015-6444　　广告经营许可证：京朝工商广字第 8087 号
书　号：ISBN 978-7-5086-9015-5
定　价：52.00 元

目录

序

我认识李岩老师，是源于他的“父母工作营”。一位同事听了他的讲座，推荐给我。见面后发现，这位三个孩子的父亲，对亲子工作格外投入，不仅亲力亲为，而且投身于亲子教育的学习和分享。接着，他在小橡树幼儿园带领了几次“父母工作营”。他的工作营，不是为了证实自己的理论，而是在与父母们讨论每天的亲子生活和育儿困惑。他的判断力，和他从实际出发、朴实而开放的讨论式风格，赢得了不少妈妈的赞誉和尊敬。因此，当他告诉我，他翻译了一本新书，并邀请我写序时，我深感荣幸。

看了李岩老师发来的书稿，我立刻回复他：这不仅是一本好书，而且是一本我们现在的很多家长都非常需要的书。

为什么呢？

这些年来，大量的教育新理念来到我们身边，令人有应接不暇之感。今天的年轻父母，对待育儿这桩事，态度很严肃、很认真，也很努力。读书、听讲座、请教专家、上论坛，都是为了提高自己的家庭教养质量。这样的认真态度非常值得肯定。但也有些父母，尽管也读书、也讨论，但他们同孩子在一起时，会让人觉得缺了点什么。

缺了点什么呢？看了这本书，有令人豁然开朗之感。原文书名一语道破——Playful Parenting。为人父母，需要一种活力，一种自信，一种情趣，一种幽默，或者用李岩老师的翻译：游戏力。

年轻父母在了解一些教育理念之后，就常常有这样那样的焦虑，比如：今天同孩子说了这样一句话，是不是违背了接纳的原则？昨天对孩子做了那样一件事，会不会给孩子的幼小心灵留下不可平复的创伤？新手父母，多少都应该有过这样的经历吧。所以《游戏力》这本书，值得大家来读读。

曾经有智慧的父母劝说焦虑的后来者：不要过度担心。与其担心焦虑，不如把这个时间拿来同孩子玩耍。即使自己做错了什么，和孩子痛痛快快地玩一场，问题也就没有了。为人父母，最重要的是要与孩子建立良好的关系，即建立联结。引用本书作者的形象比喻，就是用我们的爱，把孩子的杯子装满。而与孩子一起游戏，用游戏的方式去处理问题，就是填满孩子的“爱之杯”的重要方法：通过一起游戏，孩子在欢乐与笑声中，用安全的方式交流了情感，感受到了我们的爱。

游戏对孩子的成长意义重大。在我自己育儿和多年教学的日子里，同孩子们游戏一直是带给我最多喜悦的奇妙之路。尤其在跟孩子发生争执和矛盾的时候，游戏经常能够很好地改变气氛和化解对峙，让父母与孩子、让老师与孩子之间很快重新愉快和融洽起来，甚至孩子身上的小问题也能在游戏中迎刃而解。

读这本书稿时，忽然想起近 20 年前，美国的家庭情景喜剧《考斯比一家》（*The Cosby Show*）。剧中的父亲，5 个孩子的父亲，就是一位游戏力高手。记得剧中有个情节，父亲吩咐小女儿去厨房帮忙，小姑娘颇不情愿，纠缠着问：“是现在吗？”父亲说：“我还得说明是现在吗？”小姑娘执拗地点点头，父亲一把抓住小家伙，一脸愤愤，无声而夸张地做出了“N—O—W”（现在）的口型，小姑娘立刻回以无声的“O—K—”（好吧），满意地走了。当时看得我乐出了声，多么聪明的父亲啊。

当初特别喜爱的这部情景喜剧，竟然对我日后的育儿产生了深远影响。当和孩子僵持不下时，脑子里浮现的，往往不是教育法则，而是电视剧里那一家可爱的笑脸。有趣的是，当这些笑脸出现时，冲突往往能够较好地化解。

教育是在人之间发生的，本身便具备了复杂而灵活的特性。我们学习时，有时需要把教育这种复杂的事情，简化成条条框框；但是在这样做时，我们心里随时要有省觉，知道这样的条条框框不是绝对的。完全拘泥于这样的条条框框，便有可能忽略了最基本的人类情感的力量。

在本书的最后，作者还告诉我们，首先要蓄满自己的杯子。也就是说，为人父母，要与孩子共同成长。这种成长，不仅在于学习育儿的知识，还在于，用我们的心去感悟、体验生命的乐趣与活力。当我们的爱之杯、生命之杯被蓄满时，我们就不再会焦灼，而会对我们孩子的成长充满感激，感激生命带给我们的启示和丰富了。

读到书中大量的亲子交流和游戏治疗的故事，你一定能发现：无论孩子是刚出生不久，还是已经进入青春期，无论是男孩还是女孩，都能从游戏中获益，只要你能放下焦灼急躁，换一种心态，尝试一下，去和孩子游戏。

非常期待这本书给我们的父母带来新鲜的想法和感受，给年轻父母带来新的亲子相处方式和更多的育儿激情。

王甘

2011 年 3 月

前　言

我刚开始从事心理治疗的时候，面对的基本都是成人。我们会花费大量的时间来谈论他们的童年。由此我真正意识到，与父亲、母亲或者其他成人建立良好的联结，对于孩子来说是多么重要。于是很自然地，当自己有了女儿之后，我决心与她建立并保持稳固的情感纽带。但是我很快就发现：做到这一点相当困难！虽然婴儿对父母的依赖是与生俱来的，但只要孩子长大一些、更能说会道一些，情况就开始复杂了。

不管我今天顺不顺利，有没有好心情，我的女儿艾玛都想跟我玩游戏。当我谁也不想理睬的时候，她却缠着要跟我玩；当我有其他事情要处理的时候，她却要我全身心关注她；即使一个人玩的时候，她还是要我随时恭候。我惊讶地发现，自己此时的内心感受是多么复杂。我不愿承认的事实是，很多时候，我情愿被安排去做任何一件事，也不愿坐在地板上、没完没了地关注艾玛的需求和陪她游戏。有时，我一坐到地板上就想睡觉，其原因并不仅仅是身体的疲劳。我觉得从各方面来说，自己付出的牺牲都已经够多了，然而她——还是想要我跟她玩游戏！

成人心理治疗所关注的，常常是父母的反面作用。然而后来，当我渐渐转向到儿童游戏治疗和家庭支持的领域时，我开始发现父母在孩子的生活中能够发挥强大而正面的影响力。而父母发挥积极力量的前提，在我看来，就是掌握一项最重要的技能：游戏。虽说每个人都是“本性难移”，但幸运的是，良好的游戏技巧可以很快被学会并运用。

我们都知道应该关掉电视，多花些时间跟孩子在一起。但是然后呢？

本书将与大家讨论如何与各个年龄段的孩子共同找到快乐。

劳伦斯·科恩（Lawrence J. Cohen）

第1章　游戏力养育方式的价值

游戏是生命的主要元素。

——罗杰斯与萨依尔（Cosby Rogers and Janet Sawyer）

还记得孩子在襁褓中，对你甜蜜的凝视吗？

还记得他蹒跚学步时，摇晃着扑向你怀里的情景吗？

还记得在床头给她讲睡前故事的温馨时光吗？

还记得与孩子手拉着手，谁也不作声，一起散步走过的那条小路吗？

身为父母的我们，一想到这些温暖的场景与时刻，再苦再累，也会觉得值得。

但幸福似乎总是那么短暂。我们更经常地发现，自己与孩子陷入战争状态，并且情况越来越糟，所渴望的亲密交流变得遥不可及。我们都尝过这其中的滋味：婴儿期怎么哄都没法让他安静，稍大点后他就开始发脾气、耍性子，读小学三年级了睡觉前还要生气，12 岁时则开始把自己锁在房间里一个人闷闷不乐。

孩子旺盛的生命力与天生的好奇心，很容易演变成“无理取闹、惹是生非”。他们或者闷闷不乐地把自己关在房间里，或者沉溺于电脑游戏。一遇到这种情况，我们那份深厚的父母之爱就被抛到九霄云外去了，取而代之的是无奈、烦躁甚至愤怒。我们要么惩罚孩子，要么唠唠叨叨，要么就说：“好吧，你就自己待在房间里吧！”我们之所以会冲孩子吼叫，是因为无计可施，或者这已经变成了一种习惯。我们感到山穷水尽，很难再获得孩子的信任，因此实际上，我们心中是深深的孤独。我们很想重新联结起亲子感情（其实孩子又何尝不抱有同样的愿望呢），但我们就是不知道该怎么开始做。我们仍然爱着孩子，但那曾经清澈纯真、饱含信任的凝视，却渐渐退出了我们的记忆。如果还记得什么，那可能只有甘苦参半的回忆，而那种亲密之情似乎再也找不回来了。

几经探索之后，我们终于发现：游戏力——基于玩耍式游戏的养育方式——可能是重建亲子间深情联结的桥梁。游戏当中所激发的活力、所产生的亲密感，可以缓解父母的压力。游戏不仅能帮助我们进入孩子的世界，而且帮助我们以孩子的方式重新建立自信和亲情。如果孩子在游戏中玩得开心尽兴，那么他们的合作精神与创造力也往往会表现得淋漓尽致。游戏既能帮助孩子探索世界，又能帮助他们理解每天所接收到的信息，还能帮助他们从生活的挫折中重新振作起来。

不过，游戏对于成人而言却不是一件容易的事，因为我们早已失去了游戏的能力。孩子和大人，即使同在一个房间里，也还是彼此陌生，就像来自两个不同的星球。我们都觉得对方热衷的事物太无聊、太奇怪：她怎么可以为芭比娃娃穿一整个下午的衣服？而他们又怎么能整个晚上都坐在那儿一动不动地聊天？

养育与游戏，似乎是两个不相干的概念，然而只需借助一点点外力，两者就可以联系起来。有一次，我带着 9 岁的女儿参加露天舞会，碰上了一对母子。这位妈妈想跟大家一起跳舞，但儿子（大概六七岁）却把双手抱在胸前，怎么也不肯跳。妈妈被孩子搞得很恼火，不停地数落：“是你把我拉到这里来的，你自己现在怎么又打退堂鼓了！”这些话使得男孩的双手抱得更紧，甚至连脚后跟都紧紧并拢了。假如情况发展下去，结果可想而知。于是我在一旁插嘴说：“咦，他发明了新式舞步吧？”我模仿着男孩的样子，抱起双手，并冲他灿烂一笑。他也回我一笑，手放松了一点，换了个姿势。我也认真学着他改变了姿势。那位妈妈的反应也相当快，马上如法炮制，学起了儿子的样子。我们都笑了。男孩开始随着音乐摆动起双肩，他妈妈喊道：“嘿，这舞步还真有创意！”男孩开始跳舞了，而且越跳越开心，在场的其他人也很高兴，包括我女儿在内。我的一句玩笑话使情况发生了逆转。

我想通过这个小事例说明：“游戏力”的方式并不只限于传统的游戏时间。实际上，它随时随地都可能发生。“游戏力”源于游戏，但其内涵要比游戏更为丰富：从枕头大战，到一起逛商场；从安慰哭泣的孩子，到一起修理自行车；从讨论规则，到准备上学；从运动受伤时帮他克服沮丧，到在床前聆听孩子讲述他的恐惧和梦想，都可以进行“游戏力”。

然而不幸的是，这些简单的互动，却时常因为我们自己心中的迷惑和低落，而变得遥不可及。

我们成人常常觉得，现实生活中早就没有游戏的空间了，压力、责任与工作让我们很难再去发现乐趣。在一天的辛苦工作或者家务琐事之后，即使我们坐下来想和孩子一起游戏，也往往会因为疲惫不堪而容易失去耐心，最后只好作罢。有时，我们可能也很想满足孩子的心愿——就像那个去参加露天舞会的妈妈一样，但是一旦孩子不能按照我们预想的那样去行动，我们就会感到非常气恼。

有些父母生性好强，不能放下他们强烈的控制欲，也让自己无法享受到游戏的乐趣。他们想教孩子学会正确的抛球动作，而孩子却只想着“警察抓小偷”的游戏。我们发火了，泄气了，感到彻底失败了。我们总是抱怨孩子的注意力不够集中，可我们却从没想过，自己又能坐下来多久，不发火、不生气地同孩子一起玩玩弹球、芭比娃娃或者其他游戏呢？又有多少次我们把孩子扔在一边不管，心中只想着完成手头的工作或者做好一顿晚饭？

我女儿还在幼儿园时发明过一个很棒的游戏，让我不用真的大喊大叫地提醒她上学不要迟到。一天早上，她下楼来，在门后躲着，轻声地对我说：“现在假装我还在楼上，我们就要迟到了，你真的很生气。”我言听计从，对着楼上吼道：“我们要迟到了！我现在很生气！”她这时躲在门后，捂着嘴窃笑。我假装威胁说：“你最好赶快下来，不然我就扔下你不管了，我自己去幼儿园了！”她忍不住大笑出来，但我假装没听见，气哼哼地出门，她跟着溜出来，但我还假装没看见，让她走到了前头。她坐进汽车后，我又自言自语地表演说：“气死我了！如果幼儿园老师问：‘艾玛呢？’我就跟他们说：‘她还没穿好衣服呢，所以我只能自己来了！’”她一边咯咯地笑个不停，一边又极力掩饰其实她就在我旁边这个事实。艾玛让我体会到，上学前的紧张准备也可以很有趣。这个假装生气的游戏让我无须大吼大叫，不用真的生气，做个游戏就可以让孩子的上学准备进行得更快。

孩子为什么游戏?

有些孩子天生是领导者，而另一些则是追随者；有些孩子喜欢过家家，而另一些热衷于踢足球。但几乎所有的孩子天生都热爱游戏，在两三岁的时候，这一点尤为明显。任何时间、任何地点，游戏都可以进行。在这个充满幻境与想象的世界里，孩子可以毫不费力地随意出入。对成人来说，游戏意味着休闲，但对孩子而言，游戏就是工作。不同于成人的是，孩子非常热爱自己的这份工作，很少想到要休一天假。游戏也是孩子交朋友、体验生活以及探索学习的主要途径。

一般来说，一个不愿意或者没有能力投入游戏活动的孩子，都存在必须重视的心理问题，就像一个成人没能力工作或不愿意谈话的情况一样。受过严重虐待或不被尊重的孩子，需要首先学会游戏，才能从游戏治疗中获益。这些孩子为什么对游戏感到格格不入呢？因为他们没有一个无忧无虑、尽情玩耍的童年。

许多学者都把游戏描述为一个充满魔力和想象的场所，孩子能在其中得到完全的释放，从而成就自己。心理学家维吉尼亚·阿克斯莱（Virginia Axline）在一本有关学前孩子的书里说："他们自己可以造一座大山，然后安全地爬到山顶，向世界大声地宣布：我自己可以造一座大山，我也可以再把它夷为平地。在这里，我最大！"

在我女儿3岁生日聚会上发生的一件事，清楚地说明了游戏的基本点。我在我家街道对面的公园里安排了形式多样的游戏，又拿出我自诩为心理学家的专业本领，把这些复杂的游戏一一给孩子们讲解。没想到他们却毫无反应，只是围在身边傻乎乎地看着我，好像我是个外星人一样。我不可能叫他们再回到屋子里去，因为他们的情绪已经调动起来，都憋足劲想玩点儿什么，可就是对我的游戏没感觉。我正不知如何是好，妻子过来给我解了围。她上来就说："好啦，现在所有人，冲到草地的那一头，然后再冲回来！"孩子们欢快地在公园里跑了起来，尖叫着，欢笑着，一路跑过去又跑回来，然后乱坐在地上，咯咯地笑个不停，大口大口地喘着粗气。他们看着我，一个男孩问："太好玩了，我们可以再来一次吗?”就在那一刹那，我恍然大悟。

我想谈一谈游戏的“理论层面的意义”，尽管它很抽象。游戏当然具有好玩的一面，但是，它同时具有深刻而复杂的重要意义。在生物界，智慧越高的动物，玩游戏的时间越长。与鼻涕虫和树木不同，人类对于世界和自身的了解，都是通过主动的探索和实践来进行的。有些学习只要人活着就会自动进行，但许多学习则在游戏中发生。人类的童年期之所以越来越长，就是为了使人拥有更多的游戏时间，即学习时间。游戏之所以重要，不只是因为孩子“喜欢玩”游戏，也是由于，即使是最平常的游戏，其中也蕴藏着层层深意。

举一个最简单的游戏做例子：亲子间相互抛掷垒球。假如父母能像用显微镜观察事物那样认真观察孩子的一举一动，就能发现一个简单的接球练习其实具有很多功能。孩子正在训练手眼和身体的协调性；父亲与孩子玩得非常开心；经过苦练，孩子终于掌握一个新技巧，还得意地露了两手；垒球飞来飞去，划出美妙的弧线，就像架起了一座亲子间的空中桥梁；父亲的夸赞，如“漂亮”、“接得好”，都会给孩子带来自信，并让孩子对父亲产生信赖感。

一个简单的游戏也可能隐藏着强烈的情绪暗流。有一位向我咨询的父亲，曾描述他儿子怎么用力掷球给他。他从儿子掷球的力道看出孩子很生气、很沮丧。我们一起分析后发现，孩子其实很可能是在问：“你能够接住我投给你的球吗?我对你是不是太情绪化了？我这样发泄情绪合适吗？你不会以为我是在发火吧?”另一位父亲提到，他的孩子很喜欢玩接球，但是一旦他漏接了，泪水便会忍不住落下来，而且还会发无名之火：“我叫你投得低一点，但你从来不听!”这个例子中的孩子所发泄的情绪跟玩垒球毫无关系，他只是将别处积累的情绪借机发泄了出来。

并非所有的游戏都包括以上那么多含义，但是通常，所有游戏都比我们想象的要更有意义。首先，游戏是孩子尝试成人角色和技巧的途径，就像幼狮们从厮打中学习生存技能一样。不同的是，人类世界的儿童们不仅学习相互争吵，也学习和谐相处："过家家"就是一个重要的学习途径。通过游戏，孩子一边探索世界，一边尝试自己在这个世界中的能力，也正是在这个过程中，孩子变得越来越自信和成熟。

游戏也是孩子学习如何与人建立亲密关系，甚至如何与别人重归于好的方式。黑猩猩喜欢在同伴的手掌上挠痒，特别是它们刚吵完架的时候。因此，游戏的第二个意义可以归结为：满足人们对联结、对亲密情感的无尽需求。这一点对人类来说尤为重要。

游戏对儿童的第三个意义，可能也是人类特有的，就是从情感创伤中得到康复。如果一个孩子在学校过得不怎么顺心，回到家里，他就会以这样或那样的方式表现出来。他们可能把在学校的遭遇唠叨一番，甚至可能迁怒他人；他们或者把自己锁在屋里，或者大闹一场。但孩子也经常自发地通过游戏的方式来放松自己。他们可能会坐在电脑前，对外星人来一阵狂轰滥炸；大孩子们也许会打电话跟朋友聊聊天。他们也可能"表演"上课的情形，所不同的是由他们自己来扮演老师。通过假装扮演老师，孩子重新回顾了故事的经过，不过这一次的故事中，掌控者是孩子自己，而在这个过程中，孩子的心情也就逐渐恢复平静。难熬的一天过去之后，将自己托付给安静的故事书，或者痛快地打一场激烈的网球，也是有效的办法。

我认识一个孩子，她在阅读上遇到了很大的困难。每次放学一回到家，她就开始画画，那是她的长项。在晚饭前，她会把自己的画拿给爸爸妈妈看看。在如此甜蜜的时光，她从父母那里找回了安全和自信，并从白天的沮丧挫折中重新振作起来。

在我们进一步讨论游戏的深层意义之前，我再次强调，游戏会带来快乐。和孩子一起，就该是一件快乐的事情。我女儿的学前班老师说，学前班的孩子一天要笑300次。如果我们都能达到这个水平，那我们会多么开心？让我们享受更多的快乐吧——唱一支傻乎乎的歌，假装不小心摔了一跤，说话的表情也不妨夸张一些，抡起枕头对打一场，再讲一些笑话。如果你已经厌烦了每天提醒孩子 20 次要带午餐、倒垃圾，那么下一次就试试用唱歌剧的方式来发出你的提醒，至少这次他会注意到你的声音。在本书里你也会发现，游戏力不只是游戏而已。我们能够以游戏的方式，或更感性的方式来互动，不管是做家务、运动、做作业、看电视，还是制订规则。

培育亲密，远离孤独感

从父母与婴儿第一次深情的目光对接开始，游戏就成为联结亲子关系的一根纽带。人们在玩游戏时，可以拉近彼此的关系，培养亲密的感情，如蒙猫猫、捉迷藏。在职业咨询中，我就遇到过一个孩子，他发明了一个非常好的游戏来增进亲密感。他先让爸爸妈妈坐在长沙发上，然后向他们冲过去，倒在他们中间的空隙里。最后就是经过一场“肉搏”大战，看爸爸妈妈谁能先把他抢过来。其实，这个游戏就是一场欢乐而另类的拔河比赛。游戏一直是建立亲密关系的最佳方式之一。如果你问学龄儿童什么是游戏？他们会说，游戏就是同朋友一起做的事。

我女儿 5 岁左右时热衷于“假想游戏”，或者称“假装游戏”。在我对她感到失望生气时，有时她会对我说：“我们来假装我是你女儿，你是我爸爸，然后你在生我的气。”我心里想，这一点就是眼前的事实，根本用不着假装。但是当我听从她的建议后，很快我的怒火就不见了，两个人都喜笑颜开。我女儿很聪明，用游戏的方式把我们从一触即发的瞬间拉回来，转而还能增加彼此的亲密感。当我读到黑猩猩也会玩“假想游戏”时，我对此印象就更为深刻了。

黑猩猩，特别是成年的雄性会彼此打架，但它们也是和解的专家，它们善于道歉。但有时候，当两只黑猩猩无法通过道歉的方式达成和解时，其中一只会假装在草丛里发现了什么好玩的东西，大声叫唤其他的猩猩过来观看。不过因为实在没东西可看，其他的猩猩会逐一离开，但是刚才同它吵架的那只却会留下来，继续假装一起在草丛里发现新东西，兴奋得跳上跳下。最后它们会安静下来，又开始为对方梳理毛发，这是友谊恢复的标志。

既然连5岁的孩子和黑猩猩也知道通过游戏来重归于好，那么这个办法一定是一种本能。但是有些时候，事情并不总是这样，让孩子走出阴影有时并不容易。内心的孤独感，会让有些孩子默默地躲在角落里，而在与人相处时却又变得蛮不讲理、横行霸道。他们的不安与恼怒甚至惹人生厌，但那其实都是在表达，他们需要更多的关怀与帮助。这些情况发生时，我们需要为孩子创造更多的游戏时间，而不是惩罚了事，或者索性撒手不管。

当孩子倍感孤独时，他们可能看上去精神萎靡、少年老成，也可能极度亢奋、坐立不安，做什么事都不能集中注意力。这两种情形都不正常。

- 一个孤独的孩子说："没意思透了！"
- 一个12岁的孩子抽泣着说："没人喜欢我！"
- 一个家长说："我不知道我3岁的孩子在想什么。他看起来好难过，却又不告诉我他怎么了。"
- 你试图让女儿打电话给朋友，她却尖叫道："我不要！万一她不在家怎么办?"
- 一个8岁的孩子总是在运动场的角落里站着，即便在场的都是他认识的孩子，他却还是说："我不喜欢踢足球！"

对于这些孩子的孤独感，大人最有可能的反应是生气或担忧。我们大都会把重点放在恼人的表面行为上，而看不到他们内心深处所掩藏的痛苦；或者，即使我们清楚地看到了痛苦，但自己却也无能为力。对于任何父母而言，这些都是最艰难的时刻。我们需要一把钥匙，来打开关闭孩子心灵的那扇门，帮助孩子重新回到快乐的世界。游戏力，就是这把钥匙。

我在写作本章内容时，我们工作营里的一位妈妈给我打电话，讲述了她怎么运用游戏力的方法与儿子恢复了亲密联结。她和丈夫两个人离开儿子大卫出去度了一个星期的长假，回来之后发现3岁的大卫变了。

这位妈妈说："大卫变得非常黏人，容易烦躁。每一次我出门，或者只是离开一下房间，他都会死拽住我不放。昨天我准备出门打网球，那是我每周唯一的一次练习，一周里最珍贵的个人时间了。大卫一看见我带着网球拍要出门，就抱住我的腿，大哭着不让我走。我解释说，现在是妈妈的运动时间，可他却抱得更紧了。眼看就要上演一场拉锯战，我也变得开始失去耐心。"

"这时我想到了你说的游戏方式。我没有拔腿就走，而是把大卫抱起来，一起坐在沙发上，愉快地对他说：'好了，我不去打球了，我要跟你在一起，一起睡个午觉。我真的好累好累啊！多舒服的枕头啊！'我打了一个哈欠，趴在他的身上，假装打起了呼噜。大卫大笑了起来，把手捂在我的嘴上，不让我打呼噜。我假装醒来，四周寻看，问：'我的大卫呢？怎么不见了？这个枕头肥嘟嘟的，还不怎么平。'然后趴在他身上继续打呼噜。"

"咯咯笑了一阵子后，大卫把我推起来说：'妈妈，走吧走吧，你快迟到了！'我们在门口亲密地拥抱再见，他也高高兴兴地度过了这段没有我陪伴的时间。等我回到家时，他给了我一张画。在画里，我正挥舞着一把巨型网球拍。"

培育自信，远离无力感

你怎么看待孩子玩医生看病的游戏呢？许多人立刻想到的是，孩子开始对身体好奇了："我看你的身体，你看我的身体"。医生看病的游戏，是孩子了解自己身体的一种途径，而大人们却感觉很难掌控这类生理知识游戏的尺度。其实不必如临大敌，说到底，这不过是过家家的又一内容。日常家庭生活里发生的种种情形，都会引起孩子的兴趣，他们想知道一切事情的究竟。通过游戏，他们学会了做饭烧菜、清洁整理、上班下班、争吵辩论、看护婴儿。周围发生的一切，他们都看在眼里，学在心里。反复练习这种游戏，孩子会变得越来越自信。

孩子也通过游戏来认识世界。两岁的小家伙把食物扔到地上，为什么我们大人不会感到有趣？因为我们知道地心引力的存在（而且我们又不得不擦地板了）。但作为孩子，他并不知道。食物掉到地上一百次了，他还是看得津津有味。

世界对他而言是全新的、有趣的，到处都等着他去发现，包括我们喝止他的表情和声音，对他们也是新奇的经验。

我在前面曾提到过，大孩子将游戏定义为自己与朋友一起做的任何事情，而对学龄前儿童来说，游戏却是他选择去做的任何事情。游戏之所以有魅力，部分原因应归结为这种主动选择。我的侄女蓓丽，在只有6个月大的时候，最喜欢玩的就是自己那个长得像葡萄串的手摇铃，因此她父母称她为“葡萄的老板”。如果做什么你都能主动选择，你就更可能完全投入进去。

我女儿上幼儿园大班后，有一段时间不愿意自己穿衣服，我和她都为此感到困扰。她觉得我对她态度不好了，不像以前上小班时一样愿意帮她穿衣服、愿意与她做伴了。而我呢，则认为她明明可以自己做到的事情，现在却在故意找麻烦，不愿合作。她说不清自己被抛弃的感觉，只是一味坚持自己穿不了衣服；我却把这一切理解为无理取闹和偷懒依赖，自己因此也变得很不耐烦——早上还有那么多更重要的事情等着我处理呢。

过了很久我才意识到，唠叨说教的效果最多等于零。有一次，与其说灵机一动，不如说是情急之下，我抓起她的两个布娃娃表演起了玩偶剧。我让一个娃娃满怀恶意地说：“哈哈，她不会自己换衣服吧？她不知道怎么穿衣服啊！”另一个娃娃则颇有信心，愉快地回击说：“她会的，她真的会自己换衣服。”第一个声音又说：“不可能，她只有5岁啊，她不可能会自己换衣服！”这时，艾玛开始自己换衣服，而第一个娃娃正好背对着她没看见：“看哪，她根本不是自己穿的衣服。”第二个娃娃高声反驳：“是她自己穿的！你没看见！”这真是没有办法的办法，却立刻见到了奇效。在这个时候，艾玛不仅自己穿好了衣服，还笑得乐不可支，不再哼哼唧唧了。我也是开怀大笑，不用暴跳如雷地催她了。

玩了几次以后，她已经养成自己换衣服的习惯，我不用每天早上都演一回这个玩偶剧了。之后偶尔有几次，她直截了当（不是哭哭啼啼地）对我要求说：“爸爸，来玩那个说我不会换衣服的娃娃游戏吧！”游戏不仅让我们两人解除了对立，重新享受欢乐，更为艾玛建立了信心。一旦走出了内心的孤独和对抗，她的成长之路就更加开阔。

当然，在收获这个结果之前，我肯定要投入一些时间。很多父母都会说，哪有那么多时间总和孩子玩游戏？但是只要仔细算一算，就会发现游戏的投入产出比是非常高的。就拿我来说，以前花在唠叨、发脾气以及不停催促上的时间，加在一起可比游戏的时间多出太多了。

经常受挫的孩子，或者无法通过游戏获得掌控感的孩子，通常会陷入一种困境，我们称之为“无力感的堡垒”。草地和球场固然充满魅力，但要出去享受外面的世界，是需要勇气和自信的。深陷于无力感的孩子，无法自由地玩耍游戏，显得懦弱而无助。有时，他们也许会表现得胆大包天、任意妄为，但内心深处却是极度的无力感。如果孩子担心受伤，害怕被拒绝，对这个世界缺乏探索的信心，那么他就会逃避：“我不想要！……”“我不会……”“蒂米在打我！”这些都是他们的口头禅。

无力感的表现形式，有时也确实令人困惑。就像一位妈妈告诉我说：“你说我的孩子无力，可是为什么他在学校里打人，连老师也怕他，只能请家长？”无力感是一个防卫森严的堡垒，能够将自己藏得严严实实，而先发制人、对别人进行攻击也是防卫方式之一：“我讨厌你！吃我一记……（踢人一脚，咬人一口，推人一把）!”“你是个大笨蛋!”“都得听我的，我才跟你们玩!”

要想治愈这些孩子的无力症，我们的方法就是：全身心地与孩子一起游戏，帮助他们走出困境、建立自信。

培养情绪康复力，不再深陷悲伤

能够光明正大地了解身体的隐私，只是孩子玩看病游戏的目的之一。有时候，孩子要扮演医生，并假装真的有人生病了，这是他们借助游戏，从或轻或重的坏情绪当中恢复的典型例子。一个 3 岁的孩子在诊所挨了一针，回家后，他会玩什么游戏呢？当然是打针游戏。他会想当谁呢？当然是医生或护士——之前那个给他打针的人。那谁会被打针呢？他的第一选择通常是爸妈或者别的大人，如果没有大人在场，他会拿一个毛绒玩具或者洋娃娃代替。那他会要你做什么呢？你得一边装作真的很痛、很害怕，一边大声喊："我不要，我不要打针，请不要给我打针。我讨厌打针！求你了，不要！不要！"

这个游戏让孩子处于交往中的强势一方。让被打针的一方变成给别人打针的一方，这种角色转换虽然简单，效果却很好。被打针的遭遇让孩子觉得自己很无力，并让他联想起过去所有那些大大小小的挫折，想到自己不能对做什么、吃什么和穿什么做出选择，以及其他数不胜数的无法由他决定的事情。去医院当然不是他的主意，但是打针游戏却能让他心情好起来。他看到大人也有无能为力、绝望、丢脸的时刻，而他这次却是强大无比。

游戏可能只是假装的，但从悲伤中振作起来的需求却很真切。孩子选择这个假想游戏，是因为他需要克服打针所留下的真实痛苦。这不仅仅是好玩而已（尽管孩子在这个过程中找到了不少乐趣），而是带着很强的目的性。它的目的是让孩子自己再次经历整个过程，让恐惧感通过哈哈大笑声释放出来。这就是孩子为什么一而再、再而三地玩这个游戏的原因。

我们都记得漫画里有这样的场景：老板骂了爸爸，爸爸就回家骂妈妈，妈妈就去骂小孩，小孩就去欺负弟弟，弟弟就去踢小狗，小狗就在地毯上尿尿。要打破这个循环，大人必须积极甚至主动地帮助孩子。大人假装成被打针的小孩时，可以不像他的小弟弟一样质疑："凭什么总是你当医生？"也可以不大喊："妈，哥哥弄痛我了！"但不幸的是，作为有教养的成人，我们大都会说"别闹了，我正忙着呢"，或者"不要烦我，我不喜欢这样"，而不是跟他们一起玩。当然，有时孩子需要的也不一定是游戏，而是一个可以让他投入其中的温暖怀抱，痛痛快快地哭诉说这针扎得好疼。

有时孩子却因为尝试用游戏的方式进行自我心理修复，遭到大人的打击或者惩罚，如果这样，那么他在心理上就会退回到自我封闭的世界。而那之后，他就可能尝试一些真的不好玩的方式了，例如找一根真正的针，扎小弟弟或者家里的猫。他们会把情绪暂时压制下来，但等到下次去看医生时，他就会在诊所里撕心裂肺地大哭大叫。当我们看到一个孩子表现出过度恐惧、暴力倾向或情绪失控时，我们自己却不能冷静下来，把事情的前因后果联系起来并分析一下。我们不会反思，孩子最近有合理而足够的发泄渠道吗？有讲述心事的充分机会吗？我们通常只停留在行为问题的表面，因为那是最让我们生气和担忧的，但绝不去想用游戏的方式把问题解决好。

我的朋友萝莉在游乐场认识了一位母亲，并在聊天之余同她的两个小孩玩在了一起。萝莉很喜欢和孩子打闹成一片，那个 3 岁的小女孩和她弟弟很快就在她身上爬上爬下了。他们的妈妈觉得两个孩子应该安静一点儿。萝莉还来不及劝阻，妈妈就已经过去把两个孩子拉了下来，狠狠地打了姐姐的屁股。萝莉虽然想告诉这位妈妈打小孩不对，但在这种情况下，母亲一定听不进去。于是她决定观察那个挨打的小女孩。没多久，这个女孩就找了一根棍子要去打弟弟。萝莉走过去，轻轻地拉开她，拿走棍子，用一种夸张的玩笑口吻说："天啊，不不不，你不可以这样！"女孩大笑了起来，要和萝莉再玩这个游戏，揍弟弟的念头此时已经飞到了九霄云外。这位妈妈看到萝莉不用吼叫也不用处罚，就把一次冲突成功地化解了。

不难想象，如果小女孩打了她弟弟，那么她会受到怎样的处罚。母亲可能会认为处罚这个女孩理所当然，而不会想到孩子的攻击行为的根源却来自妈妈自己。幸运的是，这个事情被轻松地化解了。小女孩本想通过消极的渠道——欺负比她更无力的弱小者，来发泄自己先前受的气，但游戏让她的情绪转向了积极的方向。萝莉也没做多少，她无非就是待在孩子们的身边，不让他们受到伤害，用了一种轻松的玩笑口吻说话。其余都是小女孩自己做的，用小玩偶代替了弟弟，玩起了"打小人"的游戏。

去医院打针，被父母体罚，这只是两个例子而已，相比之下，由于童年时的伤害而需要心理治疗的人却数以千万计。没有人能事事遂愿，也没有谁的童年一直都是欢声笑语，能够永远不吃亏、不受委屈。此外，除了大大小小的心理伤痛之外，孩子每天还必须面对这个世界上的种种信息，需要转化、吸收；在他们的生活里，每天都会涌现大量的新鲜事物，需要他们筛选分类。在这些时候，游戏作为孩子的最爱，就能帮上他们的忙。做游戏既能帮助孩子进行心理治疗，又能帮他们处理信息，正可谓一举两得。

一位父亲打电话向我求助说，他女儿班上有几位外国同学才开始学习英语，女儿觉得很有趣。之后的几个星期里，每天放学回家的路上，她都要求爸爸假装用一种别的语言跟她对话。两人一路上就叽里呱啦起来，装作在说一种外语。这位父亲有点儿担心，怕别人听到会以为他们是在嘲笑那些从俄罗斯、日本移民来的孩子。我告诉他不用多虑，事实上他女儿做的恰好相反，是在培养对这些人的共情心理，站在他们的角度去理解他们。她以游戏的方式——她所知道的唯一的方式——来处理生活中出现的新事物。

快乐的游戏可以轻松地化解一些小困扰，但是如果孩子长时间陷在负面情绪中，就很难快乐地游戏。再次强调这两个概念：那是因为他们被困在孤独感和无力感的堡垒里，找不到出来的大门。

区别孩子究竟是孤独还是无力并不容易。假如女儿说："我不想玩足球，我讨厌足球！"那么，到底是因为她踢得比队友差，所以觉得不好意思？还是因为她在球队里交不到朋友？假如一个一年级的孩子，只要老师不在就欺负其他孩子，那么他是因为觉得无法融入群体（但却意识不到这样做只会更被排斥）呢？还是在实验他自己的力量，看看会有什么后果，会引起别人什么反应？

那些心灵遭受过严重伤害的孩子，会花很长时间沉陷在孤独和无力的情绪里，而很少有甚至没有时间来自由地游戏。

即使那些成长最健康、得到最充分关爱的孩子，当感到害怕、被压制或者被冷落的时候，也会遭遇孤独感和无力感的困扰。想象一下，孩子过完了糟糕的一天，他们是不是好像失去了开心游戏的能力？他们是不是好像更愿意躲起来，或者攻击别人，或者不断地惹你生气？他们是不是失魂落魄，压根儿提不起精神，对生活失去了热情？也许他们是麻木了，喃喃重复同样的话，或者反复玩同一个游戏，想不出新点子，开心不起来。也可能他们的游戏看起来比平常更疯狂、更鲁莽。这些都是孤独感和无力感的征兆。

如果孩子不能用游戏使自己康复，他就可能被淹没在坏情绪中，乱发脾气。他们可能把气撒到别人身上，到处顶撞他人，稍不如意就痛哭流涕。有些孩子则会躲进房间里，把所有的情绪出口统统都封堵起来（双目无神地看着电视，强迫性地、不停地换频道）。他们看起来无精打采，了无生气。这一类情绪症状经常被大人忽略，因为“安静”的他们常常被认为是“乖孩子”，但事实上孩子正在经受煎熬。

当孩子把自己关在孤独、无力的堡垒里面，把吊桥收起时，做父母的该如何帮助他们呢？我们可能会觉得无能为力，因此想放弃算了。我们甚至会躲到自己的堡垒里，可是这样一来，面对孩子时就会更容易感到挫败。

- “他就是被宠坏的。”
- “我不知道该拿她怎么办。”
- “我讨厌自己对他们大吼大叫，可是下次我还是会吼他们。”
- “他突然怕起水来，可我已经买了一整年的游泳课，所以他非去游泳不可。”
- “走开，我现在很忙！”

加入孩子的世界，将他们从封闭的情绪和乖僻的行为里解救出来。重建联结、重获自信，游戏是最好的方式之一。

成为擅长游戏的父母

当我与父母们谈到游戏时，总有人会说："我不太跟孩子玩，那是我先生的事。"另一个常见观点是："我的孩子自己玩得很好呀，不需要我跟他们玩。"我对这些回答深表感激，因为这激发我去思考并解释：为什么游戏对儿童很重要，为什么参与孩子的游戏对大人很重要，以及为什么我们都有可能更会游戏，只要我们愿意一试。

接下来的 14 个章节里，我希望能清晰地阐述，如何突破成人与孩子之间那道墙，找到心心相通的路径。刚学走路就乱发脾气，刚进幼儿园就咬了人，上小学时经常焦虑，临近青春期却情绪失控，对这些令人头疼的问题，游戏力都会为你提供另一条思路。游戏力的养育方式，会让孩子早晨的上学准备不再像打仗一样紧张，让我们漫长的一天能够温馨地收尾，让整个家庭充满欢乐。当我们筋疲力尽或无计可施时，我们会觉得再跟孩子玩游戏就会烧干自己的最后一滴油。但是，当我们尽情地跟孩子玩耍时，才发现原来我们还有精力，不但有精力去玩，还有精力为棘手问题找到新的解决方法。

很多父母告诉我："我没法像你一样，能装得傻乎乎的。"我不知道这是夸我还是骂我，但不管哪一种，这只是一个练习问题。我的女儿可能不同意，但我的确是经过刻意训练才变得这样傻乎乎的。她要我一起爬栏杆时，我心里也感到丢人、难堪，但是我终于下定决心，不再是坐在一旁观看。我们作为成人，当然要确保孩子的安全，要保证有晚餐给他们吃，但是孩子们需要我们也要求我们放松下来。即使别人似乎天生更懂得怎么玩游戏，我也不同意将与孩子游戏这份工作只交给别人来做。为什么让别人独享这份乐趣呢？

我们如果不玩游戏，错失的不只是乐趣。在游戏中，孩子会将他们内心的感触和情绪表达出来，他们不会也无法用别的方式告诉你。我们需要聆听他们，他们也需要倾诉。这就是为什么我们要用孩子的方式加入他们的游戏。孩子不会说："我今天在学校过得不好，我可以跟你谈一谈吗？"可他们会说："你可以跟我玩吗?”如果我们同意，他们会将发生的事尽可能地表现出来。他们也有可能什么都不说，而是等我们主动提出要求。游戏结束，我们可能已经帮助孩子增强了自信心，他心中也感受到了关爱——有了这些，他们才能够重新回到学校，自己解决遇到的问题。如果他们认为大人不会陪他们玩，那么可能连要求都不会提。他们在他们的世界里，我们在我们的世界里，彼此一再错过重新联结的机会。

很多家庭的生活很正常，但就是缺了些热情和欢乐。我的工作中，很大一部分就是向这些家庭“推销”游戏和游戏力养育方式。举个例子：有一天，我去朋友康妮家，与她以及她儿子布莱恩玩，但我比约定时间晚到了几分钟。他们母子俩发生了一些小争执但不严重，对 9 岁的男孩和他的妈妈来说，只能算是稀松平常的事。儿子拒绝让妈妈拥抱、亲吻，说话带刺、爱顶嘴，沉迷于体育，对妈妈以及一切与女性有关的东西都嗤之以鼻。之前我和布莱恩玩过一次，那次是他们母子俩去我家。游戏时，我和康妮把孩子交换了一下，我同布莱恩玩摔跤一类的体力游戏，而康妮同我女儿玩起了芭比娃娃。这样我们大家都轻松不少，两个大人在孩子面前都露了一手，两个小孩玩的也是自己的长项。

这次敲康妮的门时，我并不知道发生了什么事。康妮大喊：“请进!”而布莱恩则喊道：“你迟到了，你这个笨蛋!”大家都处在一触即发的状态。我进了门，就用夸张的语气喊道：“你刚才叫我什么?”我追他到了另一个房间，他跳上沙发，我就用枕头把他埋起来。我们开始玩枕头大战。此时，康妮坐在旁边偷笑，她终于看到淘气的布莱恩有了另一个发泄对象，而布莱恩也很高兴，终于不用听别人数落，不用受罚，就能继续玩下去。我也终于看到布莱恩释放出了他内心的情绪，虽然不那么直接。他骂我笨蛋、用枕头打我，这个过程同时也把他过去内心受过的打击、觉得自己愚蠢的感受间接地释放了出来。

我用枕头甩了一下，示意康妮加入进来。毕竟，她和布莱恩之间的关系才是核心。康妮对我说：“哦，不不不！我才不要呢。我也要一起玩吗?”布莱恩回答："没错!"结果，我们就玩起了三人枕头大战。

几个星期后，我问康妮对这次游戏的看法。她说经过这次游戏，她与儿子的关系有了很大改善，她注意到儿子其实想跟她一起玩，想和她亲近，虽然表面看起来拒她于千里之外。她也意识到，过去的那些操心事，在家做饭、开车接送孩子、辅导孩子的功课、去看比赛自己还得当司机，所有这些让她觉得已经筋疲力尽，再也没精力玩游戏了。然而，只是好好地和孩子玩上一次游戏，不仅让她清楚地看到孩子多么需要游戏，也认识到游戏本身其实带来了多少活力。

从此之后，他们家就有了更多的游戏时间。从康妮的讲述中，我不敢确定的是，谁更享受这份乐趣？是孩子，还是妈妈？

第 2 章　加入孩子的世界

与孩子在一起时，带上你所有的法宝和智慧，然后坐到地板上。

——欧马利（Austin O'Malley）

8 岁的杰米是我的小邻居，从他那里我学到一个很好的游戏。每次小表妹来找他玩时，杰米都会带她去对面的公园荡秋千。他站在表妹前面给她推秋千，等到秋千荡回来时，他都会站在一个固定点，让她的脚几乎就碰到他的胸前，这时候，他会夸张地往后跌倒，假装跟她生气。他会站起来说："你最好别再那样做了！"表妹会开心得大笑起来，而杰米则会耐心地同她反复玩这个游戏。

为什么说这个游戏很好呢？因为它不仅包括了游戏的各种深层意义，同时还不失其趣味。两个人发生身体接触，或者差一点儿就要碰到，是一种非常有效的建立联结的方式；同时，让年幼者扮演更强势的角色，能帮她建立自信。

除此之外，学步儿之所以叫学步儿，是因为他们在学走路，经常会跌倒。由别人用一种好玩的方式假装跌倒，可以让学步儿以咯咯笑的方式来释放他们对走路的恐惧感。这比起让他们去找另一个孩子并把他推倒，或者因为走路太困难而总是缠着大人抱，要好很多。

我常常把杰米作为榜样激励自己，去想办法帮助一些孩子走出"孤独感"或者"无力感"的困境，进入充满活力与喜悦的游戏世界。杰米的例子里，他所做的最重要的事情是，加入年幼孩子的世界。他先是把自我的身份降低了，妹妹认为怎么玩最有趣，他就怎么玩。

游戏力所提倡的，就是父母们与所有的教育者们，要像杰米一样充满渴望地与孩子建立联结，随时准备为孩子献出永不枯竭的爱、鼓励与激情。放松下来吧——心理需要放松，身体也需要放松，我们大多数成人蹲下来与孩子游戏时，表情还是有点儿紧张，身子还是有点儿僵硬。既然快乐和笑声是进入孩子世界的入场券，那么我们就需要学习怎么能让自己开心一点儿。当我们与孩子的联结断裂时（这可是一而再、再而三发生的事实），游戏是帮我们重建深层联结的最好桥梁。我们必须准备好，除此之外别无选择。

重返童年——那个我们曾经熟悉的世界

在游戏的王国里，孩子悠游自在，但许多成人却觉得自己像个局外人。我们都曾经在那个国度快活地生活过，但现在似乎已经忘光了。我们也许会不无羡慕地看着这个世界，希望自己还能像从前那样无忧无虑地玩耍。也或许，当孩子们终于都跑到隔壁房间或室外去玩的时候，我们会庆幸自己又可以好好做个大人了。我的一个朋友曾经半开玩笑地跟他的几个孩子这么说："除非有人摔破头了，否则就别来吵我！"

许多成人，特别是忙碌的爸爸妈妈们，对与孩子们一起玩存有抵触心理。他们会说："孩子喜欢在地板上玩耍，但我不喜欢。我的膝盖已经咯吱咯吱响了，我也不喜欢把自己弄脏，这就说明我天生就不该在地板上玩。为什么孩子就不能自己玩、和朋友玩，或者到外面去玩呢?"孩子当然可以，并且也应该自己玩或者和朋友玩上一段时间。放手让孩子自己玩耍，可以培养他独立自主的能力，而且也能让父母得到必要的休息，完成自己的工作，并且把饭煮好。孩子与他人一起自由地玩耍，能让他们学习解决自己的问题，而不用担心成人的干涉。孩子需要这种没有大人的时间，他们确实能从中受益。从这个角度看，让成人搬家到孩子的世界似乎毫无必要。

但是有些时候，孩子仍然需要同大人一起游戏，这才能实现游戏的全部意义。刚开始和孩子玩，对大人来说可能并不容易，但只要下定决心多加练习，你就能做到。游戏会让你觉得很有意思。包括父母在内的所有大人都会对孩子造成伤害，这一点我们已经了解得太多，但另一方面，大人们也拥有帮助孩子的力量。这不仅是指让他们走出歧途，远离危险，还指的是能够主动地帮助孩子心理康复、健康成长，与他人维持良好的关系。既然孩子总是以游戏来维持关系、疗伤和建立自信，那么对大人来说，当然就应该毫不犹豫地陪孩子游戏，以提供他们所需要的帮助。

向孩子伸出援手

游戏是孩子主要的沟通方式。禁止孩子游戏，就好像禁止成人说话和思考。想在每分钟都控制孩子如何玩游戏，就好比要控制成人所说的每一句话。若是根本不陪伴孩子游戏，也就好像同一个成人整天在一起，但整天都不说一句话。

有时大人在游戏中的角色作用很小，比如确保游戏的安全，在孩子需要时能够保证到场。孩子在快乐地玩耍，知道爸爸妈妈在另一房间里，可以随叫随到，这是父母在亲子关系中最重要的功能。

有时孩子们可能只是需要有人来欣赏他们的魔术或者笑话，有人帮他们把澡盆放满水，有人把他们带到朋友家。这些时候，我们与其说是父母，还不如说是佣人。任何人都可以做这些事，为什么非得是我呢？看似如此，其实你跟他在一起就是不一样——在这种时刻，孩子身边需要的还是他最亲的人，虽然他们要求的并不多。

20 世纪 70 年代，布莱恩与雪莉·沙顿 – 史密斯（Brian and Shirley Sutton-Smith）合写过一本非常好的书，专门论述孩子的游戏。他们在书中举过一个有趣的例子，被称为“伴奏”：

在你忙着用吸尘器清理地板时，你的小孩突然提着包包经过你的面前，走到门口，跟你说再见。“我要去医院了，再见！”……你的角色是插入这个游戏一小步，不用太多。你只需跟他挥手道别，然后继续清理地板。……最后你问：“你回来了吗？”他回答：“嗯！”你过去抱紧他，告诉他你有多高兴他回来了。

当然，这种“伴奏”并不是全部。游戏能够在大人与孩子之间不知不觉地相互传递一些深层的意义，旁人通常觉察不到（除非是像我这样多事的搞心理学的人）。其实亲子之间经常都是以游戏来进行情感交流的，那种自然、随意的方式，就像我们不假思索地呼吸、走路一样。孩子与成人都会运用游戏来建立联结、培养自信，以及完成心理康复。但是，如果想赋予游戏一些功能，大人可能就需要有进一步的领悟并付出努力。在以下这些情况中，孩子更需要大人的主动参与：

· 孩子很难与同龄伙伴或其他成人建立稳定的关系；
· 孩子不能自发地、自如地玩耍；
· 孩子的生活出现一些变动，如：上幼儿园、弟妹出生、父母离婚或亲人离世等；
· 孩子遭遇危险。

接下来，我们分别就每种情况，谈谈大人如何通过游戏向孩子提供帮助。

1. 孩子很难与同龄伙伴或其他成人建立稳定关系

10 岁的奥斯汀无法快乐自如地玩耍。他不知道怎么跟别人相处和交往。这也难怪，他只想玩一种野蛮的足球游戏。如果有人想跟他一起玩，他却又会很快跑开，如果大家去玩别的游戏，他又会不高兴。他的父母前来咨询之后，我们决定尝试一些身体接触的游戏，让他分别和爸爸妈妈玩。他们可以摔跤、枕头大战，或者让他骑在爸妈背上在家里四处游走；还可以再加上更多的拥抱，让他有更多的依偎。如果奥斯汀开始变得烦躁，就稍作休息，再回去继续游戏。这些微小的改变对奥斯汀产生了重要影响，他不再那么难相处了。

郁郁寡欢地独自坐着，是孩子有交流障碍的另一征兆。这些孩子需要大人付出更多努力，为他们专门设计游戏，才能帮助他们走出孤独感的困境，与他人产生交流。游戏对这些孩子而言是需要训练的，只有这样，他们才知道怎么和同伴产生互动。在游戏中获得的关爱和关注，将帮助他们培养与伙伴相处的自信心，以及一起玩游戏的能力。有时他们也会自己努力，试着从那个无聊而乏味的洞穴中爬出来，去寻找新鲜有趣的事物，这时他们需要的，是父母耐心而积极的关注。但现实情况通常是，孩子在尝试中因行为不当而受罚，或者根本就无人理睬。本来他们已经够孤独、够寂寞了，让他们继续独自待在屋子里，绝对不是培养交往能力的好办法。

2. 孩子不能自发自如地玩耍

我和同事罗斯为课外班的老师开过一门课。在讨论游戏中的成人参与度时，我们请老师们描述所谓“好”的游戏具有什么特性。他们列出：灵活机动，富有创意和想象，趣味性，包容性和团队性，可操作，能适应不同情况。我们再问，为了完成这种“好游戏”，孩子需要成人做些什么？他们列出：保证安全，能激发创意的环境，孩子可以随时回来放松的大本营，游戏和艺术的材料，在孩子能力达不到时提供有效的支持。当我们问及什么样的游戏容易发生问题时，他们的答案是：枯燥和过多的重复，难度过高，攻击性和破坏性强，具有排他性。进行这种游戏时，孩子需要大人提供更多的帮助：更明确的游戏步骤，更清晰的信息，更多的提醒，更多的激励，新鲜的想法，情绪的安抚，更多的关注，更频繁地明确游戏规则，以及帮助孩子用语言准确地描述行为并表达情绪。

换言之，有些孩子不用教就知道如何游戏，而另一些孩子则需要专门指导游戏规则、技巧和运动精神。这些指导，当然也是成人的另一个角色功能。我常惊讶地发现，有些孩子想游戏，但不知道应有的规则，没机会练习应有的技巧，也无法接受输掉游戏的事实，这些都让孩子很难自发自由地游戏。当一个孩子总在棒球场外落单时，可能只是因为他玩得不如其他孩子好，他需要的只是大人稍微介入，陪他多多练习即可。而如果一个孩子对每一项判决都要争论不休，搞得玩伴们恼怒不已，那么他所需要的可能是一些特别的游戏时间，来重点培养良好的运动精神。

3. 孩子的生活出现一些变动

在这个问题上，我的朋友琳达可以现身说法，她所遇到的情况恰好说明为什么在家庭生活出现变动时，父母更需要多多参与孩子的游戏。她当时刚生下第三个孩子，两个大孩子觉得新生儿抢走了母亲的所有时间，因此紧紧缠住妈妈不放，希望以此获得她的关注。

琳达发明了一个叫作“充电”的游戏。她把每个孩子轮流抱在膝头，告诉他们妈妈要用“爱”给他们充电，然后从他们的脚趾亲到头顶。之后她又加进一个元素，叫作“爱之蛋”。她假装把一个蛋在他们的头顶上敲破，用手指把蛋汁抹进头发和皮肤，直到全身都涂满为止。两个大孩子对这个游戏喜欢到了极点，每天都要求玩。短短 5 分钟的游戏，便使他们能够重新自己玩耍，让妈妈可以照顾婴儿。即使他们两个自己做游戏时，彼此也更多地相互关爱，而不再像从前那样动不动就争吵了。

4. 孩子遇到了危险

当孩子们遇到危险，尤其是相互造成威胁时，我们可以清楚地看到成人的参与多么重要。让孩子们自己解决问题，有时候并不安全。在我治疗的成人患者中，有些人幼年时曾受到性侵害，杰克是其中之一。他 5 岁时被隔壁两个较大的男孩性侵过。他们在一块玩一个游戏，对那两个大男孩来说可能很好玩，但对杰克却是一段心痛的受虐经历。我不需在此详述细节。杰克长大后回忆说，他意识到那两个男孩当时是想把他俩的痛苦转嫁到他头上。他们的痛苦可能是因为有人对他们很粗暴，或者在他们需要帮助时却被忽视了。他们一定有很多痛苦无处发泄，所以只能找一个年纪更小的孩子当作发泄的对象。

问题是，年幼的杰克根本无法帮助他们宣泄愤怒的情绪和攻击的欲望，他毕竟只是一个 5 岁的孩子。显然，大男孩的父母也不愿见到自己的孩子有暴力冲动，所以干脆就让他俩走开，在眼前消失。事实上，两个大男孩不仅“消失”了，还迷失在他们痛苦的感受里，直到他们找到了杰克。而相关的成人没有能力，可能也不愿意介入这场施虐游戏。

施虐的大男孩需要一些游戏来中止并改变他们的攻击行为和冲动。年幼而无助的杰克也需要游戏，不过作为受害者，他需要的游戏和那两个男孩不同。面对暴力，他表现出胆怯、懦弱的一面，他需要变得更自信，重新找回对世界的信任，才能走出孤独和无力的困境。他的游戏必须帮他做到这一点。杰克需要的游戏迟迟未能到来，而他也已长大，早过了游戏的年龄，最后只能接受心理治疗。

幸运的是，大多数成人通过游戏来帮助孩子，并不像上面这个例子那样极端，但基本点是一样的：孩子无法独自处理所遇到的全部困难，尽管忙碌的父母和老师们经常抱有这样的奢望。

放下身段的重要性

在这里："放下身段"有两重含义，一是说大人必须俯下身子，坐在地板上才能和孩子真正玩到一块。第二重含义则是一种比喻，指的是大人在心态上要降下来，要跟随孩子，他们想玩什么就玩什么。对于年纪小的孩子，我们就得降低高度，和他们面对面地玩；对于年纪大一点儿的孩子，我们就得适应他们的方式，不管是逛商场或去球场，还是在电视前或电脑旁。

放下身段，还意味着要加入一些以前我们压根儿就不认可的游戏。

有一次，在与学前班的家长交流儿童攻击性游戏时，一位男孩的妈妈被我的建议吓了一跳。她的儿子雄性激素分泌过盛，喜欢把蝙蝠侠之类的超级英雄的头砍下来，并让它们从楼梯上摔下来。我给出的馊主意是：加入儿子的游戏，而且是充满热情地加入。如果孩子是在孤独状态中，那他就会不停地重复玩同一个游戏。此时，如果妈妈横加斥责，那只能加重孩子的孤独感。孩子需要首先得到认可，感受到我们对他的热情，才能摆脱他们目前的困境。因此，即使你的目标是让孩子停止这种暴力游戏，但唯一有效的办法也是先和他玩一阵子。在这个过程里，他才有时间尝试新游戏，并且才有机会以新的方式处理自己的攻击冲动。

在英国夏山学校，曾经有位学生半夜溜出宿舍搞各种恶作剧。尼尔校长（A. S. Neill）的处理方式很特别，他穿上滑稽服装，装扮成一个匪徒，然后在半夜把这位学生叫醒，问他要不要跟他一起去作案。结果，这位学生一口回绝，还教训校长要端正自己的行为。学生的恶作剧事件就这么得到解决了。

当那个孩子在选择到底该控制行为还是制造麻烦，而又正摇摆不定时，尼尔提供了一种特别的游戏。他半夜里这样傻乎乎地跑出来，就相当于一面镜子，使学生有机会重新反思整个事件。当我们不停地对孩子耳提面命，告诉他们什么该做、什么不该做的时候，孩子并没有得到自己思考的空间，他只能被迫做出一个非此即彼的选择：要么口服心不服地接受批评，要么明目张胆地反抗。游戏有助于孩子反思自己，甚至是在一些严肃的问题上。

当父母跟孩子在地板上玩游戏时，他们能向孩子提供很多资源。有些资源是有形的，例如好玩的玩具、舒适的房间，以及健康的零食。有些则是无形资源，比如发明一些新点子。看到两个孩子打架时，我的绝招就是大喝一声："你们有本事，就跟我这个大个子来比比！"然后就张牙舞爪地扑上去。交战的双方都会掉转枪口，一致对我，然后我就装出惊慌逃跑的样子。一点点变化就能改变游戏的性质。

当我思考加入儿童游戏的不同方式时，我总是想到马萨诸塞州剑桥医院的心理医师哈文思（Leston Havens）的研究。他认为在成人心理治疗当中，医患之间的座位安排关系重大。在他看来，不同的病人需要不同的座位安排。心理治疗行业开始之初，医生都坐在办公桌后面，这使医生和患者之间产生了距离感。弗洛伊德创造性地把椅子挪到了患者的视线之外，这样患者得去想象医生的想法和感受。卡尔·罗杰斯（Carl Rogers）为了使交流人性化，成为名副其实的交流，他和患者是面对面地促膝而坐。哈利·苏里安（Harry Sullivan）和病人则是肩靠肩并排而坐，这样使他更具亲近感，能像朋友一样帮助病人面对恐惧。

哈文思在他们的基础上，思考又更进一步，他想的是给每一位病人如何个性化地安排座位。有些病人应该与之保持一定距离，有些却需要发生身体接触。

当我思考如何才能最有效地加入孩子的游戏时，我经常想到哈文思的这个"座位理论"。有时我们必须与孩子发生身体上的亲密接触，比如说拥抱或者摔跤。而在追逐、抓人的游戏中，距离则不停地在变化。下棋时距离则一直保持不变。对于平常沉默寡言，而一旦坐上车就滔滔不绝的孩子，苏里安的"并肩而坐法"最为适用。此时，爸爸妈妈们不用说话，就能听到孩子们的一肚子牢骚和意见。

互掷垒球时双方虽然隔着较长的距离，但是飞来飞去的球却代表着联结的桥梁。下一章里讲述的一个男孩把自己反锁在房间里，那时则需要为他安排另一种特别的“座位”。总之，你必须找到孩子能够回应你的最有效方式，而只有当你进入他的世界，用他的方式与他互动时，你才有可能找到这个回应方式。

当然，孩子永远都需要独自游戏以及与同龄伙伴游戏的时间和空间。但事实上，当大人有效地参与孩子的游戏时，孩子获得的乐趣会更多。有时孩子需要我们做的，不只是给他们拿一杯饮料，或者提醒他们注意安全。然而，我们却很难融入游戏中。这是为什么呢？

游戏，为什么对于成人这么难？

当我们还是孩子的时候，大人跟我们玩得很少。我们刚学会走路时，活动都是在护栏里进行的；小学时光有电视与我们为伴；一到青少年时期，我们就跑到外面去游荡。而我们的前几辈人，童年时也没有太多的游戏时间。

一直到最近，孩子才开始拥有比较充分的游戏时间。早教专家们认为，游戏时间的延长，对于幼儿的生长发育是一个莫大的福音。但一个不幸的事实是，到了青春期或刚刚成年时，自认为长大成人的我们差不多都不再游戏了，我们甚至已经忘了怎么游戏。我们以体育竞赛或度假休闲取代了游戏，但这些活动都比不上儿童游戏的自由自在和充满想象。我们已经失去了游戏的能力——由于缺少练习，由于杂务缠身，由于怕这怕那。这种损失，成了我们与孩子相处的障碍。

对于父母来说，没有什么能比失去与孩子联结的能力更令人伤心和痛苦。我们常常觉得与孩子之间隔着一堵高墙，孩子在墙的另一边，等着我们用他们的方式，到他们的场地上与他们联结，而我们却撞破脑袋也找不到门。我们必须采取行动，重建联结，而不是干坐下去，直到彻底放弃。既然我们没法像孩子那样轻松地玩出那么多游戏，甚至我们打心眼儿里讨厌游戏，我们就更需要主动选择游戏。为了孩子，我们无路可退。

不幸的是，前面所提到的孩子最需要大人来一起游戏的几种情况，对大人来说，也正是最难和孩子游戏的时候：

· 当孩子无法和我们或他们的同伴联结时，我们自己通常也会有孤独感，心里感到伤心难受、厌烦易怒，根本不想游戏。
· 当孩子不停地玩同一个游戏，或者游戏本身具有攻击性，或者儿童不宜时，我们会想严加惩罚，或者不予理睬、一走了之，总之就是不想加入他们。
· 生活中发生的变动，对大人来说也一样困难。当我们忙于处理生活中的巨变时，关注、照料孩子的时间会变得更少。
· 在安全问题上，我们可能会由于担心过度而无法游戏（孩子之所以遇到危险，是因为我们在第一时间没引起足够的注意）。

也许我们都曾发誓，绝不会像其他大人那样严厉地对待孩子。但就在孩子最需要我们的时候——也就是他们发脾气、骂人、行为不端时，我们还是一怒之下施以惩罚，或者因为觉得受伤而把他们拒之门外。我们暂时性地忘记了孩子还很脆弱这个事实，就像他们暂时忘了应该合作、分享、保持镇静和遵守规则一样。当生活中发生了巨大变动时，比如家里有了新生儿、搬家、离婚，我们身心里尽是我们自己的情绪和要做的事情。身处变动中的孩子本来就需要更多关心，现在倒好，反而不如平常时候了。他们当然会变得淘气起来，我们却仍然无暇照顾，就这样，我们与孩子间的鸿沟越来越深。难怪养育如此之难！

问题还不止于此。在我们成年人中，有些人在自己的童年时期也累积下一些心理问题未经治愈，因此当孩子需要我们一起游戏时，这些问题就会跑出来拖后腿、惹麻烦，结果就会影响我们帮助孩子处理情绪问题。

有一位母亲能够把她女儿的问题说得一清二楚，但就是弄不清这些问题的根源。那个女孩5岁，神情忧郁、落寞。游戏开始后，我能看出女孩在维系联结方面非常吃力。她总是像一只受惊的小猫那样躲在角落里，我在游戏一开始时，总是想办法劝她出来。经过努力，我终于和女孩建立了联结，于是我邀请母亲加入游戏。母亲虽然表现得有些拘谨、不自然，但是母女俩还是乐于接受我的指导，学习如何一起游戏。

但是，当我退出游戏，在一旁观看时，妈妈顿时就发蒙了。她坐在椅子上一动不动，完全不知道该怎么办。这次的表现终于使这位妈妈自己意识到，她自己的联结断裂对女儿影响有多大。以前，她总是以太忙、太累来推托游戏这份工作，避免直面自己的情绪问题。当母亲行动起来，清除掉自己的障碍，整个家庭的面貌就发生了根本的变化，母女间的联结再也不磕磕绊绊了，两人的关系变得非常融洽。

一直以来，这位妈妈想通过逃避游戏来避免让自己情绪受伤，但她却没意识到这样做的代价是整个家庭的幸福和孩子的快乐。大人想尽量避免情感再受折磨，这本身是可以理解的。除了这些痛苦的感受之外，什么还能阻止我们和我们最爱的孩子一起游戏呢？有时候，大人只有通过强迫自己和孩子一起坐在地板上，玩孩子们喜欢的游戏，才能看清楚自己内心想躲避的感受到底是什么。有位家长曾经告诉我："和孩子一起玩不可能一直都有趣，但我还是会坚持，我知道最后我们都会快乐。而且，我用他们的方式玩得越多，他们也就越愿意在日常生活中配合我。"

与孩子游戏时，除了受自己的情绪影响外，我们常常还会被游戏本身的无聊搞得厌烦不堪，或者疲倦得一动都不想动。有些父母生气的时候，会对游戏制定严苛的规则，提出过高的纪律要求，稍不如意，就大发雷霆。有些父母刚开始还能保持克制，但是一旦孩子哭起来，或者把东西搞乱了（这些情形在游戏中迟早都会发生，在所难免），他们就会爆发。有些大人生性好强，一定要比孩子搭一个更高的积木城堡、更好的乐高模型。与之相反，有些大人却坚持战略防御，不敢和孩子玩摔跤，害怕受伤，也怕出洋相，肌肉似乎好久没用了。能和孩子玩上一整天而不会产生上述这些情绪的成人，即使有，我也还没碰见过。但是不管怎么样，孩子需要我们努力克服自己的情绪，与他们一起玩他们钟爱的游戏。

第 15 章里我们会谈到如何释放自己的这些情绪，其他章节也会谈到怎么玩游戏比较合适，但最实用的方法是：与那些愿意真诚面对这些情绪和感受的父母交谈。父母自己也需要休息、调整，使精力得到补充，才不会让自己的情绪堵住，也才能放松地和孩子一起玩耍。最后一点，要学会自我奖励。跟孩子做游戏不是件容易的事，我们都有厌烦、泄气或恼羞成怒的时候。

接下来，我想谈谈两个经常被排除在游戏之外的群体：父亲和非父母的成人。

游戏，也是当父亲的责任

厄普戴克（John Updike）经常写到身为丈夫和父亲的失落感：“如果男人们在家里跟孩子说不上话，那他们就不是人类了，而只是吃东西的赚钱机器。”当然，父亲的责任远不只是说话而已。厄普戴克准确地描述了当今社会的一个特征：父亲已经越来越远离家庭的中心位置。为什么会这样？这是为了让男人更好地成为社会机器上的一颗螺丝钉。父亲在养育中的功能很少受到社会承认，更别说鼓励了。

父亲们觉得自己在家庭里被边缘化了，不再是家庭的中心角色，只能做一些受差遣的活计，而他们心里也或多或少认可和接受这种状态。陪孩子玩游戏，对父亲们而言，变成了一件可有可无的事情。

有一次，我母亲打电话来，正好我太太不在家。母亲发现是我在和女儿玩耍，于是说：“哦，你在当保姆呵！”我尽量客气地回答说：“不是保姆，我是在当父亲呢！”她立刻道歉，知道自己说错话了。而我也意识到，不管是在我母亲的童年时代，还是后来她自己做母亲的年代，父亲们与婴儿的互动都已经很少，少得连保姆都比不上。

父亲是男人，也是双亲之一。不幸的是，他们被训练成为男人，而非父亲。男性化的磨炼有些反而成为扮演父亲这一角色的障碍，尤其是在做游戏时，以及深层情感交流方面。由于缺少锻炼，男人们觉得自己在养育的事情上有心无力，大部分男人都不喜欢这种无力感。

当我女儿还在婴儿期的时候，我的父母来到我家。爷爷有一次抱着艾玛时，艾玛哭了。她刚吃饱，尿布又没有湿。爷爷没辙了，把她交给我，但我对他说："我能做的，你都做了。"他有点儿吃惊。他一直以为婴儿哭泣时，需要采取一些特别措施，只是他不知道而已。我的父亲并不是特例。值得庆幸的是，过去10年间，越来越多的父亲开始分担养育的责任，也开始出现全职奶爸或义工爸爸，但在与孩子建立联结方面，父亲仍然面临困难。女性在全职工作之外，还必须照料孩子，承担大部分的家务，帮孩子检查作业。这种现象的确对女性很不公平，但对被排除在外的男人来说，又何尝不是一种不幸？

我和朋友麦克组建了一个父亲互助工作营，那时候我们的孩子才几个月大。起先，我们是抱着婴儿聊天；到孩子蹒跚学步时，就跟在他们屁股后面追着跑；再接下来到了学前班时，我们又可以一边聊天一边看着他们玩。我建议所有父亲都来参与这样的团体。婴儿时期，孩子只要一开始哭，许多爸爸就忙着要起身回家，因为他们以为孩子需要妈妈来喂奶了。那时候，我不得不让他们的脑子"断奶"——让他们知道，婴儿哭除了因为肚子饿，还有许多其他原因（孩子被抱来之前，都已经吃饱喝足了）。更重要的是，他们意识不到，如果把孩子抱回家，也就失去了做"奶爸"的最大幸福：抱着孩子让他把积累的坏情绪都哭出来——那是婴儿所知道的唯一方式——然后看着他在自己怀里安静下来。孩子几个月大时，这些父亲抱孩子的时间，就已经比这一辈子被自己父亲抱的时间还要长，但他们仍然受不了孩子哭。

也有一些极端的例子，有些父亲与家庭的联结完全断裂了。他们有的离开了家庭，对于自己留下的缺憾一脸漠然；也有的父亲还在家里，但在情感上却与孩子很疏远，除非兴致来了，才和孩子偶尔玩一下，根本没有联结。真正的父亲必须在日常生活中切实担当起父亲的责任来。令人感到讽刺的是，一些男人在离婚后才真正做起了父亲的这些日常工作。在不得已的情况下，他们才第一次感受到做父亲的责任。男人们有一种倾向，倾向于不愿相信自己对于他人的价值，也不愿相信别人对自己的爱；他们倒是能坦然接受被取代和被交换的命运。我很同情地听过许多男人讲述他们过了很多年后，才吃惊地发现，家庭多么需要自己。孩子们长大后，也吃惊地发现，他们的父亲本来可以爱自己多一点，跟自己多亲近一点，可就是不明白怎么做，或者觉得自己没这个时间和精力。

另一方面，在打闹游戏中，父亲是孩子们最好的游戏对象。大量的研究已经一次又一次地证明，与爸爸摔跤、拳击，只要适度，将有助于孩子的成长。例如，常和父亲打闹的男孩，能和别人相处得更好。做父亲的擅长活跃气氛，把婴儿抛到半空再接住，在节日庆祝中活跃气氛，这些都很重要，都是孩子们需要的。不过，父亲仍然也需要和孩子保持普通的日常互动。

父亲，更宽泛地说是男人，对孩子的一生具有非常重要的影响。一方面，孩子需要父亲们发挥传统意义上的特长，诸如打斗之类的体力游戏。同时另一方面，孩子也需要男人突破自己的局限，拓展更多的能力，比如拥抱、安慰或过家家，越多越好。

我常想，为什么父子之间经常会玩掷球游戏？我认为掷球游戏在“距离”间搭建了一座桥梁，而“距离”一直是使男孩以及男人感到纠结的东西。随着越来越多的男人克服心理距离，走近孩子，我们的家庭教育将变得越来越完整。

不是父母的成人怎么做

如果父亲在孩子的游戏过程中只是一个旁观者，那么那些不是父母的成人就更加被边缘化了。母亲一般被认为要做所有的事，要一个人扮演所有的角色，并且什么帮助也得不到。但其实，父母之外的成人在孩子的生命中扮演了一个独特的角色。你是否曾经有自己最爱的叔叔或舅舅，或者是父母的某个朋友，会坐在地板上和你一起玩大富翁游戏，或者教你一些小把戏？在你还未成年却渴望被当成大人看待时，是不是有一位姨妈带你去喝下午茶？

这本书虽然主要针对的是父母，但是这些原则同样适用于朋友、保姆、爷爷奶奶、老师、游戏治疗师等等。事实上，书中所提到的很多游戏和活动，更是特别适合非父母的成人。父母和孩子经常会陷入僵局，使游戏变得索然无趣，很快一方或者双方就不想再玩了。这时其他大人可以介入，帮助解开纠结，让游戏继续。我在工作中最常做的事，就是先运用游戏与孩子建立联结，然后邀请大人参与进来，指导他们如何与孩子联结，如何最大化地利用游戏时间。我之所以能够成功地通过游戏重建联结，关键并不是心理专业的知识，而是作为局外者的视角和心态。

当女儿还很小的时候，我和我太太都不喜欢家里被搞得乱糟糟的样子。直到有一次，我们的朋友蒂娜单独和艾玛玩时，我们才察觉到自己的局限。那天我们回到家里时，发现蒂娜正在和艾玛开心地玩着一锅汤，有一碗倒在了艾玛的头上，还有几摊洒在厨房的台面上。只有不介意混乱的蒂娜，才能给艾玛这样的游戏机会。

我的意思并不是说，游戏对非父母的人就都那么容易。基于之前所述的同样理由，有些非父母的成人也可能会很难进入游戏。不过由于还没有孩子或不是自己的孩子，他们在某些容易产生亲子冲突的地方，反而可能会显出更多的精力和耐心。但对于他们不利的条件是，他们可能还不习惯整天和孩子待在一起，也可能会对自己所扮演的角色功能产生困惑。需要提醒已经为人父母者的是，他们（那些不是父母的成人）对于孩子是多么特别与重要。

由于这个社会还不重视游戏，幼教人员、夏令营教练、课外辅导老师以及儿童娱乐服务人员的职业专业性，也就无法获得应有的重视。不管他们的工作多么重要、多么出色，收入还是少得可怜。这些都是因为社会把他们视为保姆，而不是儿童教育与游戏的专业人员。高效的游戏领导者，不仅需要专业技术，富有创造力，具备好奇心，还要拥有儿童心理学的知识，富有幽默感，有领导力以及建立社群的能力。

最后我要讲一个故事，是关于一对没有子女的夫妻：他们住的那条街上有许多小孩，他们的院子经常成为附近孩子聚集的场所，主要是因为这位先生很会跟孩子玩。有一天，太太到屋外问孩子们要不要喝柠檬汁，然后转身进屋去准备。其中一个孩子对这位先生说："你妈妈人真好！"在孩子的心里，早已把这位先生当作同伴。这位先生虽然不是父母，虽然已是成人，但仍然可以成功地被孩子视为自己人，而有些身为父母者反而做不到这一点。孩子总能从一位善解人意、尊敬他人的大人身上获益多多。

与孩子调到同一频道

1952 年，一群科学家为了研究灵长类动物的行为，在一块日本猕猴的栖息地进行仔细观察，研究者们将一些红薯扔在海滩上。卡瑞·伯哈德（J. Gary Bernhard）在他的《教室里的灵长类》（*Primates in the Classroom*）一书中记载了这件事。猕猴喜欢红薯，却不喜欢沾在上面的沙子。一只小母猴首先发现可以用海水把红薯洗干净。既然猕猴没有学校，也没有什么正式教育，那么新知识如何传播出去呢？这引起了研究者们的兴趣。首先学会的是小母猴的母亲。伯哈德就此感慨道："这可以理解。成年猴子里，能够对 1 岁半幼猴的行为产生兴趣的，也只有它的母亲。"

小猕猴的妈妈又把这个知识传给了小猕猴的哥哥姐姐，因为它们时刻都注意着自己妈妈在做什么。再接下来，猴妈妈的这些孩子又传给了自己的伙伴。这些"大姑娘"、"小伙子"大部分时间都玩在一起，玩的过程中，他们就会观察到玩伴们正在做的事。下一个学会的是其他的妈妈们，它们一直在关注着孩子们，再传下去的就是妈妈们的幼崽了。最后在整个栖息地，其他猕猴都学会了这个新知识，除了 13 只成年公猴。令人惊讶吧！伯哈德说："成年公猴对于新知识并没有原则性的抵触，它们只是没注意到正在发生的事会对自己的生活产生影响。”它们有更重要的事情要去解决，因此也就只能啃那些“加沙”的红薯。

我想通过这个故事来说明，成人关注孩子时“调到同一频道”非常重要。我们常常不认真关注孩子，尤其是在他们不再需要我们一直照料之后。就像那些成年公猴一样，毕竟我们每天也要思考很多更重要的事情。孩子们需要属于自己支配的时间，他们需要培养独立性。这都没错。但他们也需要我们时常倾听他们的感受，关心他们的发现。他们也许并没有发明洗食物的新方法，那么我们该关注些什么呢？

第一，要注意孩子需要什么。他们需要帮助解决问题吗？他们表现出的行为像是脑子进水了一样，但这是因为太饿还是太累？两个孩子需要分开独处吗？他们需要到外头尽情喊一下、玩一下吗？也许他们需要更多一些的关注。每当有大人说，孩子做这做那“只是想引起大人注意而已”，我都会觉得惊讶。那些需要被注意的孩子，想尽办法来获得注意，这不是很自然吗，为什么不满足他们呢？

人类的孩子如果受到忽视，后果远比忽视洗红薯的小猕猴要严重得多。《烟柳飘处小溪流》（*The Singing Creek Where the Willows Grow*）的作者怀特利（Opal Whiteley）绝对是一位天才，但是她的父母除了骂她之外，从未注意过她。结果，她对自然事物惊人的观察力被埋没了数十年。

我的朋友萝拉，一位单身母亲，和她10岁的儿子大卫玩了好几年的“岩浆游戏”。他们会站在床上，假装地板上到处都是炽热的岩浆，自己必须站在床上才安全。她说：“有时我们会解救对方，有时我们会把对方推挤下去。”而他们运用这个游戏来传达生活中的重要议题：失败、危险、救援或者攻击。他们不用多想，就可以依据当时的情绪来调整游戏方式。这就是“调到同一频道”。

有些科幻小说会提到一种宇宙翻译机，可以将各种语言快速翻译成自己的母语。对于亲子间如何调整频道：“翻译机”是个很好的概念。父母需要的翻译机，是能够把孩子的恼人言行转换为更有意义的语言。在游戏力中，如果你能把所闻所见都翻译成亲密或孤独、自信或无力，那么将会非常有助于解决问题。以下是一些例子：

表面言行：一个6岁的男孩一走进课外班，就去打他最喜欢的老师，然后躲进桌子底下。

翻译："我想靠近你，但我害怕靠近所有人。而且，我现在很生气，你大概会讨厌生气的孩子，所以我先讨厌你好了。"

明智的回应："你打了我然后躲起来，我想是因为你想接近我，但是又不太敢。那这样好了，下次你来的时候，我们就先伸出手来击掌，好不好？"

表面言行："这个作业真是傻到家了！"

翻译："我觉得很沮丧，因为我还不会做分数的习题，你可以帮我吗？"

明智的回应："我很愿意帮你一起弄懂分数。"

表面言行："我讨厌你！"

翻译："我还不知道怎样对我爱的人生气，真困惑！"

明智的回应："我爱你，如果我对我爱的人生气，大概我也会被搞糊涂。"

当孩子的行为不合常理时，我们就需要试着用这样的方式进行翻译。在一个课外辅导老师的讨论小组，弗兰克向我讲了一个令人困扰的问题。他的一只眼睛是假的，而每当有孩子问他时，他都根据他们不同的年龄段做出不同的回答，告诉他们假眼是怎么来的。可是孩子们总会一问再问，一开始他会耐心回答，久而久之，他逐渐怀疑孩子们是否带有恶意。但我猜想，孩子们听到他真诚地分享自己的故事时，可能感觉自己与他之间产生了深切的联结。而孩子们想重温这种感觉，特别是孩子们比较习惯说"再来一次"，而不是"我们做点别的吧"，所以就会要求他重复讲述他的故事。

表面言行："你的眼睛怎么了？"（已经第四次问了。）

翻译1:“嗨,弗兰克,记得上个月你分享过有关你眼睛的事吗?当你用轻松而诚恳的方式回答我时,我觉得你真棒,因为你并不只是告诉我,这不关我的事。我觉得你是一位可以亲近的人。”

明智的回应:“我已经说过好几次了呀。这次我们一起来做一些其他好玩的事吧。”

翻译2:“我有各种担忧和恐惧,我很害怕听到有人生病或受伤,不管是自己还是我在乎的人,可是又很难开口谈论这些感觉。我不喜欢害怕的感觉,我也不希望有人觉得这些担心都是多余的。所以,与其直接谈论我的感受,不如再问你一次你的眼睛怎么了?因为当你谈到你的假眼时,我可以感觉到你既放松又冷静。”

明智的回应:“我知道你对我的眼睛很感兴趣。但是你一直问,是不是有其他一些问题或想法我们还没有谈过?”

与孩子调到同一频道,并不表示我们要过问孩子生活中的每一个细节。反之,我们可以先说一件自己今天发生的事,然后孩子可能会以一个自己的故事来回应。包括我自己在内,成人们常犯的一个错误,就是孩子在说“无关紧要”、“无意义”的事,或者不断重复时,我们横加打断。然后,我们又期望他们说出我们想知道的事。这很不公平。即使孩子说的事似乎不重要,听上去很蠢,我们仍然必须耐心倾听。这一点很好理解,因为他们首先想确定我们是否在认真听,会不会打断或责骂他们,然后才决定告诉我们一些重要的事情。

我们所有人都渴望的内心联结被套上了枷锁,而这个枷锁则是身为“父母”或“老师”的“责任”。但是无论如何,人与人之间的关系,总在联结、断裂和重建联结三种状态之间不断地变化和演进。游戏力可以帮助我们在这些急剧的改变中准确地把握方向。加入孩子的游戏,我们就可以打开通往孩子内心的那扇门,从而与他们心心相连。

第3章　建立联结

"现在都给我停下！"麦克斯（Max）命令野兽们都去睡觉，不准吃晚饭。也就在此时，野兽国王麦克斯忽然感觉好寂寞，好想回到最爱他的人身边。

——莫里斯·桑达克（Maurice Sendak），《野兽国》（*Where the Wild Things Are*）

在桑达克的名著《野兽国》中，妈妈因为麦克斯不听话，像个野兽，总是制造这样那样的麻烦，而罚他不准吃晚餐，直接去睡觉。麦克斯在自己的房间里幻游到了野兽国，当上了那儿的国王。然而好景不长，麦克斯感到很寂寞，很想回到“最爱他的人”身边。当他驾船回到家中，发现热乎乎的晚餐已经准备好了——妈妈已经原谅了他，两人的联结又重新建立了。

这本书受到了两代读者的欢迎，不管是孩子还是父母，都被故事中人类“联结”的循环过程所深深打动：孩子违反妈妈的规定而受到处罚，于是他就通过幻想游戏来表达自己的心情——相信自己能回到家中，能重新得到妈妈的爱。在《野兽国》一书中，我们没有真正看到麦克斯和母亲重归于好，我们看到的只是热乎乎的晚餐。在童话中可以安排这样的结局，不过在现实中，我们可能需要更详细的说明，才能完成这个建立联结、联结断裂和重新联结的复杂过程。

联结—断裂—重新联结

我们还是胎儿时，联结、断裂和重新联结的戏剧就开幕了，并在之后不停地循环重演，伴随着我们长大。在生命的头9个月，我们和母亲是直接联结的，分享着她的血液和呼吸。之后，为了独自拥有生命，我们被迫放弃。在遭遇寒冷空气和刺眼光线的那一刹那，我们立刻试图与母亲重建联结，寻找她给予的温暖、抚摸和食物。再后来，我们才开始打量四周，观察我们身边的世界。

联结，是一种状态，它容易意会，却很难言传，我们在生命的不同阶段要经历不同形式的联结。在婴儿期，孩子和他所依赖的大人之间的联结，经常表现为“目光之爱”：深深的彼此凝视，目光间流淌的情感，是相互归属和融为一体的。无论童年、少年还是成年，我们与父母、手足、朋友、伴侣，都在不停地联结、断裂、重新联结。后来，我们和自己的孩子也有了这样的关系模式。其间最复杂的阶段就是青春期，最常见的那句话就是："别管我的事！不过先开车送我到朋友家去。"

如果一切正常，婴儿期的"目光之爱"之后，联结的幸福感虽然有所降低，但仍然稳固。我们和孩子能够随意聊天，嬉戏闲逛，大家还都彼此喜欢对方，我们也还算了解孩子的心思。这种状态可能发生在安静的时候，例如上床入睡前，也可能发生在孩子活蹦乱跳的时候。等孩子再大点儿，我们与他之间的联结就更趋随意，平常意识不到，只有在发生冲突、产生距离感时，我们才注意到那种难以言传的联结状态似乎出了问题。

当联结断裂到了极端，就会是噩梦般彻骨的孤独感、退缩和自我封闭以及对外界的愤怒甚至仇恨。在帮助监狱里那些暴力罪犯以及刑满释放人员的过程中，我对"断裂"有了最深刻的体验与认识。但即使是正常、健康的孩子，他们也会有联结断裂的时候。当孩子觉得寂寞、害怕，感觉无法承受压力时，我们可能还不知道在他们的心中发生了断裂。没有孩子会走到我们面前说："我觉得我们的联结断了。"当我们质问孩子为什么那么讨人嫌时，他们也不会说："因为我觉得很孤独。"

一切都顺利的时候，游戏力能让我们和孩子一起快乐。而在出现问题的时候，游戏力的目的就是帮助孩子摆脱孤独感的困境。一天中，孩子的情绪会有很大的起伏，而游戏是他们最本能的平复手段，因此，我们对孩子的游戏语言越是熟练，就越能帮助孩子完成联结的循环。重建联结有时比较简单，比如号啕大哭后，婴儿与母亲的深情对望；放学回家后的一个拥抱；经过艰苦谈判终于谈妥了睡觉时间后，双方握手言和。而有时重建联结需要游戏来帮忙，因此需要我们屈尊和孩子一起坐在地板上，花一些时间做孩子最喜欢的事。还有些时候，会出现一些障碍，对一家人来说太困难，这时就需要家庭治疗、游戏治疗了。

蓄满我的杯子：依附理论和重建联结的动力

儿童心理学家经常谈到依附理论（attachment theory），但是父母们对这个概念仍是一头雾水。我想通过一个比喻来解释：孩子不断需要关爱和照顾，就好像有一个杯子，不断需要蓄水。

当孩子饿了、累了、寂寞、伤心时，他就需要有人照顾、抚慰，就好像他那个水杯空了，需要加水一样。孩子的父母或者其他照料者，就是那个大蓄水池。孩子每次探险，都从蓄水池出发，探险结束后又回到蓄水池歇息。大人除了提供食物和抚摸外，安慰难过的心情、一起玩耍以及交流谈心，都能起到蓄水的作用。例如"镜子游戏"，大人学小婴儿的样子做表情、微笑，甚至咿咿呀呀，虽然简单，但却能加满孩子的杯子。随着孩子越来越大，他们的探险活动也会离我们越来越远，但对于那些杯子保持蓄满状态的孩子，他们总能具有足够安全的依附感。

相反，那些没有获得安全依附感的孩子，或焦虑、黏人，或退缩并自我封闭。不论在哪里，他们可能都找不到安全感，即使自己最亲近的人在他身旁也是如此。他们没信心去尝试新事物，即使去了，也可能只是鲁莽行事，他们身上不具备真正的冒险精神。他们的杯子快要空了，甚至已经空了。

在自己独处的时候，具有安全依附感的孩子可以安慰自己，可以解决自己的情绪问题，能够集中注意力，与同伴形成良好的联结，对自己和世界有积极的看法。有些父母去幼儿园接孩子时，经常被孩子的号啕大哭弄得困惑不已，老师们明明说他一天都很乖啊。老师们也不知道孩子为什么哭。其实，这正表明孩子有不错的安全依附感。当孩子和陌生人或者老师在一起时，有安全依附感的孩子可以把所有不好的感受都暂时储存起来，等到和主要依附对象（比如父母）重逢时再表达出来——"谢天谢地，你终于来接我了！"

杯子被蓄满爱心、关注和安全感的那些孩子，确实是幸运儿。小小的不安可能会让杯子洒出一些水，难熬的一整天里也可能把杯子几乎倒空，但他们的照顾者随时都会把杯子蓄满。等孩子长大后，只需要想想照顾自己的大人，就能把杯子蓄满。事实上，有安全依附感的孩子可以从朋友那里、从生活兴趣中、从掌握新知识的过程中，自己蓄满他们的杯子。

当然，没有谁的童年会是尽善尽美的，每个人的安全依附感都会遭遇挑战和危机。我们都有满足不了的愿望，都有过沮丧的时刻，有时甚至会是很长一段时间。我们有时不禁怀疑，下一次的蓄杯会来自何方，我们的杯子还是空着，空的时间太长了，长得我们已经不相信还有能加满的时刻。

观察孩子如何对待他们的杯子，尤其是将要倒空的杯子，让我获益匪浅。孩子在情绪激动的时候左突右奔，我知道他们是急着要蓄杯。然而，他们这样做，反而会将仅剩的一点点也洒掉。有些孩子则要求杯子一定要满满的，发生一些鸡毛蒜皮的事情也要跑到大人那儿去——比如不停地抱怨玩伴们这样那样。如果他们觉得杯子洒出一点点，就会惊慌失措。

有时也会出现这种情况，就是孩子清楚地知道自己需要蓄杯，但无法得到。这时，为了避免一滴不剩，他们就干脆把杯子盖上。可如此一来，别人也很难往杯子里加进东西。等待蓄杯的过程中，由于渐渐失去信心，他们也许会拒绝拥抱，拒绝上床睡觉，拒绝坐下用餐。还有一种孩子，他们不会安静地接受蓄杯，杯子将空的感觉让他们坐立不安，但是他们的急躁只会减少蓄杯的可能性。

大人常会被激怒的是，孩子或用武力或耍小聪明，来偷窃别人杯子里的东西。他们的方式可能会是打人、要挟、诱骗并占有别人的物品，例如强势的孩子逼迫弱势的孩子不公平地交易怪兽卡片，这种交易我戏称之为“财富的原始积累”。孩子故意行为乖张，因而受到惩罚，可能也是孩子自我蓄杯的一种方式，眼见大人给自己蓄杯已经无望，他只能铤而走险。我想这就解释了，为什么孩子宁可要大人负面的注意力，也不愿意被大人完全忽视，就像老话说的那样：“令人瞋目，胜过无人注目”。不幸的是，大人们常常还是不予理睬，因而使得他们因蓄杯的要求落空而更为绝望。

还有一些孩子的杯子似乎是会漏的，这种情况令人沮丧，特别是对同时要照顾二三十个孩子的老师而言。你越是拥抱他们，他们就越是黏你；你给得越多，他们就要得越多。他们的杯子似乎永远都蓄不满，他们的那只漏杯子无法为将来储存安全感。有些孩子会用拳头去回报想要拥抱他们的人，漏杯子的比喻也适用于他们。这些孩子就像把救生员一脚踢开的溺水者：杯子已经空了太久，以至于他们不能准确判断谁是来帮忙的。与之相反的是，那些具有安全依附感的孩子知道怎么能把杯子蓄满，有时他们只是简单地问："我可以吃苹果吗?"或者"你可以抱抱我吗?"这些孩子也乐于把自己杯子里的东西分给别人，不会因为洒出一滴水而大哭大闹。他们会照顾年纪小的孩子，也会向朋友提供帮助。

对于婴儿及其照料者，杯子里最早的水（也就是依附感 attachment），来自相互的深情凝视，来自膝上的游戏，来自轻摇摇篮或者怀抱着入睡。依附感也来自孩子探索世界的过程，他们先是只会四处张望，后来手脚并用，然后就是单独用脚，再接下去就用上自行车、汽车了。大部分的这类探索活动都以游戏的形式展开。

在游戏过程中，孩子会因为膝盖被擦破、跟同伴发生口角而回到父母、老师的身边。但是杯子蓄满后，他们又会精力充沛、满腔热情地回到游戏中。但是，如果照料者没有及时蓄杯，甚至连自己那个蓄水池也空了，那么就难以满足孩子的蓄杯需求（即依附感需求）。孩子甚至会把这些不安、害怕的情绪埋入内心深处，而一到游戏场上就大打出手，变成混世魔王。

日常生活中的不安和挫折，以及疾病、事故和创伤，都会将孩子的杯子倒空。对孩子打骂、严加处罚或者不予理睬，只会使他们的杯子空得更快。孩子本指望我们来加满杯子，现在杯子反而被我们打翻在地，那么孩子会作何感想呢?这只会带给他深深的刺痛，让他感觉被亲人背叛。如果大人用冷漠或者虐待将孩子的杯子打破，那么情况就更加糟糕。杯子的裂口如果太大，就很难再往里蓄水了，这时，父母就可能需要付出极大的代价，才能抚慰好这颗稚嫩却深受伤害的心灵，或者必须进行心理治疗。

杯子破裂了的孩子早已习惯杯子里空空如也，所以他们看上去也是一脸的冷漠和空虚。他们心不在焉，或者变得非常忧郁，也可能充满恶意。

即便是被爱得最充分、受到照顾最多的孩子，他们没经历过什么大的失败，也没经受过什么大的悲伤，他们的杯子保护得最好，但对于爱和依附感仍有着不尽的需求。因此，最重要的事情就是，我们要尽我们所能，让孩子充分感受到爱与尊重，意识到自己是不可或缺的，自己是受人欢迎的。

不断蓄满孩子的杯子，是亲子联结的根本。它不是一次性投入，而是需要通过细微的日常互动持续不断并坚持多年。我同意斯坦利·格林斯潘（Stanley Greenspan）的看法，他认为：仅仅跟孩子待在一起，并不能提供安全依附感，孩子必须“从与他人的互动中得到心理满足”。因此，真正的蓄杯，只会发生在人与人之间，而电视和电脑永远都不可能满足孩子的这个需求，不管它们的互动技术进步到何种程度。多年研究显示，让孩子获得安全依附感的关键，是对他们的需求做出迅速回应。电子屏幕能提供不少有用的东西：娱乐、信息、游戏似乎都能减轻压力。但是，它们做不了鬼脸，不能拥抱，更不能提供人类在内心深处所最需要的安全感。

为联结而游戏

有关灵长类动物的研究证实，这些人类近亲所玩的游戏，很多目的都和我们一样。比如黑猩猩喜欢彼此呵痒、彼此追闹和耍弄，甚至还有一个酷似捉迷藏的游戏。最耐人寻味的是，它们在联结断裂后，也通过玩游戏来重建联结。一些心理学家相信，很多情感表达都是从“我可以伤害你，但我不会那样做”这样的信息演化而来。亲吻表示“我可以咬你，但我不会那样做”，而爱抚表示“我可以打你，但是我不会那样做”，挥手或握手则表示“你看，我手上没有武器”。换句话说，假装进攻的游戏，真正的结果却可以重建联结、表达情感。

对于年龄很小的孩子来说，模仿他们的“镜子游戏”是一种完美的联结方式。我最喜欢用这种方式来换取婴儿的笑。我女儿有个同学，他的弟弟坐在小推车里时经常会抖腿。有一次我看到他，便学他的样子抖我的腿，他呵呵地笑了起来。他越抖越快，我也不甘落后。他笑得更厉害了。之后他每次看到我就开始抖腿，他的妈妈会配合地假装道："嘿，他的腿怎么又这样啦？"于是我走过去看，那孩子就拼命地继续抖腿，目的是吸引我更多的注意。孩子长大后，他们仍然会玩类似的镜子游戏，只是我们模仿孩子的时候必须小心，别让孩子觉得我们是在嘲笑他们。镜子游戏所创造的，不仅是快乐的时刻，更重要的是在内心深处才能感受到的亲密联结。

对于年龄大一些的孩子，镜子游戏依然可以适用。我经常学大孩子走路或者站着的样子，尤其对于那些少言寡语的孩子。这样做的目的，其一是建立联结，其二是和他们建立同盟。当然，首先重要的是，千万别让他们觉得是在被嘲讽。在大多数情况下，他们会觉得挺好玩，甚至会感到得意，就像第一章中那个露天舞会上的男孩，一开始太拘谨，但经过小小的镜子游戏，不仅克服了害羞，而且还成为领舞者。

婴儿通过亲密的联结游戏，甚至可以学到一些抽象的概念，例如因果关系。有一个游戏，婴儿先咯咯地笑，父母继而模仿他的声音，也咯咯地笑，孩子会报以会心的一笑。游戏再进一步，就是孩子咯咯笑，父母跟着咯咯笑，孩子再咯咯笑，最后大家一起会心地笑。在婴儿能够用手抓住东西之前，他已经紧紧抓住了父母的心。

对婴儿来说，最典型的联结游戏就是"蒙猫猫"（peekaboo）。"蒙猫猫"不仅建立了联结，而且还戏剧性地玩出亲密的概念：现在你能看到我——现在你看不到我了——我出来了，你又能看到我了。它反映了联结和断裂、存在与缺失之间所达到的微妙平衡。这个游戏对于大人并不那么有趣，因为我们知道，我们只是用毯子把自己蒙起来了，而我们还是在那里的，并没有真的消失。然而对于婴儿，这个事实却需要他自己一点点地寻味并弄清楚。我们在假装找婴儿的游戏中，虽然一遍遍地问"宝贝去哪儿了"，但其实我们知道他在哪里，虽然找到他时会故作惊喜地喊道“找到宝贝啦”，但其实我们并不惊奇。但是对于婴儿来说，他不但享受这个游戏的乐趣，而且他每一次也真的会有不同程度的惊奇。最终，惊奇会转化为喜悦的默契，就好像大点的孩子明知道圣诞老人就是爸爸妈妈扮的，可是仍然愿意抱有对圣诞老人的幻想。

在“蒙猫猫”的游戏过程中，孩子象征性地失去了联结，然后很快能够再次获得它。如果你试着用不同长短的时间来蒙住脸，例如半秒、两秒或五秒，你就会发现某一特定的时间间隔将会带来最大的笑声。时间太短会没有神秘感，而时间太长则又会造成恐慌。抓住合适的时间间隔，你就能体会到人类联结、断裂与重建联结的真谛。

“目光之爱”的结束

婴儿期的镜子游戏、拥抱、轻声说话和唱歌给他听，按照孩子的节奏带他认识世界，这些既是游戏的原型，也是之后亲子之间所有欢乐时光的开始，诸如捉迷藏、深夜谈心和郊游踏青。幸运的是，婴儿躺着就能使我们微笑。心理学家约翰·布瑞尔（John Briere）说：“婴儿的可爱令成人难以抗拒。”事实上，孩子如果早期就表现出不能或者不愿联结的状况，则很可能是自闭症或其他相关发育障碍的征兆。

遗憾的是，大孩子的断裂问题通常很难发现。由于这样那样的原因，在早期联结阶段结束之后，大人就很少能像玩“蒙猫猫”那样轻松自在地和大孩子一起游戏了，距离和尴尬也就随之出现。孩子两岁之后，很多家庭就很少再有那种“目光之爱”的体验了，很多人甚至怀疑能否找回那种体验。难道我们不期望这种亲密的关系延续下去吗？当我鼓励父母们不管孩子几岁，都继续与孩子做深情的目光接触，进一步融入孩子的世界时，父母们都会怀疑这样做是否可能。但如果能坚持下去，把孩子最初的拒绝当作考验，我们就能寻找到更深层的亲密联结，就会觉得当初的坚持和努力是非常值得的。

幸运的是，如果断裂程度不深，孩子会给我们许多机会重建联结。问题在于，我们误解了他们的努力。想到这里，我自己也觉得不好意思，因为艾玛想要我拥抱她时，我却因为手头有事在忙，认为她该做作业，觉得她很烦，而一口回绝她。但当我想要了解她在学校的情况时，又要费好大的力气才能得到她的回答。如果我不以她要的方式联结，她又凭什么应该用我的方式和我联结呢？

有时我们应该勇于试错，才能找到合适的联结方法。我9岁的侄子平时话不多，特别是他有心事的时候。我总是试图开玩笑逗他说话，但成效却不明显。有一次，在我们一大家人集体度假的时候，恰好我们两个都早起。我伸开双臂，他过来坐到我的腿上。我们只是静静地坐着，时间有半个小时。长时间默不作声地坐着，通常情况下我根本无法忍受。但当时我们俩做了很好的联结。之后大家都起床准备吃早餐时，我对他说："刚才跟你聊得真开心！"我俩都笑了，但我是认真的。当我不再坚持以我的方式（说话的方式）沟通时，我们就能建立很好的联结。

"爱之枪"：随时随地的联结

一旦弄清楚联结的重要性，我便开始注意它，即使在最不可能发生联结的情况下。女儿一个6岁的朋友来家里玩，很快就发现了我家唯一的一把枪，一把喷水枪，并一脸得意地拿起它对着我。幸好我知道那把枪里没有装水，所以在他要看我怎么反应时，我有一点儿思考的时间。我知道，要与男孩们联结，重要的是在游戏中注入联结，不管这个游戏看起来多么具有攻击性，多么不合群。男孩很容易感到孤单。当然，攻击性游戏可能会使他们感到更加孤单。

脑子里掠过这些东西，差不多就是两秒钟。我对他说："哟，你找到'爱之枪'啦！"他迟疑地看了那把枪一眼："武器"怎么会和"爱"有关系呢？我说："是这样，假如我被这把枪打中，我就一定会爱上开枪的人。"然后我张开双臂，一脸傻笑地向他走近。他又朝我开了一枪，然后尖叫着开心地跑开，枪丢在了地上。我追到他，反复告诉他我多么爱他。我女儿过去把枪捡起来，也对我开了一枪。我转而过去追上她，把她的头抱在我的胸口，即兴创作了一首打油诗，告诉她我也多么爱她。至少有半小时的时间，他们两个轮流向我开枪，然后跑开，大叫：“好恶心，走开，不要再爱我了！”房间里充满了笑声。

几个星期后，小男孩又来到我家，一进门就找来那把水枪。我早就忘了那个游戏，随口说道：“不要用枪指着人！”完全是那副常见的成人说教的口吻。他回答说：“可是，这是‘爱之枪’呀！”他耐心的口气说明，他知道眼前这个大人还没搞清楚是怎么回事。我想起了那个游戏，于是我们又在笑声中玩了一次。

从那之后，当孩子的游戏变成拳脚相加，打架、咬人、吐口水什么都上的时候，我就会和他们玩这个游戏。我会说：“你刚刚踢给我一个爱，现在我要抱你了。”有时候他们会说：“不是，这是一把‘恨之枪’。”我会说：“喔，那它一定坏掉了，因为我只想爱你。”

这种办法仅适用于游戏的状态，而当孩子真的想直接表达他们愤怒和沮丧的情绪时，就不合适了。那个时候，我们必须倾听孩子，让他们先把情绪表达出来，不要逗他们开心或者转移注意力。特别是女孩子，传统教育都说女孩子不能生气。我在游戏中会仔细观察并确认我的回应不会让孩子感到难堪，也会确认我不会被孩子打伤，但是我会把孩子拉近，而不是把他们支开。不管是游戏、倾听还是拥抱，关键都在于创造亲密而有意义的联结。

我无法列出所有与联结有关的游戏，追逐、木头人、捉迷藏都是典型的例子。和孩子玩这些游戏，你不仅会得到乐趣，也会改善亲子关系。我最喜欢的一个游戏叫“你永远逃不出我的手掌心”。我会说：“你逃不出我的手掌心，几百年都一样。”孩子会过来试试看，我会紧紧抓住他们，让他们挣扎一阵子后才放他们逃开。这样的游戏再简单不过了。在他们逃开后没多久，我会假装自己刚发现他们逃走的事实，然后问：“你看，你逃不走的……咦，你逃走了，你怎么逃走的?”我和两岁到11岁的孩子都玩过这个游戏。如果他们喜欢，我会继续说：“好吧，你真的很强壮。那这次我要用魔法咒语，你就一定逃不走了！”我会用上一些滑稽的表演，然后再让他们逃走。我也会逐渐增加力气，而孩子似乎乐于应对这样的挑战。如果孩子不喜欢被抱住，我会假装用“精神力量”来抓住他们，问他们敢不敢逃走。

有一位母亲在参加了有关联结的讨论后，和她的儿子有这样一段对话：“我们需要联结，你想要怎么联结?”

“什么意思?”

“你看，我们两个好像没有联结。你想要撒野，我想要休息；你想要引起我的注意，我想要做晚餐；你想要看电视，但是我想跟你在一起。”

“所以我们该怎么办?”

“我们可以相互抱抱，也可以玩个游戏，或者掰手腕……”

“我可以在你的床上跳吗?”

“好呀，我们把它变成一个游戏吧!”

“好！那我在床上跳，你来抓我。”

他们一起玩得很开心，笑声里少不了许多拥抱和亲热（这个男孩平时很反感同妈妈亲热）。这体现了游戏力的一个重要原则：大人坚持联结，但由孩子决定联结的方式。这样，效果才能最好。上面案例里的母亲对孩子指出了联结的必要，但是没有在方式上强迫孩子。她很聪明地先列出了几种可能，解释了游戏内容，最后由儿子做出了决定。

走出孤独

有一次，我到一个男孩家进行游戏治疗，就在我要离开时，男孩从背后大叫：“你这个讨厌鬼!”我走回去，男孩后退一步，担心我会骂他。我轻声说：“你怎么知道我的外号？嘘！别把这个名字告诉别人哦。只有跟我最好的人才这么叫。”不出我所料，他转身大叫：“妈，他外号叫讨厌鬼!”我说：“嘿，你把我的秘密说出去了!”我们一起大笑，但是他很快就板起脸，严肃地说：“你是讨厌鬼，我恨你!”

此时，我已经非常确定他只是想要我再多待一会儿。人们多半不会意识到

“你是讨厌鬼”这句话，其实是“我喜欢你”的儿童版本。所以，我对他说：“我今天和你玩得很开心，我真的很喜欢你！我知道说再见很难过，对不对？”他想了一下，然后以非常轻松的语调说：“我们可以再玩一次袜子游戏吗？”我们于是又玩了一次，然后他非常骄傲地送我上车，用力地跟我挥手再见，并对他的妈妈说：“我知道他下星期还会再来的。”打开孤独之门的关键，就在于把他的表面攻击翻译成建立联结的内心请求。

接下来的这个故事中，我和孩子之间真的有一扇锁着的门，但最后依然重建了联结。故事的开始，是我去杰利家为他进行游戏治疗。我刚到他家，他就跑进房间把门锁上了。人们通常会以为接下来就没戏唱了，这样下去可怎么玩呢？要么强行把门打开，要么就只能选择离开。但在游戏力中，还有第三种选择：继续向孩子发出邀请，但是要遵从他们的方式和节奏。

几分钟的混乱过后，我敲了一阵门仍没有响应，就从门缝里塞进了“爱的纸条”。杰利还不会读写，所以我写完字条送进去后，还需要大声读给他听。第一句：“我爱你，请出来跟我玩！”然后塞进门缝里。他撕破了纸条，扔还给我。他也不是什么都不会写。他也给我写了个字条，上面只有一个“不”字，那是他唯一会写的一个字。我大叫一声“啊”，装出被吓到的样子。然后我再写第二句，一边塞进门缝一边“读”出来：“我好害怕，但是什么也不能让我离开你。”这个游戏很好笑，但包含着深层的情感问题。

我之所以来杰利家，是因为他拒绝去奶奶家。他家要搬家，父母计划把他放在奶奶家几天，以便收拾打包东西。杰利还有一个妹妹，还在吃奶，所以会留在父母身边。显然，杰利的情绪不只是一件事造成的：对妹妹的嫉妒、不公平感、搬家的动荡感、被抛弃感，都纠缠在了一起。我必须澄清一下，杰利是一个快乐的、不缺少爱的孩子，他很爱奶奶，也喜欢去她家。这次他的感受虽然很强烈，却也在正常范围内。

一开始，杰利在房间里坚持不去奶奶家，我强迫不了他，更何况他说讨厌我，骂我是大笨蛋。传纸条的游戏玩了半小时后，杰利在门后说："好吧，我要出来了，但是你不能抱我。"可是，我从头到尾都没有说过要抱他，因此我认为这是一个信号，于是对他说："求你了，让我抱一下吧！"他咯咯地笑，然后坐在我腿上让我抱了 15 分钟。我告诉他，我得离开了，等他从奶奶家回来后再见。他大吼道："我才不要去奶奶家！"我回答："天哪，这么说，我们还要再玩一次传纸条的游戏？"我们都笑了。等我到家时，杰利的妈妈已经在我的电话留言里告诉我说，杰利已经在打包和开列清单，准备带走他的玩具了。他那只安全依附感的杯子，之前由于害怕被遗弃而被倒空了，这时又被主题相同的游戏蓄满了。

努力坚持，才能重建联结。我和我的一个侄女每次见面时都有一个仪式。我跟她说"嗨"，她故意不理我，我就用放松和开心的语调继续打招呼，直到她回答为止，然后我们一同嘲笑这个冗长的过程。有时候，我会使用滑稽的语调。我坚持联结，但一定要态度温和，不能粗暴强迫。我喜欢侄女叛逆洒脱的样子（她去年的口头禅是"我不想做"、"我不用听你的"），但还会坚持要联结。最终的收获是，我们大家过得都很开心。通常说到第 47 个"嗨"时，她的兄妹们都会围过来看热闹，每个人都咯咯地笑着。当然，这样的坚持也不是每回都灵，对有些孩子你要是这么坚持，可能你就别想做其他事情了。但是一旦有机会，你仍然需要坚持联结，因为联结是一切的基础。

任何游戏都可能是联结的开始。当孩子假装开枪射你，说你死了的时候，你就装着被打中倒下，然后夸张地倒在他身上，只要孩子在笑，就表明他在享受这个过程。抓住他的脚，哀求他带你去看医生。如果你的女儿骂你笨，你就装作笨到极点，连她和枕头都分不清楚哪个是哪个。

快到青春期的孩子可能很会装酷，看上去完全无视你的存在。那你可以问问他，能不能把嘴里的口香糖给你，这一招可以拉近你们的距离，而且保证你在他心目中的地位会立刻提升（不过除非你坚持诚恳到底，否则不用真的把口香糖放进嘴里）。或者，打枕头仗、比拳击。即使是最严重的断裂，也会留下重建联结的窗口。

重建联结非常重要，那么做起来为什么又会如此困难？因为当一个人感到联结断裂时，他必然会经历诸多痛苦的感受，如恐惧、遗弃和失败等等。只有战胜了它们，才能重新联结。重建联结势必会经历一些痛苦，所以孩子有时宁可选择孤独，也不愿意因重建联结而直接面对这些痛苦的感受。成人通常也会由于同样的原因而躲避联结。

上一章中我谈到与孩子调到同一频道的重要性。从联结的重要性来说，调到他们的频道，可以蓄满孩子的杯子，否则就会倒空杯子。孩子需要联结和自信，才能发生积极的改变。所以，即使一百个不愿意，你还是要坐到地板上，玩他们想玩的游戏，听他们喜欢的音乐。

抱你的是谁——从浅层联结到深层联结

亲密的亲子关系，还包括许多游戏之外的互动，例如当孩子哭泣时的安慰和拥抱。“抱你的是谁”这个故事，来自我太太安妮、我女儿和我自己之间的一连串互动。

艾玛两岁的时候，安妮正好在医院实习，每四天就得在医院值一次夜班。这种情况持续了好几年。对于安妮，连续上 36 个小时的班不休息，回到家里时自然已是筋疲力尽。这期间我要独自照顾艾玛，因此也打不起精神来。而艾玛却表现得若无其事，她会跟安妮打招呼，然后继续做她原本正在做的事。

刚开始似乎没什么不对劲，但事实并非如此。当安妮觉得不太累时，她想陪艾玛玩，但这个时候艾玛却会努力避开她。安妮抱她时，艾玛就注视别的地方，不会看妈妈的眼睛。当妈妈想跟她做眼神交流时，她会缩起身子四处躲避，看起来既好气又好笑。妈妈回来的那天，她只愿意让我陪她睡觉、洗澡、念故事书。大多数情况下，因为安妮实在太累，所以也只能随她。

但渐渐地，我们认识到，母女之间需要时间来更加专注地进行联结，相比之下，我没那么累而且联结完好，在这个时候就可以帮助她们。

我们家的这种情况说明，母亲和孩子之间存在着日常的浅层联结，但缺失了深层联结。对于没受过严重创伤的孩子而言，浅层联结一般就能让他们的生活顺利地进行下去，缺少深层联结的影响可能不会立即显现出来。所以艾玛可以打招呼、继续玩，但实际上与妈妈的联结已经有了断裂。只有在妈妈坚持要与她联结时，我们才看到真实的状况。

我们的第一步是全家抱在一起，我鼓励艾玛看着安妮，去注意妈妈已经回来了。通常艾玛会哭一下，然后慢慢开心和放松下来。一开始我们以为这样就完成了联结，后来才逐渐明白，联结并没有完全恢复。艾玛急切地想回到她原来的游戏中，她还是无法看着安妮。她把一些想念母亲的情绪释放了出来，但是这还不足以建立深层联结。

有一次，安妮抱着艾玛，而艾玛却要求我帮她洗澡并送她上床。她竟然如此公然不理妈妈，于是我生气地问她："抱你的是谁?"她回答："爸爸。"安妮和我同时说："什么?"艾玛坐在安妮腿上，眼睛看着我，微笑着回答："是爸爸抱着我。"我和安妮对视了一下，半是困惑半是无奈，艾玛则不断地笑。最后她说："是妈妈抱着我。"然后，她把头放在妈妈肩上，长叹了一口气。

之后几个月，这个问题（"抱你的是谁?"）将我们联结了起来。我们可以根据艾玛的答案来评估联结的程度。有时，单是问出这个问题，就能让艾玛紧紧抱住妈妈哭泣，并说自己有多想她。有时，她会回答"是爸爸"或"没人"，然后扭头看安妮是放弃还是要坚持联结。当她说"大头咕咕抱着我"时，我们知道要好好地笑上一阵了。不管结果怎样，如果我们坚持下去（虽然坚持很难，特别是当大人都很劳累时），艾玛最后会说："妈妈抱着我。"然后望着妈妈的眼睛，联结重新建立了。

我想这个游戏之所以会那么演下去，是因为我们家的角色扮演正好与传统调了个个儿。安妮作为母亲，是不会让她与孩子的联结轻易断裂的，而我这个父亲，又不想独自霸占一直陪女儿的“荣幸”。

我在想，有多少父亲，当他们拖着疲倦的身体回到家里，儿女将他一把推开、拒绝联结时，他们会想：“去你的，算了！”我们很容易忽视的一个事实是：当孩子看似不要我们管他时，实际上是在渴望着联结。孩子心里想：爸爸比较在乎工作，不在乎我。而且，想念他很痛苦，所以我要装酷，让他来找我。爸爸想：我只是赚钱的机器，算了，如果他想跟我玩，他会来找我的。

游戏在日常的互动中，不仅让爱得到了表达，也使引导孩子的工作得以进行，并自然地弥补了那些稍早发生的冲突和不愉快。一位参加我的工作营的母亲在睡前和女儿会有一个例行活动：她俩轻轻地把所有毛绒玩具都放到床上睡觉。在母女俩互相抱怨和烦扰的那些日子里，这个活动显得格外甜蜜，它舒缓了彼此间的一些紧张关系。妈妈可以借着跟毛绒玩具说话的机会，把想对女儿说又不好直接说的一些话说出来：“我们今天过得不太愉快，希望你有个好梦。”孩子会说：“你今天很淘气，你得到床下面去睡。”她的母亲会接过话说：“哦，可是我觉得她已经知道错了，让她和其他动物一起睡吧，可以吗？”人们可以利用游戏来修补自己珍视的关系，这样的方法在生活中不胜枚举，但都需要我们自己去发现。

第 4 章　培养孩子的自信

“我——永远——都不会放弃!”

——艾玛，4 岁时

有一天，我和 4 岁的女儿玩身体对抗的游戏，这个游戏之前我们已经玩过多次，她的任务是突破我的“防线”到达沙发那边。我试着让她从我身旁闯过，这样她既可以跟我有身体接触，也能用上她身体的力量，而不是偷偷摸摸地溜过去。对抗时，我会增大力量，并加大难度，她必须使出更大的力气才能完成任务。

我试着让她使出全身的力气，建立她对身体力量的自信，同时也在不断地鼓励她。在与孩子玩对抗游戏时，我们要同时兼顾扮演对抗和支持这两种角色，不能让自己真的陷入竞争之中，忘了自己其实是为了孩子而游戏。当我发现艾玛有点儿泄气，开始想放弃的时候，便想法给她更多的鼓励，但是这次作用却不大。我又试着让她假想自己很强大，用激将法逼她使出最大的力气，我说：“你干脆放弃好了，你永远到不了沙发那里的!”

没想到她冲出客厅不见了踪影。当时我不确定这次是不是做得太过火，把事情搞砸了，因为我并不是真想嘲笑她。脑海里刚闪过这些念头时，艾玛回来了。她的拳头在空中挥舞着，精神抖擞，笑容满面。“我——永远——都不会放弃!”她大叫着，然后使出双倍的力气把我推倒在地。

她满怀信心地将我击败后，我好奇地问她刚才去哪儿了。她说：“我去‘力量之屋’拿了更多的力气。”她说她擦了一种特别的乳液，让自己变得更有力气。就好像小飞象发现不用神奇羽毛也可以飞行，她已经发现自己怎样能保持信心和力量了。

之后的几个月里，我们有了一个一起发笑的新游戏：我假装忘记了她的名言，喃喃地说：“我有时想放弃？……我会有一点点想放弃？……在非常非常困难的时候，我会想放弃？……对了，那次你是怎么说的?”她会举起拳头，高声喊："我——永远——都不会放弃!"即使多年以后，在面临巨大的挑战时，特别是体力上的，她仍然会去"力量之屋"汲取力量。从中我也有所收获，当我觉得游戏太困难——我遭遇焦虑情绪或挫折感时，我也会走进我自己的"力量之屋"，下定决心永不放弃，然后全心投入游戏。

力量感与无力感

"力量之屋"的故事是一个运用身体对抗游戏来提升自信的例子。遗憾的是，我们很少看到孩子有这样的特质。我们更常看到的是恐惧、胆小或受惊的孩子，他们不敢把心里的话说出来，甚至不敢有自己的想法。我也会看到很多做事鲁莽、虚张声势、崇尚暴力、自以为是的孩子，这些都不是真正的自信。什么是真正的力量？为什么它如此稀有难寻？

原因要归咎于我们这个社会，我们成人对力量的看法本来就矛盾重重。我们追求它、崇拜它，但又极度不信任它，尤其在儿童教育上常常自相矛盾。我们为所谓的"表现好"而喝彩，例如孩子为朋友挺身而出、反抗权威，但我们决不希望孩子反抗的是我们。我们希望他们能坚持主见、具有领导力，但又不要固执、不要盛气凌人。我们欣赏他们的强健体魄，但对他们欺负别人的行为又从不姑息。更为严重的是，一般人都指责母亲给了孩子过多的力量，说她们对子女"溺爱"有加而管教不够。与此同时，力量培养（empowerment）又是心理学所极力倡导的口号，它的意思是孩子应该被赋予更多的力量感。

力量这个词可以有广泛的含义。为了避免混淆，我通常会用"自信力"这个词，来代为表示"力量"的正面意义：为正义挺身而出，冒险精神（当然是在安全范围内），勇于自省，完成任务的毅力以及快乐游戏的能力。它的对立面是"无力感"，经常表现为处世消极，情绪压抑，胆小恐惧，以及怨天尤人。除此之外，无力感还有一种表现，可以称之为"虚张声势的力量"，它是对力量的无效模仿，表现为恐吓、伤害他人的言语行为，专横跋扈的态度，小偷小摸的勾当，对安危满不在乎的姿态。游戏力将帮助孩子从这两种无力感的困境中挣脱出来，获得真正的力量，让自信力和竞争力得到平衡健康的发展。

幸运的是，天然的发育过程有利于大部分孩子在适应这个世界的经历中，获得一波又一波积极的力量感。第一波自信力，来自孩子刚刚出生时获取基本生存需要的能力：他们凭借弱小可爱和楚楚动人的样子，就足以从照料者那里换取可口的食物、安全的庇护，以及无私的爱心和关怀。由此，婴儿获得了对这个世界最初的信心：我一哭，就能喝到奶；我一笑，就有人跟着笑。

然而同样不可避免的是，挫折和失望也开始出现了。我哭，没有人过来；我继续哭，还是没人过来；我笑，同样没有人理我；我想要某样东西，它也没有出现：妈妈想要的和我想要的不一样。一点点挫折对于孩子的成长是必要的，但是如果挫折过多，则会导致孩子产生严重的无力感。婴儿面临很多他自己无法决定的事情：他的要求在什么时候和以什么方式才能得到满足，照顾他的人今天情绪是高兴还是沮丧，他会被带去哪里，又会看到什么，这些他都没有决定权。当然，他不是一点儿力量也没有——他可以大哭一场，睡上一觉，闭上眼睛，或者把微笑赏给父母作为鼓励——但显然，他们无法掌握一切。

婴儿所有的学习几乎都是在互动中完成的。父母是孩子的第一个也是最好的玩具，这话听着虽然有点儿老调，但却是事实。亲子之间的身体接触、彼此间眼神的交流、声调的高低变化，都在教给孩子这个世界上最重要的知识——其他人类成员会怎样。同时，每天的游戏使孩子的感官不停地接收到海量的信息：大人带他做的各种动作，前后摇摆、上下晃动；即使是单纯地坐在手推车上，都能让他感受到地心引力的存在和运动的发生；手摇铃不停地摇动，突然停下来，接着再摇起来——这些在大人看来不起眼的动作，都能让婴儿感受到宇宙的基本原理。

第二波自信力，来自孩子在蹒跚学步时，发现自己可以对别人说“不”，并坚持自己的意见，意识到自己是个独立的生命个体。如果这种力量感得到尊重，受到爱的约束而不是被权威镇压，那么成长中的孩子就可以维护他的自我认同，而不会伤害任何人，包括他自己。孩子会以惊人的速度学习新东西，使自己很快融入世界。只要仔细观察学步的孩子在游戏垫或者攀爬设施上忙碌而专注的样子，你就会看到他们每分每秒都在发展自信力和竞争力。

对于这种日渐成长的独立和坚持，有些父母心存疑虑，甚至为之恐惧，因此他们可能会采取高压手段慑服孩子的心灵。有关虐待儿童的研究一致发现，孩子长到18个月至两岁时，人身虐待的案例即大幅上升，而这时其实正是孩子开始产生独立意志的时期。成人之所以使用暴力，是因为他们把孩子身上冒出来的自主行为，错看成了无礼挑衅和故意作对，而没意识到它是迈向独立意志的积极动力。于是，他们认为从重处罚是必需的，暴力管教是必要的。这种极端做法当然不对，但是另一种极端做法也不可行：如果父母不设置任何界限，孩子的无法无天会让他自己觉得失控，进而感到茫然，最终造成另一类无力感，这一点我们前面已经提过。恰当的做法是承认乃至欣赏孩子身上出现的这种独立性，同时又清楚地告诉孩子，他的界限在哪里，怎么做才是安全的。

第三波自信力，贯穿于孩子在这个世界中寻找自己位置的全过程，尤其是在同龄人的世界。从幼儿园开始，一直到青春期，孩子在不停地学习、玩游戏、吊单杠、交朋友，还有读书写字。各种各样的新鲜事物与形形色色的陌生人，每天都在以不同的方式撞击着他们那颗稚嫩的心灵，产生或正面或负面的反应，有的信心日益增长，有的意志日渐消沉。有些孩子在乎输赢，情绪浮动很大。进入学校之后，所有的孩子都会经历挫折，可能是因为算术题太难，也可能是很难融入集体。青春期阶段，孩子在青少年文化的巨大影响下，自信力的成长也会呈现出两种极端方式。他们听的音乐、穿的服装吓着了父母，但他们真的是在显示自己的与众不同吗？还是只不过傻乎乎地做了时尚界和娱乐业的跟屁虫？

在孩子努力获得自信心和自我接受的过程中，他们也会经历一些挫折，在这个时候，无力感会悄悄地潜入。如果不能像哥哥姐姐或者伙伴们那样把事情做好，他们也会有挫折感。他们被批评、被处罚、被评头论足，觉得自己成了被管教对象。他们被灌输什么是恰当的行为举止，外表怎样看起来才合适，应该买些什么，他们觉得自己总做不好。这些沉淀下来的各种感受不断发酵，久而久之，孩子就陷进了无力的泥淖当中，不是消极地躲进自我隔绝的小楼里，就是爬到进攻他人的城垛上。

游戏力在培养孩子自信、消除无力感方面的独特方式，可以帮助父母和孩子共同成长。不可避免地，每个人的童年都会经历一些坎坷，产生一些消沉、无力的负面情绪，这不足为怪。教育的意义在于，能够帮助孩子战胜这些负面情绪，使他逐渐获得自信力和竞争力，这也是游戏力的价值所在。

“臭狗蛋”的游戏——力量感的实验

每次被人叫“臭狗蛋”的时候，我都恨不得手里能有一枚金币奖励给他。我被人叫过很多外号，但这个算是最有创意的，因为它包含了小孩子最喜爱的东西：脏话和骂人。骂人能让孩子感到很有“力量”：既有“力量”支配自己的言行，又有“力量”伤害别人的感情。我为此发明了两个简单的游戏。当孩子叫我“臭狗蛋”时，我说：“嘘！千万不要把我的小名告诉别人啊！”几乎像条件反射一样，他们会立刻喊起来：“科恩的小名叫‘臭狗蛋’！”我说：“嘿嘿！我是闹着玩的！我真正的小名是‘米饭团’。”越傻的名字效果越好，因为此时的目的在于，用玩笑来消除导致骂人行为的情绪压力。那些孩子当然又会喊：“科恩的小名叫‘米饭团’！”于是我就哀求道：“不要，求求你，求求你，不要告诉别人！”这个游戏我们通常能玩上很长时间。

还有一个游戏也很简单。孩子说了一些父母不乐意听到的话，主要是脏话，甚至下流话，我会说：“好吧，你随便说什么都可以，但是如果你敢叫我大胡子小矮人的话，你就是自找麻烦。”孩子当然会挑衅：“大胡子小矮人！”我就说：“嘿！你麻烦大了！”说这话时，我的声调轻松夸张，并不严肃，孩子被我追着满屋跑。偶尔有些羞怯的孩子需要我轻声暗示他们可以说出“大胡子小矮人”，不必担心我找他们麻烦，我只是装腔作势而已。这个游戏很简单，不是吗？但它很有效。他们喜爱这个游戏，会咯咯地笑个不停，从效果上看，孩子的注意力也从说脏话上转移开了。

这些游戏不仅仅是利用了逆反心理而已，甚至也不只是为了把孩子的叛逆行为引向正途。“臭狗蛋”的游戏让孩子体验到两种“力量”的存在，一是话语权的力量，二是闯禁区的力量。与其让他们把别的孩子作为迫害对象（那会真的伤害到别人），还不如让你自己当他们的“垃圾箱”和“出气筒”。这样可以帮助我们与孩子一起摆脱权力斗争的烦恼，享受游戏的愉悦。

所谓“权力斗争”，就是精神上的力量对抗，也就是我们俗称的“较真”、“较劲”。我的父亲工作营中有一位成员，讲述了他发明的一个游戏。他女儿小的时候很不愿意剪指甲，他发现强迫一点儿用处也没有，她会反抗，到处躲，双方都不让步。他手里拿着指甲刀，又怕伤着女儿。这个新游戏叫“停走停”：爸爸握着指甲刀，从几米开外朝女儿的方向走，只要女儿喊“停”，他就会立刻停下来；当她说“走”，他再往前走。如果好半天女儿都没说“走”，那么父亲就可以自己说“走”，但假如女儿说“停”的时候，他必须停下。女儿不能连续说“停—停—停”（这个规则是后来加上的，因为孩子在最初总说停）。当女儿说“停”的时候，爸爸会像被速冻了一样停住，而女儿总会咯咯笑上几声（这已经是很大的进展，因为剪指甲和笑声从来没有一起发生过）。她说“走”，他就慢慢走近她。

最后指甲剪好了，更重要的是，他们玩得很开心。女儿说停就停，使她相信爸爸不会强迫或伤害她，彼此间建立了信任感。她权力在握，能够控制事情的进展，情绪也就放松了下来。爸爸决定要不要剪指甲，而女儿决定剪指甲的节奏。

一些父母听我转述这个故事时，经常会感叹：“我怎么可能有时间在每次剪指甲、换尿布或者帮孩子洗澡时，都玩个游戏呢?”他们忘了在孩子不愿做这些事时，他们花了多少时间来唠叨、争吵或哀求孩子配合。我坚信，游戏时间非常值得投资，即便你的最终目标是要在这些琐事上花更少的时间。而实际上，当这些变成有趣的游戏时间，它们也不再是“不得不”的家务了。

帮孩子做好面对世界的准备

从事儿童娱乐业的比尔·哈雷（Bill Harley），曾经这样谈到他的三年级老师：

> 诺丁汉老师是旧式教育的产物。她非常严格……形式上她是在教我们算术、拼写、阅读，但是她真正教给我们的是：这个世界非常冷漠、非常残酷。

许多父母都同意这种冷酷世界的哲学。他们深信，必须让孩子习惯世界的残酷，这样他们才能做好准备。但是，假如生活真的是如此艰辛，我们终究逃脱不掉，那么又何必自己增加更多的打骂、羞辱和损失呢？孩子真正需要的是安全感和自信力，而这两者则来自被关爱和被悉心照料的感受。我们当然不应该事无巨细地过度保护，但也绝不应该通过折磨把孩子变成钢铁战士。我们不断地告诉孩子，这个世界冷漠而残酷，但这种灌输起到了什么效果？越是把这些话听到心里的人，似乎越有暴力的倾向。

有些人则走向了另一个极端，想把他们的小天使彻底保护起来。这也不是在为孩子做准备，而只能让孩子更恐惧、更胆怯。最好的做法是既要呵护他们，也要让他们经历挑战。我用砖块和砂浆打个比方，要建筑坚固的墙壁，两者缺一不可：给他爱的滋养，满足他的需求，让他们知道不管怎样，自己都被深深地爱着，这样孩子才能获得内心的力量，这是砂浆。而砖块代表另一种力量，要获得它，他们必须全力以赴。只有让孩子一边经历不断的挑战，一边持续得到关爱和尊重，他们才能为面对这个世界真正做好准备。例如，我可能会不断鼓励孩子尝试新的事物，例如学轮滑，只要他们需要，我都会握着他们的手。

有人问一群4岁的孩子，他们是想跟同伴玩，还是想跟父母玩，大部分孩子选择了父母。你很惊讶吧？他们说，和父母一起玩，他们可以获胜，可以主导游戏。而他们的同伴一般则不会因为实力悬殊而主动做出让步。通过命令父母，或者在篮球场上打败他们，孩子得到了安全感的必要补充，他们才可以出去和同伴进行真实较量。

当游戏有输赢胜负时，很多父母都抱有这样的想法：磨炼孩子，让他为未来做好准备，以面对残酷的竞争。竞技比赛里尤为明显，各种棋类游戏也是如此。与母亲相比较，父亲更可能采用这种方法和态度，特别是在对待儿子时。很多父亲都坚持认为，他们从来不让儿子赢，只有这样，儿子才能准备好在未来与对手竞争，那些对手是不会故意输掉比赛的。但是，一个成年男子和一个孩子比赛并不公平吧！因此这样做的结果，到底为孩子准备了什么？世界是冷酷无情的，对吗？

不断有家长提到一个问题："下棋时，我什么时候才不用让着孩子呢？"这也是我感兴趣的问题之一，但是很难回答。你想借一场简单的棋局完成许多事：你想要他享受游戏；你想要提高他的棋艺；你想要他培养一点儿斗志，但又不要太多；你想要他在赢的时候有风度，输的时候也有气量；你想让他知道，他的同伴不会像你这样让着他。

通常，从让他们赢开始，然后逐渐提高难度。你会进进退退一阵子，即使孩子已经能够公平地击败你，有时他们仍然会希望你用"特殊的规则"来玩。他们有时希望赢，有时又希望有点儿挑战性才好。所以我想，你最好还是跟着他们走。也许你已经过渡到公平游戏的阶段，或者已经加大了难度，但在游戏开始之后，你却发现孩子这次又想降低难度又想赢。有时情况刚好相反，你想让着孩子让他赢，而他传递出来的信号却是想真刀真枪地杀上一回。孩子通常不会直白地表达，因此你要准备好，留意一些暗示，比如他可能说"真没意思"或者问"你刚才是让着我的吗"。这时你可以回答："嗯，我是没有用尽全力，你希望我用尽全力吗？"也可能他们对胜利得意不已，即便是你让了他。你可以说："我是不是应该使尽全力，不能总让你赢啊？"然后看看他会如何反应。如果进行得不错，那么一段时间后，孩子会平衡这两种享受：享受胜利——即使不完全公平，以及享受挑战——即便他们输了。

你也可能需要花些时间，来注意孩子对竞争的感受。孩子如果每次输了之后都非常生气，或者在赢的时候不可一世，那么就意味着他们需要大人的特殊帮助，帮助他们学会处理比赛胜负的情绪。在这种情况下的游戏主题，需要从竞技比赛转换到“玩”这些情绪的处理上。例如，安排一场游戏让孩子一直赢，但是你扮演一个滑稽的痛苦失败者。也可以先夸大自己有多么棒，然后每一个动作都出错——他们捧腹大笑的同时，也就忘记了输赢导致的强烈感受。为游戏制订一个好笑的规则，例如“不可以用这个枕头打我”。然后当他们出其不意地用枕头打你时，你滑稽地回应：“你刚才犯规了！我气哭了，呜呜！”

5 岁的凯文刚开始学踢足球，非常兴奋。我到他家去做游戏治疗，他穿着护具，手里拿着球，等着和我玩。我们来到户外，他标示出球门的位置。在我们开始之前，他说：“慢慢来哟，我只是一个幼儿园的孩子。”我说：“好的。”我从这里得到暗示——他还不希望挑战过大，至少刚开始时是这样的。他想得到自信，所以我不能玩得太过火。于是我让他得分，自己却一球未进。

当我开始尝试加强防守时，他有点儿紧张。他说：“停！”我就停住不动，他从我身边把球踢进得分。我假装生气地说：“我在停住的情况下怎么防守呢？”他说：“这是规则，你一直要停着，等我说动，你才可以动。”然后他把球反向踢到球门里，说：“我如果反着把球踢进，就可以多得 1 分。”我问：“我也是吗？”“不，只是我。”我装作被欺负的样子：“呜呜，这一点儿都不公平！”他咯咯地笑着。最后他让我偶尔可以控球。但刚开始时，我会装作笨拙不堪。我会把球运到他的球门附近，大肆炫耀就要得分了，又装作花很多时间来认真运球，于是凯文可以趁机把球抢走，我装作无比惊讶且气愤异常，他整个人都笑翻了。最后有一次，他进到我的防御区，没有叫我停住，那次他需要真的突破我的防守才能得分。

我感觉到他的信心在增长。他不再紧张，反而开始嘲弄我。当球在我这里时他会嘘我，而他进球时，他会得意地大笑。

值得注意的是，孩子经常会有这样的行为：炫耀自己的成功，嘲笑对方的失败。而且这种行为极具传染性，足以让在场的每个孩子都染上这种恶劣的情绪，甚至再影响更多人。悲哀的是，有些教练和父母还火上加油，冲着孩子大声吼叫或羞辱他们。

我能看出凯文并不擅长足球，他这样做可能是因为曾经被这样对待过，或者害怕受到这样的对待。当孩子把这种残酷的嘲笑传递给我时，我最喜欢用的回应就是假哭："呜呜呜!"凯文会一直笑。我们玩了一会儿，凯文宣布比分是17比3。

我傻乎乎地问："等一等，谁是17?"

"是我!"

"那么谁是3?"

"你!"

"唉，我猜对了。"

凯文在游戏中喊暂停，大叫"抱一下!"，然后向我跑过来。我们的游戏治疗进行了10次之久，这是他第一次拥抱我，因此我认为一定是这样的游戏方式使他觉得安全而自信。在这之前，他表达感情的方法总是含含糊糊，比如踩住我的鞋子（这样我就不能离开），或者把我的手表拿走（这样我就不知道什么时间该离开）。

在这个故事里，实际上有两个游戏在同时进行：一个是足球游戏，另一个是建立自信力的游戏。自信力游戏涉及的主题对他非常重要：有没有技能和有没有权力。在这个二合一的游戏中，他有机会感受自己的权力和强大，无力感在笑声中一扫而光。换成另一个孩子，可能会想要我用尽全力，这样他才能提高技能。两者的共同之处是，你都需要从孩子那里获得提示。

之后我对凯文的妈妈解释，让凯文按照自己的意愿制订不公平的规则，实际上可以帮助他释放踢不好足球的沮丧情绪。凯文是个缺少运动细胞的孩子，因此经常觉得生活中有一道厚厚的墙，让他无法穿越而灰心丧气。但是在我这里，他面临的情况则完全相反。

9 岁的罗伯则与凯文非常不同。他是个优秀的运动员，有强烈的竞争欲望，但是一旦失败就会非常沮丧。他想担任守门员，但只在上半场担任，因为他知道如果必须为球队的失败负责，他可能会崩溃。从蓄满杯子的理论来看，罗伯的处境相当麻烦。他热爱运动，但是他的杯子只能靠胜利来填满，失败会把杯子倒空。运动本身填不满杯子，他也没有盖子防止失败时杯子被倒空。他需要游戏力的方式来蓄满他的杯子——他缺少的是自信和自我接受，他需要确认自己是团队的一分子，需要把自己看成是世界的一部分，需要感受到尊敬和呵护，需要全力比赛但不用为了失败而苦恼。

我建议他的父亲有时可以跟他玩“胜利和失败的游戏”，把重点放在以嬉戏的方式来处理潜藏的情绪。它可以是任何游戏，只要充分运用输赢的概念来游戏即可。

举例来说，掷硬币的正反面，如果你输了就要表演一下夸张的死亡场景，喃喃念着：“我死也不会放过你！”如果赢了，就宣布你是史上最厉害的掷硬币者，再跳一段胜利之舞，下一次输的时候则假装万分惊讶。或者，如果你想不出任何游戏可以针对输赢的话，你也可以说“我们要来玩一个输赢的游戏”。“那要怎么玩呢？”“我也不知道，你想怎么玩？什么游戏都可以，不管是你输了还是我输了，只要好玩就行，或者假装谁赢谁输也行。”孩子最终总会想出一些很棒的点子来。如果他们想不出来，就说：“我输了，因为我想不出任何点子。你的奖品是一个拥抱。”然后给他们一个大大的拥抱，或者为了拥抱他们，追着他们满屋跑。

让批评的声音安静下来

不幸的是，对胜负输赢的极端强调，已经渗透进孩子的童年，甚至儿童游戏本身也是如此。在这个充满课程、运动团队、收费游乐场、电视和电脑的时代，自然的游戏已经消逝得无影无踪。自从专家们发现游戏对学习的好处后，我们的社会就想尽办法确保游戏具有教育性、丰富性和竞争性。

妮可的父母在她两三岁时就让她去上游泳课，但是妮可很抗拒。她到 4 岁时仍不会游泳，但喜欢坐在浅水区玩水。父母安排了一位她喜欢的幼儿园老师进行个别教学。每上完一次课，妮可就变得越发不敢下水。越给她外在的学习压力，妮可就越抗拒。在第五个夏天时，妮可的父母放弃了，他们决定让她跟朋友坐在游泳池的浅水区玩。没想到妮可很快开始喜欢在水里玩耍了，然后开始模仿那些游泳的孩子。几天之后，她就可以游两米远了。

成人擅长把学习的乐趣变得无影无踪，不管学习的对象是游泳还是数学。更糟糕的是，我们总想批评孩子。因为它发生得过于频繁，以至于我们根本注意不到。批评是一种危险的习惯，并且很难改正。我们认为自己是在帮孩子，但是实际上批评对孩子没什么用处。它的作用，只是在孩子的脑袋里装进一个小小的声音（有时候又震耳欲聋），不断在孩子的生命中无情地批评他们。也许，我们自己的脑袋里也常驻着同样的声音。在一次写作研讨中，一位老师念了一封信中的几段给我们听。这封信写得十分优美，即使在百年之后也风采依旧。在信的最后，作者充满歉意地写道："这是一封简单而愚昧的手记。"老师要我们注意到批评的声音有多么固执。

孩子总会这样做——贬损自己的作品或能力。他们也会毫不留情地批评别人（当然会，那是他们从我们这里学到的）。有时如果我们够幸运，他们只需要一点点的鼓励、微笑和点头，就足以使他们忽略那个批评的声音继续创造或者学习。但是，假如这个内在的批评声音，使孩子连尝试都不愿意，假如它成功地说服了孩子放弃绘画、足球、数学或者骑马、写诗，那么，我们就必须做出更多的努力。我们必须鼓励他们继续尝试，告诉他们那个批评的声音不是真的，也不是最终的评价。坚定地反对批评——“我知道你可以的……你是个很棒的小画家。”内在的批评声会做垂死的挣扎。当我们对孩子这样说时，他们有时会哭泣或者喊叫，或者坚称自己不够聪明、不会画画、讨厌数学，或者他们永远不可能在运动方面有好的表现。而此时，我们需要做的就是倾听，并且在他们表达感受时，继续保持我们对孩子的信心。这也是游戏力的关键部分，即使听起来和游戏没什么关联。孩子会在成长、学习和练习技巧的过程中面临许多挫折，而失败感将会通过笑声（运气好时）或者哭声（当感受太强而无法以笑声疏解时）得以释放。

不幸的是，孩子不会走到面前来告诉我们：“我真的很想继续我在雕塑方面的兴趣，但是我的内心有一个声音告诉我说，我一点儿都不行。你可以帮我吗?”他们会用这样的方式表达：“我就是没有兴趣。”所以我们必须做个好侦探，查出这些信息的真相，是因为兴趣真有转变，还是因为挫折感而放弃。

重获失去的自信

多年来，儿童心理学家已经注意到，游戏对于有过心理创伤的孩子来说特别重要。如果孩子经历过车祸、地震或家庭暴力，游戏可以帮助他们把这些创伤重演出来。布鲁克斯和席格尔（Brooks and Siegel）在一本帮助受到惊吓的儿童平复情绪的书中写道：“他们会让玩具车不停地冲撞，让积木重复倒塌，或者让玩偶去打另一个玩偶……在安德鲁飓风之后，年纪小的孩子会玩伦敦铁桥垮下来的游戏……一而再，再而三……游戏是孩子所拥有的为数很少的工具之一，能够让他们表达感受……在加州北岭大地震发生后，幼儿园的儿童用积木在桌上建塔，然后剧烈地摇晃桌子让积木倒下。”

类似的游戏每时每地都在被孩子们重复着。大部分儿童会本能地去玩那些能够帮助自己处理生活困扰的游戏，就像我们大人喜欢和朋友聊天，从而疏解自己生活中的烦恼。当孩子看上去面临困扰时，大人可以跟他们游戏，引导他们恢复自信。

假设你和配偶最近经常争吵，你担心这会影响到孩子，但是你的孩子并不想谈这件事，而你也不知道该从何谈起。下次在你跟他过家家时，你可以让爸爸玩偶和妈妈玩偶用一种愚蠢的方式吵架。这能给孩子一个机会，接续这个主题或者放弃这个主题可以视他的意愿而定。他可能会让另一个玩偶告诉爸妈玩偶要和好，或者他会说要离家出走，或者抛出一些关于自身感受的线索。对大一点儿的孩子来说，一旦怀疑他在学校遭同学排挤，你可以说："我们来组织一个豆娃俱乐部，其他娃娃都想加入。"任何孩子需要掌握的主题，游戏都可以起到协助的作用。

在一本有关学步儿童的书籍中，李伯曼（Alicia Lieberman）提到，游戏"提供给孩子一个安全的空间，让他按照自己的意志来实验，暂时放下现实空间和真实社会中的规则与限制"。例如，孩子（必要时在父母帮助下）可以给故事一个快乐的结局，或者让他自己变成胜利者或英雄。这个历程称为"做主"，因为孩子现在"是主人而不用受制于他人"。

李伯曼举了15个月大的希里为例。因为父母要外出，希里很生气，即使她很喜欢她的保姆。希里发明了一个捉迷藏的游戏，和保姆重复地玩。希里以离开和返回的概念进行游戏，帮助自己记住父母会回到她身边来。李伯曼谈到另一个也很典型的情境：一个20个月大的男孩，听到女孩没有阴茎时十分困扰，他用杯子把自己的阴茎盖住、掀开，用这种方式来排解他对自己器官消失不见的恐惧。

有些事情可以预见但无法避免，几乎每个孩子都会遇到，因此也很难称它们为创伤。但不管怎样，它们还是痛苦的，也会侵蚀孩子的自信。失去朋友、秘密被揭穿、受到嘲笑，仅是其中的几个例子。身为父母，我们渴望能帮助孩子掌握这些困难的人生功课，至少在它们发生时能掌控局面。我们知道教训孩子没有什么用，但我们还是不断地这样做，为的是以防万一，因为我们不确定自己还能怎么做会更好。游戏的方式将会对我们更有帮助。

例如，保守秘密，这对大多数孩子（甚至成人）来说并不容易。9岁的艾玛和泰德坐在车的后座。两个人从幼儿园开始就是好朋友。泰德跟艾玛说："你想要知道一个秘密吗？瑞克跟我说的，他叫我不要告诉别人。"

"嗯，好啊，告诉我！"

"你不可以告诉别人哦，要不然瑞克会杀了我！"

我在这个时候插进了他们的讨论，因为我可以预见，再这样下去就是一个不可避免的灾难。但是我必须控制自己想要训诫的念头。我用一种泰然的方式说："很快每个人都会知道这个秘密，因为每个人都会告诉那些会帮他们保密的人。"他们两个笑了起来。我想他们抓住重点了，不过我还是想切换到游戏模式。我摇下车窗，指着一个在人行道上散步的人，跟泰德和艾玛说："我应该把这个秘密告诉那个人吗？"他们大笑着说"要"。我对着车窗外说："嗨，我要跟你说一个秘密，只要你答应我不告诉别人。"他们两人都笑弯了腰，因为我竟然对一个车窗外的陌生人这样说。很快，我们都对着窗外大叫："你想要知道秘密吗？不要告诉别人！"然后一起笑着。千万别误会了我的意思。这两个孩子，就像他们的同龄人一样，还在实验有关泄露秘密的概念，即使他们已经答应不会说出去。他们得到一个大笑的机会，减轻了为别人保守秘密的心理负担。下一章我们要谈的，便是跟随笑声的重要性，这是游戏力的另一个原则。

第5章　乘着笑声的翅膀

在我看来，没有哪件事会比笑出声来更没教养……我并没有忧郁症，也不愤世嫉俗，而且我乐于也能够像任何人一样拥有快乐的心情。但我确信，由于我能够充分运用理性，因此没有人听到过我的笑声。

——查斯特菲尔德勋爵（Lord Chesterfield），

《一生的忠告——给儿子的信》（一七七四年）

尽管查斯特菲尔德勋爵这样告诫他的儿子，我却要指出，游戏力养育方式中，开怀大笑至关重要。对于想用游戏来拉近亲子距离，培养孩子自信心的父母来说，听到了笑声，就能确定自己的方向没有走错。“乘着笑声的翅膀”意思是说，如果一件事能把孩子逗得咯咯笑，那就应该再来一次。一而再，再而三，一做再做。所有的笑都是好的，只是咯咯的笑声所传达出的愉悦太富有感染力了，因此也就被当作判断游戏成败的指标。

让孩子开心地笑并不困难：你可以对婴儿做鬼脸；你可以在两岁小孩后面装出笨拙追赶他的样子，却在即将抓住他的那一刻马失前蹄了；你也可以让 6 岁小孩追你，让自己被抓住，然后大惊失色地说：“啊，你抓住我了？不可思议!”；你可以抓起一个枕头，和你的 10 岁小孩大战一场；如果你的孩子已经十几岁了，那么你也可以穿上他的衣服，戴上他的饰物，或者把你的发型弄得跟他一样，然后看看他的注意力多快会从电视上转到这种（在平时让你抓狂的）装扮效果上。

在一般情况下，成人表现得夸张而过度，总可以让孩子发笑。愚蠢和糊涂通常也能换来笑声。如果能把一句话唱出来，那就不要说出来；如果语调可以很夸张，那就不要太平淡；如果能倒在地上，那就不要一直站着。滑稽的表情、声音、跌倒，就是获得笑声的关键，对于年幼的孩子尤其是这样。如果你不好意思这么滑稽，那就用一个毛绒动物玩具或者卡通玩偶来替代，用幽默的口吻假扮它说出可笑的事。

随着孩子的年龄越来越大，挑战也越来越大。扮鬼脸或跌倒都无法保证可以带来笑声——但不要害怕尝试，尽管你遭到白眼的几率可能会比获得笑声的几率要高，但还是值得一试。你也可以尝试一下讲笑话或者夸大现实。因为大部分的大孩子都不想在众人面前哭泣，即使哭了还会自我责备，因此我会用假哭来引发笑声；用很假的方法，特别是在他们打我或者嘲讽我时：“呜呜呜，你说我秃头，我要告诉我妈妈！”

意外的回应是喜剧的一种技巧，不管是在剧场还是家里。所以假如你的孩子正值青春期，那么你走进她的房间时，不要唠叨10遍“该收拾房间了”，而是一进去就尖叫：“女孩力量！”（年轻人狂热追捧的辣妹组合。）然后边跳边唱。她可能并不会大笑，但至少她会说：“好啦好啦，我会整理房间，拜托你不要再唱啦！”

“枕头大战”，是引发笑声的好方法，但如果跟大孩子玩，它会转变成比较认真的力量对抗游戏。另外，从四五岁到青春期的孩子，一般都喜欢玩“袜子游戏”。每个人要想办法脱掉别人的袜子，但要把自己脚上的袜子保护好。这个游戏两个人玩很有趣，三人或三人以上就是一场狂欢。

让每个孩子发笑，是一个值得尝试的过程，尽管你不一定每次都成功（即便是再有名的漫画，也会遇到挑剔的读者）。如果你还不很成功，那就试着表现得比平常更有热情、更有精力、更疯狂一点儿。记住，年龄小的孩子可能听不懂寓意深刻的笑话或者高级幽默，他们可能光是听到“屁屁”或“便便”，就会笑得东倒西歪。

有些孩子，即使年龄很小，也喜欢较为文雅的幽默。所以，了解你的孩子至关重要。一起读书或者一起看电视，这样你才知道他们在看些什么、他们如何受到影响，从而你就能根据这些来说笑。我在一个朋友家和他们4岁的孩子一起看卡通片。每次到了广告时间，她就会指着广告说“我要一个那个”。于是我开始和她比赛，说“我要两个那个”。我们俩开始较量自己想要某样玩具的程度，然后答应要买给对方。结果我们在广告时间所得到的乐趣，比在看卡通片时要多得多。

让孩子来逗你笑——你可以由此得知他们觉得什么好笑。试着不笑，也是我最喜欢的搞笑游戏。不笑几乎不可能，就像试着不要想到粉红色的大象一样。其中最简单的游戏，是“对视比赛，看谁先笑”：瞪着对方的眼睛，谁先笑出来谁就输了（或者谁先露出笑意谁就输，规则视情况而定）。另一个游戏叫“严肃时刻”：大家要轮流说出“现在是个严肃的时刻”，然后摆出非常庄严的表情，试着不要笑。祝你好运！

我相信，上面列出的引人发笑的方法大多数并不是什么新点子。每个人都知道怎么笑，怎么让孩子发笑。我之所以再将它们列举出来，是因为我们经常忘记大笑的重要性。当我们面对不讨人喜欢、具有攻击性或者不合作的孩子时，当我们把耐心和幽默耗尽时，我们就会变得特别容易健忘或者严肃认真。日常的压力也会火上浇油。在这些情况下，正好是游戏最能发挥作用的时候。

一方面，游戏和笑声的联系是很明显的。游戏很有趣，笑声是乐趣的配料。另一方面，也是更重要的，笑声与游戏的深层目的之间有着重要的关系。笑声，是建立联结的信号，是成功完成挑战的象征，也是孩子不再觉得痛苦和受伤的标志。咯咯笑和捧腹大笑，是孩子和大人自然地释放恐惧、困窘和焦虑的本能途径。父母可以运用跟随笑声的技巧，来缓解冲突、放松紧张的心情。

有一个注意事项必须重点说明。呵痒，虽然可能会带来笑声，但是如果它的形式是要把孩子压住并制服，然后违背孩子的意志而迫使他笑，那么这就不是游戏力。它带来的笑声并不是我们想要的，因为不想笑却被迫笑，所造成的将是屈辱感。这类强制呵痒的游戏，极容易变成力量对抗，因为强者才能赢。这种被制伏的感觉，和另一种适当的呵痒游戏非常不同，适当的呵痒像是轻搔婴儿的下巴，或者当你和孩子在不能笑的比赛中试着轻搔对方。许多男人喜欢跟孩子玩强制呵痒的游戏，我们小的时候，这可能是唯一的游戏，能让我们有紧密的身体接触而不用担心公然的暴力。

一起大笑

一起大笑，是加入孩子、与他们建立联结的基本方法。笑，会自动拉近人与人之间的距离。我有一位新西兰朋友玛格丽特，她打招呼的方式就是笑，她的笑声能在顷刻间打消文化差异以及多年不见所造成的隔阂。

开怀大笑可以建立联结，联结建立时也常常会引发笑声。换句话说，笑声是开启孤独感堡垒的钥匙。事实上，孩子忧郁的最大特征就是无法发现生活中的幽默和欢乐。

前面我们说过“看谁先笑”的游戏。两个人相互盯着对方，看谁先笑。这个游戏把目光接触和咯咯笑结合了起来，这两者都是我所偏爱的联结方式。与之不同的另一个游戏，是结合了咯咯笑和身体接触，叫“莎士比亚的死亡场景”。在“死亡场景”里，孩子假装射杀你、打你、朝你吐舌头，对你说“我恨你，你这个坏蛋”，而你呢，夸张地抱胸倒地，慢慢地倒在孩子的身上。“死亡倒地”这个戏要演得夸张，而且要很慢，慢得像电影慢镜头一样。倒毙的样子会让他们大笑，跟他们的身体接触会拉近彼此的距离。

另一个游戏的灵感也源自莎士比亚，叫“爱的魔药”。在《仲夏夜之梦》中，仙后的眼睛里滴入爱的魔药之后，会爱上她看到的第一样生物，不管他长得多丑。这正是孩子所需要的，不管他们做了什么或者说了什么，即便行为像魔鬼一样，他们也仍需要被爱。当我们用他们的方式来参与，他们就可以摘掉“魔鬼的面具”，变回原来那个愿意合作、开心积极的自我。因此，引发大笑的方式之一，就是编造肉麻的赞美。当孩子做出可恶的事情——给你看他们嚼了一半的食物，或者说出不好听的话时，我喜欢用这个“爱的魔药”的游戏。“亲爱的，我刚才看到的画面，是我这辈子看过最美的，你可以让我在素描本上把它画下来做纪念吗？……”在你被冒犯时，只需要说“谢谢”，就足以使孩子笑声不断。我的侄女莎拉7岁的时候告诉妈妈说：“我跟科恩说他是个怪胎，他居然回答‘谢谢’！他可真是个怪胎!”然后她跑回我这里来一直笑，告诉我她觉得我有多奇怪。

如果有两个大人在场，假装争夺孩子也会很有趣。“我要头。”“哈哈，我拿到脚了，这是最棒的地方。”“不行，他的全身都是我的，我好爱好爱他。”这个“人身拔河”游戏，是另一个能结合身体接触和笑声的例子，还有夸大感情的成分。孩子有个有趣的地方，那就是不管我们多急切地表达了我们的爱，他们却仍会感觉自己不被爱或者没被爱够。可能他们无法一直感觉被爱着，虽然他们并不为此困扰，但几乎每个孩子都会在某些时候有这样的感受。许多父母和孩子会用这种滑稽的方法夸张地表达爱和情感，这对蓄满杯子很有帮助，因为滑稽的部分是如此出其不意。

当一群孩子在一起时，他们有时也会爆发出一阵阵咯咯的笑声。因为某种原因，大人通常把它叫作传染性的笑，好像我们很怕染上它一样。珍惜这种时刻吧！笑声使孩子之间建立了稳固的联系，如果愿意，我们也可以。这种团体欢乐是多么美好！与之相比，那种针对一个替罪羊或者边缘者所发出的集体嘲笑，又是多么恐怖！

前一种笑声是包容的，会把每个人都吸引进来，而后一种，则是把笑声当作拒绝或排挤的武器。同样，以滑稽的方式善意模仿孩子会引来笑声，但是恶意的模仿就会变成嘲笑而伤害别人的情感。我们都见过孩子用两种方式来模仿别人，一种能带来乐趣，而另一种会对别人造成伤害。模仿孩子时，如果多加点儿小心，注意孩子的感受，那就会带来亲密的良好感受。反之，如果模仿时心存恶意，就会导致隔阂。你可以从孩子有没有咯咯地笑，来判断当时的方式恰当与否。不要用模仿来训诫孩子，以免激怒他们。相反，要用模仿加入孩子，跟随他们的步调，表达你想接近他们的急切渴望。一起大笑吧！

冲破无力感的堡垒

有时，当孩子胜利地完成一次挑战，例如登上山顶，或者第一次骑车不用辅助轮，他们会开心地大笑。受了惊吓但又算不上太恐怖时，他们也会笑。他们还会笑一些有点儿淘气但又犯不着大动肝火的小事。孩子有时会（大人也会）在不该笑的时候发笑，比如丧礼上，看到街上有人跌倒受了伤，或者在听有关战争罪行的演讲时。这是一种自然的反应，笑声可以释放恐惧、紧张和窘迫的情绪。虽然我们需要照顾他人的感受，也要懂得不该在严肃的事物面前发出笑声，但是我们也必须了解人类情绪的本质。笑，是一种释放强烈情绪的自发反应，即使那件事一点儿都不好笑。当卓别林滑倒跌坐在地板上，脸上充满痛苦的表情时，每个人都笑了，这是人类的天性。如果我们邀请孩子在游戏时笑我们，那么他们才更有可能不会在别人面前无礼地笑出来。所以假装跌倒，然后大声地喊："哇哇哇!"

运用游戏力，我们可以帮助孩子在不伤害别人的情况下发泄这种情绪。我们需要花很多时间，使用一些特别的技巧，和孩子在一起大笑。帮助孩子克服恐惧时，你得装作你是那个害怕的人，要很夸张地害怕。你要确定孩子没有被羞辱或被嘲弄的感觉，不要完全模仿他们的方式，而只取个大概，然后把它夸张化。

我在帮一个 11 岁的男孩处理恐惧时，假装害怕任何东西：铅笔、字母 Q、电灯泡、电脑游戏以及其他任何在房间里能够看到的东西。他问现在几点，我说我不知道，因为我不敢看表。他觉得实在太好笑了。这种游戏让孩子与恐惧保持了一定的距离，让他们通过笑声排除一部分恐惧。

如果表演能力不足，那么可以采用一种不那么戏剧化的方式，那就是和孩子玩追赶游戏，并让他在快要被追到时逃脱。如果你装出震惊不解的样子，那就更好笑："你是怎么做到的？我抓到你了呀？这次我真的要抓到你。"然后你又失败了。你也可能抓到他们，但不知怎么又让他们意外逃脱了，他们会笑得更大声。

为什么这会如此好笑呢？过度夸张的言行，让大人变得像个傻瓜，这已经够好笑的了，但它的特别之处在于，它使孩子觉得自己超有能力。孩子们经常让同龄的对方感到无助、无力、愚蠢或能力不足，这样他就不需要自己去承受这些感受，但这样做通常只能以冲突和混乱收场。在孩子们以牺牲别人的方式来获得力量感的情形中，没有人最终真的获益。这就是大人需要参与这类游戏的原因——

这样孩子之间就不会彼此伤害了。

加大逃脱的难度，但最终仍让他们逃脱，原则是“让孩子踮起脚才能摸到”。这里需要解释一下：如果你安排得恰当，给孩子的任务不是太难也不是太简单，他会很享受这个工作。我记得读研究生时，曾看过一部有关儿童发展的影片。在一个片段里，他们把一个被蒙住眼睛的布娃娃展示给不同年龄段的孩子看。心理学家问：“娃娃容易看见，还是很难看见？”（这句话可以理解为娃娃是否容易看见东西，也可以理解为娃娃是否容易被看见。）年幼的孩子很认真地回答：“很难看见。”年龄大的孩子会觉得这个问题很愚蠢，索性不耐烦地回答：“容易看见。”年龄适中的孩子则会一直笑个不停，因为他们处在刚刚开始能理解并玩味多重语义的时期，所以会觉得很有趣。同样，如果你有一个年龄刚好的婴儿，你让他看一把叉子，然后把叉子藏到背后去换成一把汤勺，你会看到孩子惊奇而快乐的表情，他会要你再表演一次。如果婴儿还太小，他会伸手要来抓叉子和勺子。如果年龄太大，他会斜眼看着你，好像在问：“你到底想干什么？”

孩子长大一点儿以后，就知道有些话会让大人抓狂，你只要说出一些关键词，或者听到时假装惊恐不已，就可以引得孩子大笑。你知道我指的是哪些话。如果脏话或者骂人的话让你觉得不堪入耳，那就编造一些字词，把它们变成“忌讳”，然后假装听到时大吃一惊。

面对年龄再大一点儿的大班孩子或一年级学生，我会说我想要和芭比或恐龙邦尼结婚。对他们这个年龄段来说，这正是热门话题，很容易招来他们的笑声。我们的认识永远处在某一个阶段，不可超越。看看魔术就能理解这一点，魔术的成功之处，就在于颠覆了我们的生活常识。绳子打结可以解开，但是一旦剪断就不能重接，魔术绳却能做到；丝巾是丝巾，鸽子是鸽子，魔术师却能把丝巾变成鸽子；杯子底下放个东西，拿起杯子，东西当然还在，可在魔术里就是活生生地不见了。虽然我们还是婴儿的时候就看到了这些魔术把戏，但是到现在我们仍然喜欢看魔术表演。魔术师的成功之处，就在于把我们从现实中解放了出来。

缓和气氛

当孩子让我情绪沮丧时，我不会说“回你的房间去”之类的话，而会说一些愚蠢的威胁话，这样气氛就会好一些，把僵局转变成游戏。如果顺利，我会觉得自己就像魔术师能点石成金一样，很有成就感。举个例子：“如果你再这样，我就要把水倒在我头上啦!”接着我拿起一杯水放在头上，他们当然就笑了。我并没有真的倒水，他们会说：“好呀，你倒你倒。”重要的是，这时候整个气氛已经改变了。我们的笑声化解了近在眼前的一场冲突。

记住，这是一个假的威胁。真的威胁，或愤怒的说教，都会吓到孩子，结果肯定是他们把你拒之门外。假威胁，特别是针对自己的，可以缓解紧张的情绪。一旦放松下来，你更容易获得孩子的合作。而真威胁传递的信息是：我很生你的气，这都是你的错，你最好赶快改过自新。可以预见的结果，是孩子的自我防卫和亲子间的冲突。假威胁混合了幽默，传递的信息是：对于我们两个之间现在的情况，我并不开心，因此我想要改变这种情况。这样的结果是紧张状态的解除，以及各自退让。许多父母会说：“我在生气的时候没办法这样玩。”可是，我们在生气的时候是无法做好父母的工作的，所以不如就缓和一下情况。暂时休息，让你自己得以冷静下来。

轻松而夸张的方法，可以扭转紧张的局面。我发现当我真的想要吼叫时，“假装的怒吼”会有些帮助。这之间微妙的差别在于，真正的吼叫会吓到孩子，也会使我们事后感到内疚。而假装的吼叫则会让孩子高兴起来，会将他们拉回我们身边一起合作。我无法在纸面上来做示范，请你自己夸张地大喊一下，但不是吓人的那种怒吼。

和好与装傻

如果冲突无法避免，那么笑一笑则是重归于好的手段之一。通常，不愿意在对抗中妥协的是大人自己。我们要让孩子遭受无尽的悔意，不停地做出补偿和道歉，之后我们才想到要重建联结。我们拒绝笑声，觉得和好就是在奖励孩子的坏行为。但是，笑是一种疗伤的过程。记住，亲子之间大多数的难题，其根本症结就是缺乏联结，因此解决之道也就必须是更多的联结。在下一章我们会谈到，处罚是把坏的感受锁起来，而分享笑声则把它解放出来，让亲子间可以重新找到彼此。

装傻，对某些人来说比较容易做到。装傻可以使紧绷的时刻放松下来。例如，有一次在一所小学里，我下楼梯时正好走在两个男孩的后面。大点儿的那个男孩以一种非常令人厌烦的招惹方式，不停地把另一个男孩的书包拽到地上。他以为这样很好玩，但另一个男孩越来越生气。我看到生气的男孩没什么办法，他要么忍气吞声，要不就得开始一场必输无疑的对抗。我用一种发现了重大真相的语气："认真"地对那个招惹人的男孩说："我发现呀，他并不像你那样喜欢这个游戏。"他停了下来。我没有教训他，而是用傻乎乎的认真，让他注意到自己的行为和另一个男孩的反应。被欺负的男孩也受到了保护，如果我把两个人送到教导处，那么可以想象，个头儿小的那个在事后将会遭到报复。

当哥哥姐姐欺负弟弟妹妹时，我会用惊讶的声调对小的那个说："哎呀，那一定很不好受吧，他这样对你，你要怎么讨回公道呢?"他们通常没办法回答，但是他们的眼睛里会闪出一些光芒。我也可以用轻快的语气对大的那个说："哎呀，这实在太过分了，接下来还会发生什么更过分的吗?"如果我严肃地教训他们，他们会在一秒钟之后就忘记我说的话。傻乎乎的方法，会吸引住他们的眼球，他们可能会因此停下来思考一下自己的作为。他们通常也会跟着笑起来，而不是使暴力和冲突升级。

放下身段，找回你的孩子

孩子常常觉得自己很笨，有的会把这种感觉说出来，有的会藏在心里。因此他们渴望看到愚蠢的是别人，这样他们才会好受一点儿。为了接近孩子，我常喜欢把自己的尊严放在一旁。这样做，既能让孩子在游戏互动中充当更有掌控力的那一方，也能帮他们在内心修复受伤的自我。我发现装傻能让孩子笑得最厉害，大人也会发笑。我会唱好笑的歌曲、跌倒、四处乱舞，或者做其他让自己看来很蠢的事。不过，要想成为放下身段的专家，还真需要一些练习。

下面这个游戏叫“莱克斯—维达—虎克船长”，这个名字是我起的。我和一个6岁小男孩一起玩时，他说他是《星球大战》里的英雄主人公路克天行者，而我是代表黑暗的达斯·维达。这当然没问题，不过我们还没开始玩，他又帮我换了角色：“不，我是小飞侠，你是虎克船长。”没问题。“等等，我是超人，你是那个坏人莱克斯。”我猜他想通过扮演好人来感受自己的力量，但是当他指定坏人之后又觉得受到了威胁。他不停地转换，而我们根本没有开始游戏。他很想通过扮演超级英雄来克服恐惧，但是这个游戏本身又带来了太多恐惧。

换句话说，如果游戏是一辆救护车，能够把我们从恐惧中拯救出来，那么现在，这辆车卡在了雪堆里，轮子空转着，不能前进半步。于是我把所有的角色都变成一个，这样他就不用再变来变去，然后我让自己变成最无能、最滑稽的那个。孩子扮演好人时，他们不想让坏人太强大。我开始唱道：“我是莱克斯—维达—虎克船长，我是这里最笨最蠢的家伙。”我让他很清楚地看到，不管我多强大，他一定都会赢。他很爱玩这个游戏，反复玩了好几个月。第二次玩的时候，他为我编了一首新歌：“我是莱克斯—维达—虎克船长，我最爱大便和小便……”我们开心地大笑。

把身段放下，对父母来说是很高的要求，有很多大人没有办法摆脱自己的日常角色。在工作时或者其他场合，我们都必须一本正经，而孩子却巴不得我们摆脱出来同他们一起玩。当大人不确定要怎么才能跟小孩开心地玩时，我会提示着问：“你能做到的最夸张的事是什么？如果你真的做了，后果有多严重？”

哈维勒（Harville Hendrix）是有名的婚姻关系专家，他建议夫妻们经常玩“哈哈游戏”：两个人面对面靠近站着，踮起脚跟，用脚尖轻轻弹跳，轮流用友善的声音说：“哈哈！”直到两个人都由衷地大笑为止。哈维勒的基本概念是“面对面的乐趣才最有效”，这对重建联结来说太重要了。在成人看来，世界上似乎只有一种方式能带来“面对面相处的激情”，然而孩子却知道许多种。我们需要从他们身上学习，并且不断练习。

罗杰斯（Cosby Rogers）和索亚（Janet Sawyer）写道：“对于成人的那些游戏，如网球、桥牌或钓鱼，用‘不好玩、不自然、死板’来描述是再准确不过了。成人游戏只注重如何方法正确和技艺高超。”而像孩子一样游戏，就意味着你需要笨拙地犯错，夸张到极致，把严肃的心情放松，试着去享受乐趣。

对于我们当中很多要出门上班的人来说，每天工作结束之后，还要调整情绪来照料孩子，确实非常有挑战性。在大部分的办公隔断里，咯咯的笑声本来就是稀缺品。这句话放在做家务、看小孩的家里也算适用。创造一个充满笑声的游戏空间并不容易。我们成人大多通过电视、酒精和小睡来放松，但这些都不属于游戏力的范畴，而且也没有顾及孩子的需求。当然，父母也有自己的需求，但假如下班后跟孩子在一起时，不仅不能放松，反而受到困扰，那么我们就不得不做一些改变了。腾出一些时间，做些能带来乐趣的游戏，享受笑声，这样可以满足每个人的需求。辛勤工作的父母可以放松，孩子可以充满生机，每个人都可以联结。

父母的工作很辛苦，而不悦的心情会雪上加霜。大多数父母都绷得很紧，有些人甚至过度忧郁。你可能觉得，生活中所有不得不做的事，刚好把你的精力榨干，你根本没有余力享受游戏和乐趣。也许，直到你试着加入孩子的笑声和游戏时，才发现自己并不快乐。如果因为你自己的一些感受而完全无法接受上述的方法，那么请你诚实地面对这些感受。检视自己的内心，和别的父母聊一聊，或者寻求专业人士的协助。你的孩子可以等待，也可以原谅，但他们更希望你能放松下来。

从笑声到哭泣：当好玩的游戏导致糟糕的心情

我的女儿5岁时，有一次和我的朋友蒂姆一起玩。蒂姆自己没有小孩，艾玛把他看成菜鸟，一个会认真玩游戏的大人。艾玛先给蒂姆出迷宫题，两个人玩得不亦乐乎。但是轮到蒂姆给她出迷宫题时，她遇到了困难，蒂姆想帮她，但却让她更加沮丧。她对蒂姆说："我讨厌你！"还说了一些不太好听的话，然后愤然离去。再回来时，她开开心心的，好像什么事都没发生过，还准备继续玩。没想到的是，蒂姆还没从坏心情中恢复过来。她觉得有点儿惊讶，不明白为什么蒂姆还在生气。

孩子有时会高估成人处理情绪的能力，特别是那些花时间和他们一起游戏的大人。艾玛从咯咯笑一下子变得勃然大怒，然后又变回笑眯眯的过程，让蒂姆感到吃惊。我建议他们两个先重建联结，握握手，讲个笑话，或者一起宣誓恢复友谊。她对我伸伸舌头，说她也讨厌我，然后昂着头走回了房间。

我太太、蒂姆和我三个人在厨房里说话时，艾玛又满脸微笑地回来了，她要求大家一起玩个游戏。这个时候，大人已经没有玩游戏的心情了，因为我们大人通常会把刚才这类"侮辱"认定为人身攻击。我又一次建议大家先重建联结。艾玛翻了翻白眼，走回她的房间。我们可以听到她自己玩的声音。我说："她都已经克服了讨厌我们的感觉，而我们却还没克服。"听到这话，大家紧张的气氛就缓和下来了，我们一起大笑。艾玛又走回来两三次，每次都建议我们玩游戏；我总会建议她先重建联结，但她不理我，转身就走。我想拥抱她，她却尖叫着躲开逃走了。

她再出来的时候，手里拿着一个纸板和一把塑料匙，这是她的"双面留言板和留言笔"。她坐在沙发上，我们也走了过去。她假装在上面写了字，然后递给我，说她有留言给我。我问上面写的是什么，她就装模作样地读给我听："我爱你，爸爸，但是我不想抱你。"我问她我可不可以也留言给她。她说她可以帮我写，接着就假装写出我的留言，然后读出来："宝贝，我想抱你，我还爱着你。"接下来，我问她想不想给蒂姆写点什么。她在她的留言板上写了一通，然后读道："我是假装讨厌你的，你当真了。"蒂姆说："哦，是的，我搞错了，我真的当真了。"她又写了一些，然后念给蒂姆听："我假装不喜欢你，但我真的喜欢你。”蒂姆说：“这真是一个神奇的双面留言板！”女儿回答：“是的。”

在这个故事里，并没有出现笑声，但我之所以引用它，是想说明在游戏中情绪会很快地变化。可能在笑声不断的对抗游戏之后，孩子踢到了脚趾，疼得他泪流不止。也可能当孩子把你当马骑了一段时间后，你累得一句话也说不出来时，他不但没有说“爸爸，真好玩，谢谢你”，反而还抗议道：“你从来都不陪我玩！你的背老是硌到我！”

孩子之所以一会儿笑、一会儿哭、一会儿闹，是因为她有一些情绪预先埋在了心里，平常她都把这些情绪牢牢地关住。有趣的游戏敞开了情绪的大门，她先是笑出声来，而其他的感受也跟着一齐涌了出来。眼泪一旦开了闸，可能就会持续一段时间。很少有父母能明白，让这些平时没机会哭出来的眼泪排放干净，对孩子的健康有着多么大的助益。我们要是觉得这些泪水和这些脾气都是无理取闹，于是生孩子的气，甚至大声训斥，那才是大错特错了。过去积累的情绪，通常会借助最不起眼的小事而发泄出来，尤其是在较长时间的尽兴游戏之后。如果在孩子释放这些情绪的时候，我们能跟他们一起坐下来，那么宣泄完之后，他们最终会变得更加快乐。

对成人来说，这个转换很难理解，但它却是再正常不过了。所有的孩子都需要在哭泣时被拥抱，需要在生气时有人安静地倾听，需要在愤怒踢人时被温柔而坚定地拦住。如果有心理准备，你就可以放松地让孩子表达并完成情绪释放。如果没有准备好，你会很容易被激怒：“你怎么可以这样跟我讲话？我已经跟你玩了一小时，不许再哭了，这么大了还像个吃奶的小孩儿！”但是，这些情绪并非没有来由，它们来自潜意识的深处。充满笑声的游戏有个好处，那就是让孩子能获得足够的安全感，从而能与我们分享这些感受。

由笑到哭的转变，通常都是由小伤小痛引起的，而父母们常常会对此产生误解。他们会说：“你没有真的受伤呀！”孩子或许真的没有受伤，或许真的小题大做，但这才是重点。孩子利用轻微的疼痛作为释放以往情绪的机会，或许这些眼泪是上一次他伤得较重而你正好不在身边时留下的，或许他觉得一定要身体受伤，才能理所当然地被你安慰和拥抱。不管是哪一种原因，你只需要爱他、抱他，对他释放的情绪表达安慰和接纳。他是因为和你在一起，才有这样的安全感。

有些父母并不会忽略孩子的伤痛，相反，他们会反应过度，并匆忙结束孩子的游戏："不要再玩这种对抗游戏了，我就知道有人会受伤。"但是游戏本身并没有什么危险，孩子只是利用这个机会释放旧的情绪而已。我们只需要暂停一下游戏，然后再回到游戏中。因为孩子发泄了一些痛苦的情绪之后，现在他反而更能享受游戏的乐趣。

游戏力重视笑声，但并不表示每分每秒都要笑得前仰后合。我们也会有伤心、害怕、寂寞的时候。有时孩子并不需要大笑，但仍可以感到满足。跟随笑声，不是要到处逗人开心，或是哄骗孩子转移他们的情绪。孩子可能看起来很严肃但一切正常，所以也不用硬是要笑。满足的认真与冷漠的严肃之间，差别在于是否投入。孩子对正在做的事投入吗？他是很专心、放松而感兴趣吗？他还是觉得没意思、无精打采、遇到了困难？

罗杰斯和索亚说，如果你想弄清楚孩子的游戏进行得如何，那么你得先自己观察：孩子很快乐吗？他们的眼睛里有亮光吗？这个亮光或者预示着笑声快要出现了，或者代表着一种愉悦的认真，或者是完成挑战后的心满意足。

带来笑声的愉悦游戏，能够帮助孩子做好准备，来面对生活中的严肃话题、面对新的阶段。妹妹出生时，亚力山德拉刚刚3岁。在"蜜月期"结束后，亚力山德拉再三问妈妈："为什么你总是看着妹妹？"她说话的时候，带着愤怒和嫉妒。妈妈莉丝理性地向她解释为什么要花这么多时间照顾婴儿，问她是否觉得嫉妒，但这些都无济于事。莉丝在厨房里向我转述她的沮丧和烦恼，此时我的女儿正和亚力山德拉在房子里玩，她们不时地跑进跑出。

我把亚力山德拉叫过来对她说："亚力山德拉！我正在看着你！"我靠近她的头和眉毛："这样我才能好好地看着你。"我的眼球甚至因为过分用力而凸显了出来。我们两个一直在笑，我女儿也过来看。她们俩一起跑开，但亚力山德拉很快又回来跟我玩这个游戏。当莉丝和艾玛跟我说话时，我会说："我现在不能说话，因为我在很专心地看亚力山德拉。"下次我们再去她家时，莉丝告诉我，亚力山德拉已经不再问那个问题了，她有时会跑到妈妈身边，用非常严肃的语气说："妈妈，看着我！"于是莉丝就会专注地凝视她，而亚力山德拉则像干渴的花朵一样吸吮着妈妈的注意力。她带着认真的表情站着不动，直到她决定离开去别处玩为止。我想我们之前玩的那个游戏，能够让她以直接和非游戏的方式，向母亲表达她的需求。那个"妈妈，你为什么一直看着婴儿"的问题太间接了，因此让莉丝觉得困惑，但"妈妈，你看着我"的要求却是直截了当的。亚力山德拉没有像许多哥哥姐姐那样，以伤害或者威胁婴儿的方式去吸引母亲的注意。

你的家中、游乐场上、学校里，有足够的笑声吗？在我看来，一所好学校、一个好班级应该是充满欢笑的。在评估学校的时候，没有人去问孩子是否快乐，我们忘了孩子在快乐的时候学习效果才是最好的。很多父母和儿童发展专家都在感叹自由游戏的消失，而我的看法是，让我们停止感叹，跟随笑声的脚步吧！

第6章　学会打闹

弟弟派克还是个婴儿，和他一起玩游戏时，保罗不得不表现出超常的耐性。……保罗先假装对派克吼叫，然后尖叫一声停下来，弯腰到和弟弟一样高。在和弟弟打闹玩耍的将近15分钟里，保罗随时控制着自己的身体动作，既足够有趣，又不会过头。

——史多姆（Shirley Strum），《狒狒的游戏》

每当我谈到这个主题——打闹、对抗以及类似较为活跃、具有攻击性的游戏时，都会被立刻打断。父母们，特别是母亲，都坚持他们从没玩过，也不打算玩这类游戏。因此在本章的内容开始之前，我必须特别说明：如果你认为你根本不会玩打闹游戏，或者你认为你对此已经一清二楚，那么还是请你继续读下去。退一步说，即使你不玩这类游戏，我们提供的一些建议也或许会对你有用。

包括人类在内的许多动物都会打闹，但原因似乎各不相同。人类的孩子之所以对抗和打闹，有时是为了考验自己的体能，有时纯粹是为了寻开心，有时却是为了更好地控制自己的好斗行为。

对于所有的孩子，不管是男孩还是女孩，也不管是性格活泼的还是天性文静的，与成人玩这类经过设计的运动游戏，都会有所裨益。那些在校园里、操场上到处惹是生非的孩子，需要有人专门指导怎么玩打闹游戏，才能把他们的恐惧、犹豫、冲动、愤怒等情绪合理地释放出来。他们哭泣、放弃时，我们不会责骂他们，他们需要休息时，我们也会停下来。这是我们的工作。孩子的同龄伙伴们是无法做到这一点的，他们的自我控制力有限，更不会鼓励别人表露情感。而那些不够活跃的孩子之所以需要和成人玩对抗游戏，是因为这样能锻炼身体，增强自信，培养他们的自我意识。

我这里要做个区别，游戏力中所讨论的打闹游戏，和孩子之间的打架、攻击行为有着根本区别。在本章中，我们先从一些基本原则开始，之后会谈到各种各样的打闹游戏。当然，职业比赛不在我们的话题范畴。

科恩的打闹规则

还记得“爱之枪”的游戏吗？这个游戏成功地化解了攻击的冲动，重新建立了联结。摔跤之类的对抗游戏也可以把无力感转化为自信，把彼此隔绝的感觉转化为联结。大多数打闹对抗游戏的问题是：强者总是胜利，弱者总是放弃或者受伤。虽然有时孩子会自己想办法来避免这些问题，但还是常常需要大人的参与，才能确保游戏顺利进行。没关系，我会提供一些基本规则。

在《圣经》故事中，雅各（Jacob）和一个人摔跤，那人其实是天使。雅各虽然已经受伤了，但还是坚持着没有放弃，直到天使给他祝福。佛教中也有一个类似的故事：当魔鬼出现在洞穴里时，密勒日巴尊者（Milarepa）并没有生气或害怕，只是给魔鬼喝茶直到他们消失。当孩子表现出他们野蛮而恐怖的那一面时，我们只需要像雅各那样坚持，像密勒日巴那样冷静。如果我们在身体上和情感上都跟孩子站在了一起，那么我们就会发现，在愤怒、恐惧、沮丧或寂寞压抑之下的，是一个乐于合作、充满爱和喜悦的人。和孩子对抗打闹，可以帮助他们找回真正的自我。

打闹游戏的花样数不胜数。你试图把他们压倒在地，或者他们全力把你压倒在地；他们努力突破你的防线，或者由你来突破他们。他们把你击倒在地，你拖住他们不放，再让他们扭身挣脱。他们也可能需要你放下身段，表现出不堪一击，才能让他们感觉有力量。或者你需要学学那只狒狒哥哥，跟小朋友用力时要“量力而行”。

但是如果他们比你个头儿更高、身体更强壮，那么你可能就需要把游戏设计得让自己有点儿优势才行，得让他们使出全力才能决出胜负。例如，在掰手腕比赛时，你可以让自己的手肘离开桌面，或者可以用两只手，而他们则不行。或者你只是需要使出全力，表现出人老心不老的气势，即便结果你输得很惨。

以下是我归纳的十大规则：

科恩的打闹规则：

1. 提供基本安全。
2. 发掘任何可以联结的机会。

3. 寻找一切机会，增强孩子的自信和力量。

4. 抓住每个机会，处理情绪的旧伤。

5. 根据孩子的需要，提供适当的难度。

6. 仔细观察。

7. 让孩子赢（一般情况下）。

8. 当有人受伤或不愉快时，立刻停止。

9. 不可以强制呵痒。

10. 控制你自己的情绪，别跟孩子动真格的。

1. 提供基本安全

为了确保没人受伤，必须设定基本规则。不能打、不能踢、不能咬、不能捶、不能卡脖子，但可以推拉。与打人相比，推拉除了更安全之外，也更有助于建立自信与联结。不让包括你自己在内的任何一个人受伤，这样才有安全感，才能进行更有效的游戏。同时，也必须小心情感上的伤害，不要嘲笑或讽刺孩子。由于是在打闹过程中，即使没人真的受伤，大家也经常需要用“台词”来渲染气氛，比如假装大喊“哎哟”或“别打啦”，因此你们可以事先定好一个暗号，在真正需要停止游戏的时候发出这个暗号，这样就不会与打闹时的台词相混淆。例如：可以直接喊“全体暂停”，也可以用搞笑的话，如“奶油香蕉派”。暗号说出来时，或者有人受伤时，就要立刻终止游戏。

对于基本原则，孩子可能需要多次提醒才能记住。在没有触及安全底线的情况下，最好不要一有人违规就停止游戏，而是经常提醒他们，当孩子快要伤害到别人时，温和而坚决地抓住他们。看看你能不能坚持住、继续游戏，同时又能保证安全。我们也可以借机帮助那些比较容易冲动、攻击性强的孩子逐渐提升他们的自我控制力。同伴之间的打闹之所以失控，就是因为没有人特别留意安全性，所以游戏就变成了打架，然后以受伤收场。

2. 发掘任何可以联结的机会

休息时就拥抱孩子，一有机会就创造联结。如果孩子避免和你眼神交流，那你就可以说："在我们战死之前，让我们以古代战士的传统互相深情对视吧。"如果他说你死了，你就倒下来，夸张地像演悲剧一样倒在他身上，展开双臂拥抱，把他放倒。打闹与打沙袋的最大差别就在于：在这个过程中有没有产生人与人之间的联结。

如果合适，你可以把制定规则的过程，转变为建立联结和培养力量的机会。大人常常在孩子突破某些底线时戛然停止游戏。有些底线完全合理，例如孩子咬人打人了，但也有一些可能仅仅是大人自己无法承受而已，如担心邻居的想法或者自己产生了情绪。不管哪一种原因，这时都是与孩子谈论有关规则和感受的好机会，而不一定要结束游戏。只要多加练习，我们就可以用轻松的方式制定规则，然后再回到游戏中继续打闹。

有时候，口头约定的规则并不够，还有可能出现攻击性的、危险的、破坏性的行为，那就需要考虑一些行动措施，确保游戏进行当中既能保持投入和联结，又不会伤到任何人。有些孩子，尤其是暴力的受害者，需要特别的安排，使他们既能够使尽全力，又不会伤害别人。当然，如果只有停止游戏才能确保安全，或者大人已经无法控制自己的怒气时，结束游戏就是最佳选择。

3. 寻找一切机会，增强孩子的自信和力量

为了达到这个目的，游戏设计要难度适中，并且需要不断鼓励孩子。大人既要做教练，又要当对手，这一点儿有时确实不容易把握。但不管怎样，要切记我们的最终目标是既要给孩子鼓励，又要给他们挑战。我常在打闹时引导孩子不要投机取巧，因为与使用计谋相比，使用身体的力量更能让他们体验到自己身体和心灵的能力。然而，他们有时也还是需要显示一下自己的高智商，因此玩一些"诡计"也能接受。总体而言，打闹游戏与建立联结、培养自信的主题息息相关，它所传达的意思是：欢迎使用你的力量，在这里不需要伤害其他人，你就可以既展示力量，又享受联结。

4. 抓住每个机会，处理情绪的旧伤

如果一个孩子曾经在生活的真实挑战中受挫，那么他就可以通过与你打闹，将真实的挫折重演一遍。这时，你就是那个障碍、那个困难，或者是那个曾经欺负他的人。赢得对抗对他固然重要，但是输赢并不是游戏的关键。他更需要的是，在你的加油鼓劲下，竭尽全力把过去的挫折感发泄出来。也就是说，这样的游戏让孩子有机会把曾经失败时的愤怒、耻辱、无能等不良情绪，通过玩游戏的方式释放出来。情绪疗伤的成功关键在于：让孩子想起当时的受伤情景，但现在不必再有当时的恐惧和自卑。他可能需要你的提醒：这一次，他是局面的掌控者，而且有你从旁支持，此刻的他很强大，也很安全。

5. 根据孩子的需要，提供适当的难度

打闹对抗的重点在于提供难度和阻力，其目标并不是让他们输或者赢，而是让他们充分运用内在的力量，同时不会伤害到别人。只有难度足够大，孩子才能感觉到你的存在，也才能感觉到自己的力量，但是难度又不能大到让孩子不知所措或被迫放弃。对于有些孩子，或者因为还很小，或者有过创伤经历、目睹过太多暴力场景，或者天生比较容易害怕，在跟他们刚开始游戏时，只需要让他们碰你一下，然后倒下假装很痛就可以了。他们可能只能承受这种强度的阻力。如果你能让他们笑出来，那就说明方向是对的。

孩子长大一些后，或者已经能够比较自在地和你对抗时，他们就可能需要更多一点儿阻力了。你可能需要把他们推回去一些，或者做其他适当的安排，这样使他们必须努力才能战胜你。年龄更大、更强壮、更自信的孩子，你就需要让他们使出全力才行。如果孩子在对抗时想伤害你，你需要安全但坚决地制止他们，这样他们才不会伤害你。孩子被束缚住时，他们可以用力挣扎，释放出那些一直以来导致攻击好斗行为的深层感受。

6. 仔细观察

如何判断在某个时刻，是应该加强联结，还是应该建立自信，或者应该继续游戏呢？对此，我们永远无法得到一个标准答案。只有通过仔细观察，你才能提高成功的机会。假如孩子对身体接触表示犹豫，那么就试着请他用手指戳你一下，然后你夸张地被戳倒在地。这类提升信心的“速效药”，对于某些孩子有时是必要的，他们在此基础上才可能建立联结。或者，如果孩子的眼睛根本不看你，只是一味地又踢又咬，那就把节奏放慢，试着吸引他的注意力，先进行一些身体的接触，然后再开始打闹游戏。

有两个信号，能表明正在进行的打闹游戏方向正确：一个是咯咯的开心的笑声，另一个是汗流浃背、全神贯注并竭尽全力。有时，这两种情况可能交替出现，因为打闹游戏的作用不只是享受乐趣，它还会触发深藏心底的无力感。

假如孩子没有目光接触、放弃认输、无故愤怒或者试图伤害你，那就表明事情不太对劲。这时需要更细致地观察：联结稳固吗？对抗的难度适中吗？愤怒的情绪是否在暗中积累（不管是孩子的还是你自己的）？这种情况下，大家都需要通过休息来平静一下。

当孩子拼命地又踢又打时，你需要用尽全力才能不让彼此受伤。这时的他已经不是在玩游戏了，而是在释放堆积如山的恐惧和愤怒。孩子此时只能模模糊糊地感觉到：你在旁边，你紧抱着他，你在努力不让任何人受伤。坚持下去！轻声地对他说话。孩子之所以这样，是因为曾经受到过伤害或者惊吓。孩子内心堆积了这么多的情绪，你可能也会感到非常震惊。打闹游戏，把封闭这些沉重感受的大门开启了。虽然释放的过程有时要持续很长时间，但是当他释放之后，绝大多数孩子会表现出明显的不同。他们可能会深切地注视你，他们可能会笑，他们也可能开始想尝试过去觉得很难做到的事情。起初，父母都会对这些爆发的愤怒感到不解和惊恐，但是，一旦看到孩子在事后表现出来的快乐和放松，你就会体会到打闹游戏和情感释放对于建立自信与亲密联结的巨大帮助。

7. 通常情况下，让孩子赢

打闹游戏的最佳结局是让孩子获得胜利。我在第5条规则里提到，孩子需要投入不同程度的努力，才能获得成功。有时，即使你赢了，那么孩子也需要知道，你是使尽全力才赢他的。与之前讲到的下棋时的情况一样——你刚开始让他赢，然后逐渐增加难度；可以先征求意见，问他们是否要你动真格的；如果在公平的情况下，孩子真的赢了，你就一定要欢呼雀跃。当然，有些打闹游戏中并没有输赢，只是单纯的体力互动而已。

8. 当有人受伤或不愉快时，立刻停止

如果有人受伤，应该立刻停止游戏，哪怕孩子还想继续玩。停止游戏以及其他活动，来关心受伤者的情况，特别是男孩，因为他们常被督促要忍耐伤痛继续游戏。在受伤时继续坚持，打掉牙往肚子里吞，这样并不会培养出优秀品格，只会制造出铁甲武士。我们总是不明白，为什么男孩和男人不容易亲近，对感受不敏感？我们强烈地想要把男孩武装起来，但我们并不明白，其实这并不是让他们在世界中感到安全的好方法。女孩们也没能幸免，当今社会越来越鼓励女孩的运动精神，同时也开始教导她们要忽视痛苦。

对于某些男孩或女孩，他们所需要接受的挑战，不是在受伤时仍需坚持，而是在休息之后能够重新回到游戏当中。一些孩子（和大人）一旦遇到小磕小碰就想放弃，他们所需要的，是尊重与温和的鼓励，这样才能再次尝试。即便你怀疑孩子可能只是假装受伤，但仍然要停下游戏，放慢节奏，重新调整，并降低难度。假哭和抱怨疼痛，说明孩子感到不知所措，这时候就需要调整和降低游戏的难度。

9. 不可以强制呵痒

违背别人意愿的呵痒，是不被允许的。呵痒可能有趣，但孩子会感到无力控制局面。这可能令人有些困惑，因为笑声好像表示他们很快乐，但其实不然。如果孩子要你搔他们痒，试着迅速地轻轻戳一下，然后在他们停止笑之前，不要再出手，不要连续呵痒。或者，你可以靠近他们假装要呵痒，接着后退不动——你会得到一样的笑声，而不必让孩子感觉无力控制局面。或者，试着提供不同形式的亲密接触。前面提过，适当的呵痒游戏，就好像轻搔婴儿下巴让他们咯咯地笑，而不当的呵痒游戏，就像你的叔叔或哥哥呵你痒时那样，把你死死压住直到你尖声求饶为止。

10. 控制你自己的情绪，别跟孩子动真格的

有些成人刚开始和孩子打闹时，心里常会触动自己童年的旧伤，并因而涌起一股冲动，想去羞辱、捉弄、嘲笑或操控对方。这都映射出成人自己小时候曾经遭受过如此对待。或者，他们心里一直觉得脆弱和自卑。事实上，许多人对打闹游戏抱有成见的原因，要么是因为自己小时候不喜欢打闹游戏，要么是因为目睹过大人与小孩打闹时，大人的内心折射出旧日的狂怒、争斗、自卑和无助。我们在这里讨论的打闹对抗游戏，意在加强孩子的自信和力量，因此不要让自己的感受掺杂进来而阻碍了这个目标的实现。与一个比自己强大又极力想赢的大人对抗，对孩子一点儿帮助也没有。这是孩子的时间，不是你的。在最后一章，我们会谈到如何在这些不良感受发生时有效地处理它们。在这之前，如果你的旧伤重现，先把它放在一旁，从而专注于先前提到的目标及原则。

童年没有体验过身体能力的大人，会对这类游戏感到迟疑而却步，尤其是那些曾经被阻止玩这类游戏的女孩，或有些经常挨打的男孩，这些人可以先找一位朋友做些练习、在镜子前发出空手道般的喊叫、上一些武术课程，或者进到“力量之屋”补充能量（见第4章）。

另外一个人群，即大部分的男性，他们在童年时期就被鼓励可以表现粗鲁、好斗和竞争。对抗，关乎自己的生存。因此，这种意识阻碍了我们通过打闹来加强联结，并培养孩子的自信。把残暴的竞争意识放在门外吧。如果你感到生气或挫败，千万不要进行打闹游戏。与孩子保持目光接触，或中场休息时来个拥抱。把目标锁定为孩子的笑声，而不是超人般的英勇。我们很多人小时候都被野蛮地对待过，在打闹时没人为我们着想。结果，留在我们心里的感受，把我们变成了战场上失控的大炮和士兵。

如果你无法把这些不良感受放在一边，那么你可以诚实地表达出来，但要用幽默的方式，而不是野蛮的方式。最有效的方法是夸大它：“好累好累！我一秒都不可能清醒了。你得把我弄到沙发那边。再打下去，我就死定了……”“哎哟哎哟！好疼！你踩到我脚指头啦！我再也不当你的朋友了……”“要是赢不了，我会难受一整天的！”

开始打闹游戏

如果你从没玩过摔跤，那么如何和孩子开始呢？很简单，你就说：“我们来摔跤吧！”他会问：“什么意思？”你说：“你试着用力把我压倒，然后试着爬到我的背上，让我的肩膀着地。”从简单的开始，之后再进展到比较复杂的，例如你们两个都要试着把对方压倒在地。或者你也可以双膝着地，说：“试着把我推倒。”（可能的话，准备一个垫子或地毯。）

在一个小朋友的生日聚会中，男孩的父亲假装是一头牛，每个孩子需要把他拖过草地上的一条线。父亲发出像牛一样的哞哞声，然后针对每个小孩的不同，提供不同难度的阻力，因而让每个孩子都觉得很有成就。

当孩子需要的是胜利而不是公平较量时，你需要少给一点儿阻力。我举个例子，说明我在这种情况下，应该充当的是一个傻瓜的角色。有一次，艾玛在祖父母家，快过5岁生日的她显得坐立不安，因为她得等上好几天才能拆礼物。她要求玩打闹游戏。我原以为，暂时摸不到礼物的烦躁情绪会让她全力较量一番，从而得到发泄，但没想到她却安排了没有实质性对抗的游戏。她要通过我到达沙发那边，当我抓住她时，她说：“让我过去！”换句话说，这一次她直接告诉了我她要的是什么，而不用我揣摩到底需要提供多大阻力。

这是因为在几次对抗之后，孩子很快就会领悟游戏的真谛，因此能够告诉你，他们在游戏中需要的到底是什么。这一次，我的任务不是鼓励艾玛全力战斗，而是让她轻易获得胜利，同时还要使游戏的过程充满乐趣，因为简单地从我身边跑过，并不能提供太强的胜利感。开始的时候不太顺利，但试过几次后，我们的游戏渐入佳境。我站在房间的一头，吹嘘说我有多么厉害，说她不可能通过我这一关。然后她骗过我，穿过了房间。我假装震惊，走到房间的另一头重新开始。她最先用的当然是那个古老的伎俩："看那边，那边有一只大象。"我当然也傻乎乎地扭头去看，结果她就从我身边溜了过去。我提高游戏的挑战性，告诉她每一次要用不同的方法来骗我。当然，假如她不愿意听我的建议，那么她还是可以采取用过的方法。我观察到，她一直咯咯地笑着，而且注意力很集中，这表明她喜欢这样的挑战。

她发明了不少有创意的方法，包括假装把我催眠。当她一时想不出什么办法时，我也会给她一些暗示，例如两腿张开站着说："没有人可以通过我!"然后她会从我的两腿之间爬过去。而下一次我就蹲下来说："这次你休想再钻过去!"而她便从我身上爬了过去。

这个例子中，并没有出现体力的对抗，但它很好地说明了打闹游戏的原则，即：大人应该提供适当的难度。这个游戏的趣味，一部分来自于装傻，也就是当她已经从我身边过去之后，我还在那里自吹自擂。孩子非常热爱这类表演：你已经被打败了，但却浑然不知，还在自鸣得意，忽然发现孩子已经逃脱，你表现出十倍的震惊，紧接着是一百倍的垂头丧气。

有一次，我和一个 8 岁的男孩玩游戏，我们之前玩过一次，我知道他喜欢对抗，也喜欢赢。我一见到他，就假装用惊恐的声音说："哦，不妙，我又得打仗了!"他坏笑了一下，摆了个打斗的姿势，但没想到的是，他紧接着就跑开了，跑到玩具柜那边去了。显然，他虽然想玩，但还没准备好。

我虽然要尊重他的意志，但也需要想办法把他拉回来建立联结。他盯着乐高玩具盒，而我可不能让他用所有的时间来搭乐高军舰，于是，当他伸手去拿乐高玩具盒时，我说："不好了，天哪！你刚才摸到了那个蓝色零件，这样房子会塌的！"他的眼睛一亮，脸上又出现了刚才的坏笑。他跑到房间的另一边，让我站在他与玩具盒之间，然后猛地扑向玩具盒。在这里插一句，我确信我错失过无数这类细微的信号，但很高兴这次我捕捉到了。他本可以待在玩具盒旁边再摸一次，可是他没有，而是让我站在中间，这样他就必须闯过我的阻挡，才能摸到玩具盒。我们玩了很久，很开心，我们确实在对抗，但是在以他的方式对抗。我想，他之所以起初拒绝对抗，可能是因为他害怕自己的攻击冲动。"房子会塌"的游戏，以夸张而有趣的方式触及了他的恐惧，从而使他通过对抗游戏来发泄冲动。如果孩子没有机会玩打闹对抗的游戏，那么他只能把这些攻击冲动封存起来，直到日后爆发。

攻击性

当我们看到《国家地理》频道中幼狮打斗的画面时，我们都以为它们只是在练习猎食和打斗技巧。我们没有看到的是，它们同时也在学习如何控制和调整自己的攻击性。雄性哺乳动物在为争夺本族群的统治地位而打斗时，它们往往不会置对方于死地，甚至不会打成重伤，这意味着它们会控制和约束自己的部分力量。在这种我们以为本该全力打斗的情景中，动物们其实只是在"单手搏击"。这背后蕴含着一个深刻的道理：真正的强者，不需要真的逞强。人类的幼仔也需要玩打斗游戏，特别是男孩。他们不仅在练习攻击能力，也在练习对自我的约束和控制。我最喜欢狒狒的例子，它们的许多社会关系与人类有着微妙的相似之处。它们在控制攻击性方面，说不定做得比人类还好。

史多姆的书里描述了小狒狒的团体游戏：三四只狒狒联合攻击一只狒狒，假如被攻击者的情况变得危急，那么它们会转换攻击对象，大家再去攻击另外一只。偶尔，某些小狒狒们也会因兴奋过度而失去控制，玩耍变成混乱的过度攻击，但因为其他狒狒想要继续玩，所以攻击性会很短暂，很快会受到控制。本章一开始提到的保罗，在和年幼的弟弟玩耍时，它对自身攻击性的约束能力非常令人惊讶。15 千克重的保罗比 3 千克重的派克强壮得多，而且保罗被称为"战斗机器”，但是，派克却从未被保罗弄伤过。

当孩子玩战争游戏时，他们进行的探索与幼狮是一样的：尝试自己的肌肉和“爪子”，探索冲突、结盟和策略的复杂性。

但是，战争游戏对于不同的孩子来说，意义是不一样的。我们不必住在战乱的国家就能目睹暴力，我们每天都会暴露在真实或想象的暴力中，以及电影、电视和卡通片的暴力画面里，每天都有孩子在枪击、冲突或意外中死亡、受伤。有些父母认为战争游戏没什么不好，这是一种处理情绪的方式。毕竟几个世纪以来，所有的孩子，特别是男孩，一直都在玩这种游戏。另一些父母害怕这类游戏，怕枪战游戏会导致真正的枪支暴力，或者怕卡通片里的死亡会造成孩子对真实苦难的误解。我认为两者都有一定的道理。

请注意：当住在战地的孩子玩战争游戏时，它的意义就完全不同了。孩子会通过游戏，来治疗因目睹及经历暴力而造成的创伤。不过，当地的大人往往也都是受害者，因此这样的游戏不仅不能达到疗伤的效果，反而更容易变成真正的攻击。

有些假装的战争游戏是有益的，例如游戏中有假想的枪或者其他武器，伴有假装的战斗音效，以及经过设计的死亡场景。假想的武器（手指、纸筒或树枝）让孩子可以创造游戏和规则，演出交战状态、暴力及武器等他们所关心的主题。成人在这类游戏中所要扮演的角色，是夸张地在孩子对你说“砰砰砰，你死了”时，演出死亡场景并保持游戏的轻松基调；或者引入相互关怀的主题，例如战地救护人员，或者战友之间同生共死。

另一方面，玩具枪，特别是仿真枪，容易限制孩子游戏的方法。当星球大战中的邪恶势力炸毁一颗星球时，你还能做什么呢？但当你感到厌倦，不想再把纸筒当作激光剑时，你还可以让它变成火箭或指挥棒。当你厌倦了你的仿真冲锋枪时，你就不太可能把游戏变成一次和平会议。在极端的情况下，暴力游戏可能变成真实暴力的训练，预演你在对别人生气时怎么用枪。

我不认为你能够或者应该禁止所有的攻击性游戏。孩子需要与攻击的冲动和平相处，不管这种冲动是他自己的还是别人的。假如我们不让他们在游戏中练习，那么他们就会去真实的生活中练习。你可以和孩子愉快地商量出一套方案，既不违反你的价值观或信仰，也能让他们表达自己。举个例子，孩子可以用想象的武器，比如魔杖和龙牙，但不能用想象的枪和子弹。禁止所有的攻击游戏，结果只会事与愿违。因为被禁止的缘故，孩子反而可能会着迷于战争和武器。而如果连生气或者暴力的感觉都不被允许，孩子就更可能会觉得自己有问题。有益的、有创造性的游戏，尤其是你能加入的游戏，并不会让孩子变得有暴力倾向，不管是哪种攻击性游戏。

当人们谈论攻击性时，通常谈的都是男孩，但是女孩也必须处理生活中的这个问题。有一个朋友写邮件给我："萝莉现在对攻击性的东西很有兴趣，我想知道如何以健康的方法帮助她。她谈到她和幼儿园的朋友莉丽互相推挤。她喜欢讲怪物的书，最喜欢的想象游戏之一，是坏脾气的山羊比利把怪物踢下桥去。如果我们谈到海洋里的鱼和动物，她想知道它们会不会咬人。我并不是觉得困扰，而是想请你建议一些游戏或游戏的形式，让她探索自己的力量。"

在回复中，我首先充分肯定了这位妈妈，因为她没有表现出不安。孩子的好奇十分自然而且正常。像大多数学龄前儿童一样，萝莉正在探索好几样新事物：她的身体能做什么（用多大力气可以把别人推倒），她能有几种办法控制自己的攻击性，以及别人能在多大程度上控制他们的攻击性。因此，她在幼儿园同小朋友玩推挤游戏时很开心，也很想知道鱼是否会咬人。

什么样的游戏可以处理这些主题呢？这个年纪的经典游戏是"红灯停绿灯行"，虽然与攻击性没有关系，但是与控制冲动有关。另一个建议是让她咬小被子或洋娃娃。父母说："准备好，咬重一点儿，咬轻一点儿，咬快一点儿，咬久一点儿。"快速的转换，可以有趣地引导自我控制，这一点在后面还会进一步谈到。

还有一个建议就是角色互换，由爸妈来扮演那个想知道怎么控制攻击性的角色。由于他们一家所在的街名叫狐狸街，因此我就编了一个游戏，叫“狐狸街上的咬人鱼”，爸妈当咬人鱼，用手假装鱼的嘴巴。咬人鱼用一种笨拙、可笑的方式追赶萝莉，可总是没法成功，咬到的不是自己，就是椅子。咬人鱼可以说：“我必须要咬到一些东西。看，一只毛毛虫。哎哟，不对！这是我的脚趾。”不必完全模仿她的行为，但要能够引出她的笑声。

运动游戏，好处多多

不是所有的运动游戏都要对抗或打斗，有一些游戏就是简单的攀爬、摇摆或者跑来跑去。所有的孩子都需要这类游戏，但是大部分孩子都没有获得足够的运动游戏的机会。孩子在学校里大部分时间都坐着，而电视所造成的最大问题就是让孩子继续坐着。电视可以是简单的休息站，孩子休息后可以再回到更有趣、更具创造力的游戏中。我的朋友查理告诉我，他的儿子戴维很喜欢运动。他运动累了就会到电视前看一下体育节目，几分钟后又迫不及待地回到游戏中，并加入一些他刚才看到的点子或旁白。这样利用电视的方式并不常见，电视消耗了孩子的精力、热情和创造力，让孩子半睡半醒地坐在沙发上。

很多父母对运动游戏的困惑，在于如何平衡安全性和冒险精神。我们经常是过度忧虑或者忧虑不足，我自己属于过度忧虑的一类。当艾玛还小的时候，她爬到攀登架的高处时，她妈妈会带着自信的微笑，相信艾玛的判断能力，让她能爬多高就爬多高。而我曾经认为这很危险。事实证明，她才是对的。艾玛没有跌断骨头。作为一个治疗师，我知道就算她的骨头跌断了，愈合的速度也比胆怯和恐惧的恢复要快多了。艾玛现在自信且活跃，她爬树时我也不再畏惧。波兰著名医生柯尔恰克（Janusz Korczak）写道：给孩子一堆沙子、树枝、锥子、钉子和木头，好过游戏器材和店售玩具，即使这样可能有受伤的危险。

把婴儿轻轻地抛到空中，或者让孩子参与有规则的运动，这些运动游戏对孩子的发展十分重要，因为他们是在用身体学习。大人多半宁愿坐着思考和讨论，而实际上通过游戏和身体运动来解决养育问题，要比坐着谈论有效得多。下面我列举一些运动游戏的益处：

1. 自我安抚

独自一人时，安抚自己并帮助自己平静下来的能力，是婴儿时期的主要成就，尽管很多人在长大后仍有这方面的欠缺。有一种流行的观点，把孩子放在一边不管，让他自己哭，可以锻炼孩子的自我安抚能力。事实正好相反，孩子在学习自我安抚的过程中，首先需要来自大人的安抚，然后慢慢在心里内化这种被安慰后的舒适感，最终发展并形成自我安抚能力。

当孩子无法平静或者无法从低落情绪中振作起来时，他们需要的是多多的拥抱，但通常的情况是："如果你再不乖，谁都不会抱你！"男孩尤其如此，因为他们不能安静地坐在那里，从而得到拥抱和安慰。此时，打闹游戏的作用就显现出来了，因为好动的孩子可以获得运动中的拥抱，而不必非得静静坐着才能得到拥抱。

当孩子无法平静下来时，父母会更不愿意跟他们打闹，因为害怕这会使他们更加无法安静。但事实上，打闹和运动正是孩子此时所需要的。如果不能加速，你就不能学习如何减速。好动的孩子如果没有机会玩打闹游戏，那么他们一有机会就会撒野。打闹对抗的游戏，可以帮助父母和孩子双方，都学会如何放松下来。

我常做的一件事，是教孩子如何通过深呼吸来放松。深呼吸有不同的方式。我所教的是用鼻子吸气然后慢慢吐出来。让吐气的时间比吸气的时间长两倍，这样下一次的呼吸可以更深。这样的练习进行三四次，作用就会很大。注意不要让孩子换气的速度过快。和孩子一起做，这样两个人都可以放松。

过家家，也可以帮助无法自我安抚的孩子。孩子假装在娃娃生气时拥抱它或者哄它睡觉。大人也可以假装扮演那个烦躁的婴儿，或者示范如何进行安抚。男孩大多没有这种游戏的经验，难怪他们无法逐渐减速，只会高速运转，直到精力耗尽才停止。

2. 专注力

父母与老师在孩子无法专注时会感到绝望，甚至会直接冲到药柜里去拿药。格林斯潘（Stanley Greenspan）提供了一个更好的办法。他建议每天安排几个时段，来玩一种叫“自我调节”的游戏。这个游戏的基本做法是，让孩子跳、跑、摇、舞，做跳跃运动，或者投入任何重复性的律动，然后你再指定频率，迅速地转换：“快一点儿，慢一点儿，慢一点儿，快一点儿，超级快……右边，左边，右边，左边……用左脚跳，现在换右脚，两只脚。”许多孩子觉得这是个好玩的游戏，在集体中也可以玩。情绪控制障碍，是当今很多孩子的问题，特别是男孩，而这个游戏也是治疗孩子情绪控制障碍的最好的游戏之一。这个游戏可以有多种变化。给孩子一堆积木，然后快速地说：“按形状分，按颜色分，现在用你的左手。”如果他们爱唱歌，就说：“唱大声一点儿，现在小声一点儿。”如果他们尖叫，就让他们用最大声尖叫，然后小声一些，再小声一些，最后变得静悄悄的。

自我安抚与专注力紧密相关。例如，四年级的乔德在上课时坐不住，他可能会被诊断为注意力障碍和多动症，但或许他的问题在于感到焦虑或挫败时无法安抚自己。他错过了婴儿时期的发展关键期，几年之后问题开始出现。因为无法降低焦虑，乔德坐立不安地踢旁边的同学，从而惹上麻烦。他需要的是建立联结的游戏。

3. 整体规划、先后条理的能力

有效地对行动作出整体规划，并计划好先做什么后做什么，这项能力对于有些孩子来说具有一定的困难，他们表现为无法在早晨上学前把该准备的事准备好，不记得作业的进度，或者不能对一个事项得出从头至尾的整体认识。通过运动游戏，能够改善这个问题，你可以制造一个障碍路线，从简单的开始，然后在孩子成功后逐渐提高难度。为年龄大一点儿的孩子安排寻宝游戏，从一些线索找到其他线索。同样，有些女孩比较常玩的游戏，如复杂的拍手歌和跳绳，都能协助发展这些技能。

4. 控制情绪冲动

孩子是通过游戏来学习控制冲动的。我们可能试过用说教、惩罚或“真诚对话”来教导孩子控制冲动，但这些方式都不太可能有效。心理学家波多娃（Blena Bodrova）和莱翁（Deborah Leong）描述过一个5岁的男孩，他在上课时会一直打断老师，无法安静地坐在教室内。但是当这个男孩和其他孩子玩“上课游戏”时，他的表现却几近完美。一段时间后，他将游戏中的控制能力带进了真正的教室。

因此，我们可以把孩子容易冲动的情境，以游戏的方式重现出来。你只需要说：“我们来玩上课游戏。”“我们来玩换衣服准备上学的游戏。”“让我们玩个游戏，假装你很想要这个玩具，但是我不想跟你分享。”“我们来玩过马路——啊，小兔子差点儿被车撞到了！”找出一件在生活中孩子可能遇到困难的事，然后把它称作游戏，从而让孩子在不会受到处罚或感到羞辱的前提下，练习对冲动的控制力。

第7章　暂停现实，置换角色

“我们来玩游戏：假装你是爸爸，我是女儿，然后你在生我的气。”

——5岁女孩对正在生气的爸爸说

现实中的各种规矩，在游戏中被暂时叫停，这让游戏充满了魔力。一个小男孩可以想象自己是超级英雄；女孩可以在打闹中把爸爸推倒在垫子上，把他的肩膀压倒在地。上学游戏中，孩子可以布置作业、给别人判分以及处罚别人。游戏的基础真正变得平等，甚至会偏向孩子一点儿，从而来弥补他们在现实中因弱小而产生的挫折感。

即使没有人把他们呼来喝去，对他们指手画脚，孩子有时仍然会感到无力。他们不可能一直都觉得自己是至高无上的君王。是谁被逼着必须去打针？是谁在制定家规，而又是谁必须遵守？谁必须到点就上床？谁一定得说“请”、“谢谢”？当然，孩子确实需要去看病、学数学、准时睡觉，但是，他们同样也需要很多游戏来置换角色、暂停现实，需要拥有主导权。他们需要扮演更有力的角色——英雄、公主，或者完美的学生。

对于这些不公平、不愉快的事情，孩子最常用的办法就是通过新的游戏编出新的剧本，创造出新的现实。在这个新现实中，角色发生了转换，他们成了医生、老师、父母、霸王龙或身怀绝技的突击队员。年幼的孩子成了大哥哥大姐姐，大孩子变成了成年人。

角色置换

足球玩到一半时，7 岁的丹尼要上厕所。他说：“不要碰球！”他把球放回盒子里。我说我不会碰。他想了一下，说：“我不相信你，你得跟我一起去！”这是个新情况，在我俩以往的游戏中，还从未遇到过，但显然是有含义的。丹尼在学校里会经常走神、惹麻烦，他玩的就是“有人不值得信赖”的话题。在游戏中，他置换了角色，我变成了那个得不到信任的人，而他是规则的执行者。

角色置换，对恢复孩子的自信特别有帮助，能帮助他们摆脱无力感的困境，克服恐惧等被压抑的情绪。有些时候，孩子在扮演这些角色时，需要父母担任舞台监督或制片人，给他们的游戏提供空间、玩具和点心。而另一些时候，他们需要我们当观众。当开始投入假想游戏时，他们还可能需要我们担任配角演员，甚至偶尔客串一下导演。

有一种流行的教育哲学，主张让孩子尽量独处，认为独处可以使孩子得到良好的自我发展。假如当今流行文化和媒体不是如此无孔不入的话，让孩子独自玩耍也不是什么问题。这是一个两难的困境：加在孩子身上的种种压力和约束，限制了他们的想象力和创造力，我们必须积极支持他们写出自己的故事，并把它演出来；但是，如果对孩子的游戏完全不加干预，那也可能会好心办坏事，不但不能提高孩子的自信力，还可能把孩子完全交给市场和商家——商人不仅引导孩子买玩具，还引导孩子按照既定的方法玩玩具。

从悲剧到喜剧

喜剧，经常用说反话的方式来制造幽默。而在悲剧里，事情从一开始就具有冲突，剧情的发展就是调整冲突的过程。两者都可以应用在孩子的游戏以及他们所扮演的角色之中。孩子之所以笑，通常是因为现实被搁置一旁，而且角色被置换了。从烦恼和恐惧中，特别是从生活的无力感当中，孩子把自己解放了出来。他们笑了，而他们的世界也再度恢复正常。

游戏力所促进的，就是这个自然的过程，此时力量弱小的是父母，而不是孩子。在踢足球时不信任我的那个小男孩丹尼，在学校里是一个不守规矩、不听话的孩子。在我们的游戏治疗时间里，他常喜欢扮演违规和惹麻烦的孩子，要我扮演权威角色来追他、处罚他。

但是，这样的游戏是无法带来笑声的。他在扮演时十分暴躁，什么事都不对劲。我用笨拙滑稽的方式扮演权威，但毫无进展。有一天，我建议置换角色。我先问他，如果学校有人惹麻烦时会怎样，他说老师会罚他们暂停课间活动。我又问，如果做了很坏的事呢，他说那会被送到校长办公室去。

“校长会怎么做?”

“她会跟你谈话。”

丹尼靠近我悄悄地说：“你知道校长叫什么？她叫严厉。”

“真的吗？真是个适合校长的好名字。”

“开玩笑的，她叫亚金斯。”

“那我来当那个被送到校长室的小孩，你来当校长。”我想办法安排角色置换。

“那我的名字叫严厉先生。”

“没问题!”我换上小孩的声音说：“对不起，严厉校长，我的老师叫我过来，我不知道为什么，可能因为我把教室里所有的东西都打翻了，包括老师的课桌，还有鱼缸。”

“还有其他所有同学的课桌吗?”

“是的，所有同学的，因为我没能得到我喜欢的蓝色画笔，所以我就把所有东西都打翻了。你要怎么处罚我?”

“如果你再做一次，你就永远都不能上学了。”丹尼接受了角色置换，并且加以发挥。

“哦，不要不要，那太可怕了!”

“而且你必须用自己的钱，把所有的东西修好。现在你回教室去修东西。”在角色置换后，丹尼咯咯地笑个不停，高兴得一直跳来跳去。

即使孩子的学习很好，他们仍会觉得自己不够聪明，特别是当别人能做一些事情，而他自己还做不到时。在这时，角色置换也会派上用场。我女儿第一次滑雪时，哼哼唧唧地一直发牢骚。起先，我劝她放松一点儿就可以享受其中的乐趣了。这种规劝当然没用。就初学者而言，她已经做得不错了，但是从她的角度看，她觉得自己一直会滑倒，而我却没有。我花了很多时间才弄明白这一点。于是我让自己出了个洋相，四脚朝天地摔倒在地上，雪杖、雪橇飞到了半空中，头晕目眩，找不着北，大呼小叫地说雪进到我的衣服里了。她笑个不停，接着就回到她的滑雪练习中，享受起其中的乐趣，还问我明天可不可以再来滑雪。我用角色置换的方法，扮演较不擅长的滑雪者，帮助她抵消了无能的感受。

角色置换通常意味着由孩子来扮演地位高一级的角色。不过，情况也不完全如此。有时候，家中的哥哥姐姐需要非常不同的方法。他们习惯当老大，他们可能需要的角色置换，是让他们降低一级，但是要用“好玩”的方式。通常，父母在生气的时候，会转换孩子们的角色，让他们知道谁才是家里的老大，但这只会在兄弟姐妹间造成更多的冲突。当年龄稍长或体格更强的孩子找其他小孩的麻烦时，我通常会用假装威胁的声音对他们说：“喂，有本事来跟我这个大个子比画比画！”我伸出双拳，笨拙地摆出拳击手的架势，等着他们来追我，这样他们就会把刚才欺负的对象扔在脑后。

当然，我从来都打不过他们。我一般会跑开，躲在枕头下面，让他们把我翻过来，或做些其他的事让笑声持续下去。有时，我和他们摔跤也会相当用力。这样，同样是玩，但是跟我玩要比跟小小孩玩更有意义，那些小小孩只会用哭诉、告状或尖叫来求得力量平衡。大孩子的攻击性背后，其实隐藏着无力感，所以我会再次让角色互换，让他们成为比我有力量的角色（在游戏中），而不是利用弟妹来证明自己的力量（在现实中）。让他们清楚地知道，你只是在玩，不会对他们真的拳脚相加，即使他们刚刚才打过弟妹。用一种温和、嬉戏的方式让他们知道，自己既不是主宰世界的首领，也可以不必伤害别人就能感受到力量。他们可以全力以赴地与你对抗，但不会有人受伤。

用讲故事来疗愈恐惧

受过惊吓的孩子，需要某种针对性的方法才能从恐惧中康复过来。其中之一，是重演发生在他们身上的故事，用说或者玩的方式都可以。孩子通常会一遍又一遍地重演同一个情节，这个情节与他们的经历紧密相关，或者多少有些瓜葛。不过，孩子有时可能会忘记一些事件的细节，或者拒绝谈论那些细节，因为那太痛苦了。他们可能需要大人以温和的方式，帮他们回忆所害怕的事件，从而完成疗愈，最终将恐惧释放出来。大人和小孩一样，都想把可怕的事忘掉。然而，掩盖并不是解决问题的办法，面对问题才能解决问题。布鲁克斯和席格尔认为："让孩子讲故事，其意义在于让他释放与事件或经验有关的情绪。没有这个出口的话，这些遗留在孩子心里的感受，会在未来困扰他。"我在本书的最后一章中会更多地讲述，大人同样需要讲出自己的故事。父母们需要相互分享养育过程中的苦与乐，尤其是那些痛苦的、尴尬的或可怕的事件与感受。

讲故事，能轻松地引出孩子生活中的重要主题，如果还能在故事中对现实稍加改变的话，那它的作用就能得到最好的发挥。也就是说，故事紧密地关系到现实事件和感受，但与现实不一样的是，在故事里孩子能感到足够的安全。讲故事可以让孩子间接地引入话题，避免直接谈论扮演的方式。我一个朋友的儿子在第一所幼儿园有过不愉快的经历，所以回家对幼儿园的事情闭口不谈，也不玩什么"上幼儿园游戏"。这个孩子其实很有想象力，语言表达能力也很强。转到另一家幼儿园后，虽然他很喜欢这个新地方，但似乎仍无法忘掉在第一所幼儿园的不愉快经历。

母亲觉得他是把感受掩藏了起来，但又不能强迫他去玩他不想玩的游戏，于是就编了一个故事。故事里的小老鼠在暴风雨的海上，被困在了一艘破漏不堪的船上，但后来被另一艘坚固的船救起，船上的人给它很多的温暖和帮助。母亲并没有跟孩子说，破船代表了他的第一所幼儿园，好船代表了第二所幼儿园，但孩子还是在某种层面上找到了联系。孩子要妈妈讲了十几次这个故事后，就把这个故事演了出来，还加入了许多细节。母亲看出，那些细节代表了在前一所幼儿园里发生的事。从那以后，他在新幼儿园里表现得更有热情，也更有信心去尝试新事物了。他是否知道这个故事和幼儿园之间的联系呢？这其实已经不重要了。

游戏力的一个基本理念，就是找到"最合适的距离"。我认为这是孩子们如此喜欢故事的原因。在运动游戏中，例如在公园里跟孩子追逐，合适的距离很容易找，那就是距离孩子多近或多远。我在陪一个害羞的 4 岁女孩玩时，距离成了一个棘手的难题。她很喜欢跟我玩，但是非常害羞。她要我与她保持差不多 2 米远，再近的话她就会躲到妈妈的身后。我们玩的是特殊版的“红灯停绿灯行”，我不能进入她的安全距离以内。有时我也会掉头跑开，这时她就会追上前来，但仍保持2米的距离。虽然我们一直在2米之外，但我们玩的游戏都与联结有关。游戏过程当中，她一直咧着嘴，笑得很开心。

象征性的距离，在故事中非常重要。直接谈论一些令人困扰的问题或许过于艰难，但是分享同一话题的虚拟版本，孩子则可以接受。稍加练习之后，你就可以针对话题及感受编出故事，提供适当的“距离”。当然，有些故事就是故事，不必非得与孩子的生活有关。

好的故事虚实参半，有生活原型，也有虚构加工。与孩子有关的重要主题，故事都能切中，但都是以动物或虚幻的形象改头换面出现的。例如，家中刚添了一个小宝宝，3岁的孩子并不想听到更多的教诲：“要对他好点儿哦……我知道你有的时候会嫉妒……”等一堆废话。但她可能会想要妈妈读一本图画书给她听，故事里的兔子有了弟弟，然后一读再读。另一方面，许多孩子喜欢听真实的故事，特别是有关他们的出生或者领养的故事。

孩子长大之后，我们可以从讲故事给他们听，变成聆听他们说故事。和10到12岁左右的孩子在一起时，我喜欢听他们讲自己的生活故事。他们可能需要很多鼓励，但我还是让他们自己来讲。闭紧你的嘴巴，不要发表意见，不要添加你所知道的细节，除非他们主动来问。如果他们的故事太简略，那就请他们再讲一次，请他们加入更多的细节。如果时间允许，你可以尽量多问些细节。这种经历对讲故事、听故事的双方都会产生巨大的影响。听别的孩子讲故事还算容易，听自己的孩子讲故事时，你可能很容易犯错，因为你清楚太多的事实或细节，但是这样做只会限制孩子的发挥。对于小一点儿的孩子来说，你可以先讲，然后让他们来补充，加入他们记得的细节或者想象的细节。

与孩子一起讲故事，既可以确保故事不会走得太远，也能避免出现太痛苦的情节。“合作故事”，就是大人和孩子一起讲一个故事，大人每隔一段时间就问孩子故事接下来会怎么发展。有时，孩子会刻意要求加进去某个想法。我的同事山姆告诉我，有个男孩和他一起讲故事时，最喜欢为英雄创造出恐怖的危险，山姆则要想出拯救他的方法。通过这样的方式，男孩能够在合适的距离内，象征性地讨论他的恐惧和担心，而这两个话题都是他本来极力逃避的。

孩子很会在游戏中运用象征性的距离，尤其是在由他们编造角色并演出剧情的戏剧游戏中。让他们来决定保持多远的情感距离，这一点非常重要，因为他们才最清楚自己能够承受多少。

必要时担任演员和导演

当孩子面对无力感时，他们常常会主动发起角色置换的游戏。有时他们需要我们做的，只是当个热心的观众。但也有些时候，这类游戏并不能自然地发展下去。那么在这时，成人的想法或计划就显得尤为必要。我们必须做好准备当演员，甚至当导演和编剧。大多数孩子自己没有办法利用假装游戏来处理他们的恐惧，他们对自己所恐惧的事情而只是一味躲避。孩子如果害怕蜜蜂，那他就不愿意外出，如果怕水，就拒绝去游泳。碰到这种情况，家长们可能会十分懊恼，一气之下甚至会强迫孩子去尝试他们害怕的东西。但是，孩子的恐惧仍然没有丝毫减轻。

恐惧的作用，是让人本能地躲避自己害怕的对象，因此，孩子通常不愿意用游戏来治疗恐惧，这也使游戏的治疗作用很难得到发挥。但是，恐惧不是通过逃避就能消除的，我们只有面对它，才能消除它。如果大人可以发起一个与恐惧相关但是“好玩”的游戏，那么孩子就会发现，恐惧能够克服，自己也能从克服恐惧的过程中获得自信。

因此，如果孩子害怕蜜蜂，那么你可以说：“假装你是一只蜜蜂，我要试着逃走。”结果你被蜜蜂蜇了，然后大叫。或者你扮演蜜蜂，孩子要逃走，但是你要做一只笨手笨脚的蜜蜂，你最后叮了自己而不是孩子。或者你一直撞墙，或者掉到了地上。让孩子能对害怕的事物发笑。

我帮一个害怕昆虫的男孩进行游戏治疗。他总是让我去灌木丛里捡取掉在里面的球或飞盘。我假装因为太害怕昆虫而不敢睁开眼睛去捡球。我要他指挥我，因为我紧闭着双眼，什么也看不到。我跌跌撞撞，而他边笑边告诉我怎么走，由此慢慢地建立了信心。如果我只是去帮他捡球，他可以避免接触昆虫，但这样对他克服恐惧一点儿帮助也没有。如果我把他的恐惧太当一回事，他可能会觉得难堪。找到合适的象征性距离并不容易，每天可能都会不太一样。有一天，我又假装害怕昆虫，但他转身就离开。我像傻瓜一样在灌木丛里站了一小会儿，才意识到问题，于是假装害怕有刺的植物，而不是怕昆虫，他这才又回来指挥我怎么捡球。

我见过父母让孩子逃避恐惧，通过限制孩子的活动来保护他们，也有一些父母对孩子的恐惧不予理睬，强迫孩子游泳或把头埋进水里。游戏力与这两种方式都不同的是，以自然轻松的态度，既关注自信的建立，又强调联结的保持。

3 岁的费尔南多害怕荡秋千。通常情况下，他连上都不愿上去，但是有一次，他的好朋友尼德荡秋千时，他也坐上去了，因为朋友做的事，他也都要去做。他本来玩得很开心，但突然一瞬间因为害怕而松开了手，跌了下来，这就加深了他对秋千的恐惧。他的父亲请我给他一些建议。

我建议他的父亲用角色置换的方法。首先，扮演笨拙地荡秋千，这会比扮演害怕要容易得多。因此爸爸可以说："我是世界上最棒的秋千玩家，没有秋千能难倒我。"但是然后，爸爸却连秋千和滑梯都分不清楚。或者他连坐都坐不上去，或者一上去就掉下来。运气好的话，孩子会笑得前仰后合，也许会指导爸爸怎么荡秋千，而爸爸笨手笨脚地照着做了，但总是做不好。当然，如前所述的原则，要注意孩子是否有被嘲笑的感觉。如果是的话，要立刻道歉，再尝试别的做法。

很不幸的是，我的建议没有派上用场，因为孩子根本不愿意去公园。接下来我建议费尔南多的爸爸宣布，他们将有一个特别的游戏时间来面对秋千。费尔南多可能会说："我不要去。我不喜欢秋千。"父亲可以回答："没关系，我们今天根本就不会坐上去，我们只要做到不再害怕秋千。”如果你不说出秋千两个字，费尔南多的表情像没事一样，好像问题已经得到解决了。

或许有人觉得害怕荡秋千没什么大不了的。但是，假如生活中充满太多这类事情，恐怕我们就不会无动于衷了。有人会走向另一个极端，比如会对孩子说：“你今天一定要坐上秋千，不然你永远都不准去公园。”大人可能会赢了眼前这场战斗，但是将输掉整个战争。大多数孩子，特别是男孩，之所以最后变成鲁莽或铤而走险的人，都是因为在当初不得不把自己的恐惧埋藏起来，然后必须不断地证明自己一点儿都不害怕，结果就做出更多的蠢事。

合理的解决方法是，轻松随意地提出建议，真诚表示愿意帮助他克服对秋千的恐惧。你已经在扮演导演和舞台监督的角色，对他躲避秋千的做法进行干预，但干预力度又不至于把他吓坏。适当的距离，可能是站在家门口，可能是离秋千20米，也可能是站在秋千旁边，但无论怎样，这个适当的距离都代表着一条无形的边界线，我们把这条边界线称为“临界点”。在边界线的这一边，可以免遭恐惧侵袭，而过到另一边，就会被恐惧的洪水所淹没。这个临界点，就是通过游戏疗愈孩子恐惧的心理地点。但是，即使是同一个孩子，每次的临界点也可能不一样。在这个临界点，当你用轻松愉快的声调说：“我们去坐秋千吧。”孩子的反应会是发抖、冒冷汗、尖叫、紧张地大笑，更可能会大哭起来。这意味着你们正处于这个临界点。非常好！不要慌，倾听这些感受，但不要再强迫他前进，也不要让他放弃。等他稍微平静一些后，保持放松的声音说：“我们去坐秋千吧。我们再往前一步，怎么样？”或者“我们去摸摸秋千，好不好？”你需要让孩子坚信，你绝不会骗他，也绝不会在他没准备好时强迫他坐上秋千。要做好心理准备，你可能需要花上几分钟，也可能是几小时，可能一次就能完成，也可能要好几次才能完成。你非常缓慢地朝着目标前进，伴随着大量的安慰和鼓励。在费尔南多的案例中，在几次这样的帮助后，他现在已经是秋千王了。这里的技巧并不完全是角色置换，它要平衡好几个不同的角色——被恐惧吓坏的男孩，不想去公园的男孩，和真心希望能荡秋千的男孩。

恐惧的经历，有时会造成大不相同的结果。孩子有时并不回避恐惧，也不通过游戏去面对恐惧，相反却强迫性地去寻求类似的恐惧体验。他们可能会试着用游戏来处理恐惧经历，但是因为找不到一个有效的方法，因此就只能让自己再重新经历一次受惊吓的过程。恐怖电影和过度暴力的电视节目，常会导致这种结果，孩子们想要一遍遍地看这种节目，不是因为他们喜欢，而是陷入了恐惧的循环中。表面上，他们似乎并不害怕，他们甚至可能把荧幕上看到的东西表演出来。他们是想通过一遍又一遍地重复，来克服恐惧。

要克服这类恐惧，有些孩子可能只需要多看几次这种节目，直到越来越不害怕为止。这种方法叫脱敏法。或者，他们可能需要坐在你的膝盖上观看，这样就可以安全地面对恐惧。如果你正在和孩子一起看这类影片，可以做个“中场尖叫”的游戏：在紧张处暂停影片，假装尖叫一下，通常孩子会开始发笑，让一些感受释放出来，其效果就像打开高压锅的阀门。

也有些时候，当孩子把害怕的事情演出来，或者重复观看恐怖影片时，并没有越来越不怕，而是又一次被吓到。在这种情况下，成人就必须进行角色置换，以笨拙无用、不太可怕的方式，来扮演那个怪物或坏蛋。这是个有趣的挑战，你要扮演既可怕又笨拙的坏蛋，从而引出孩子的笑声。而笑声可以帮助孩子从攻击性或者恐怖性的情节中走出来。

假想游戏

本章的开头引述了我生气时女儿对我说的话：“我们来玩游戏，假装你是爸爸，我是女儿，然后你在生我的气。”这并不完全是角色置换，但它很有趣，因为她分配给我的角色和现实中的角色完全一致。有趣之处在于，它缓解了我们之间的紧张气氛，把现实的情况变成了假想游戏。比起角色置换，这个技巧更简单，但却同样有效。如果孩子和朋友之间发生了不愉快，那就试着说：“来，假装我们是朋友吧。”然后看看事情会怎样。让他们决定把你当作好朋友或者坏朋友。假想游戏可能很接近现实，也可能只有一些模糊的联系。有一个小男孩的案例，如果我说“来玩幼儿园的游戏”，他一定会不愿意，因此我发明了一个“胡说八道傻瓜学校”的游戏。他很爱玩这个游戏，我们编出各式各样可笑的规则、处罚和困难的挑战，与他在学校所遇到的真实困难保持着戏剧性和幽默性的关联。

从另一角度看，孩子可以通过掌控游戏而获得力量感，就像他们在角色置换中一样。例如，我有一位游戏治疗的对象，是一个8岁的独生女孩。她正焦虑地等待她表妹的出生。我猜测，游戏主题将涉及姊妹间的竞争。果然，她创造了一个游戏，我是爸爸，她是姐姐，还有一对双胞胎妹妹。她要我只关注双胞胎妹妹而不关注她，然后她假装发脾气。我原以为她要我在游戏中安慰她，但她却让我不理她。也就是说，她比我更清楚，她所需要的并不是要通过扮演婴儿来找回被关爱的感受，而是以轻松的游戏方式来扮演那个被冷落的姐姐，从而找回力量感。我们玩了好几个星期，最终有效地帮助她面对了竞争和嫉妒的感受。她没有置换角色去扮演那个受宠爱的婴儿，但实际上，她在一个更基本的层面进行了角色置换：她不再受控于嫉妒的感受，而是通过游戏，转而成为能够控制那些不良感受的主宰。她无法控制新生儿会抢走多少大人的关注，但她可以控制她的游戏。

另一个常在游戏中处理的痛苦，是不被喜欢的感受。遗憾的是，大人常会误解孩子正在做的角色置换。例如，孩子常会说“我讨厌你”或者“你这个笨蛋”，父母会因此而气恼。但是，孩子不会主动蜷缩到你怀中，直接哭诉说“没有人喜欢我”，尽管这是他们真正想表达的感受。我们必须透过他们的方式，读出他们想要传达的真正意思：他们心里非常难过，非常需要我们的帮助。因此，我们与其大声训斥他们的无礼或者关他们禁闭，倒不如说：“什么，你叫我笨蛋。天哪，没有人喜欢我！”或者“你可以叫我笨蛋，但不可以叫我酥炸小牛排。”

有一个男孩，在游戏治疗时最喜欢练习投接棒球。他用下面的方式，引入了“不被喜欢”的主题。当有一次我没接住球时，他说：“球不喜欢你！”我早就知道这个孩子在学校里没有朋友，但他之前从来没有谈及这个话题。于是我抓住机会，夸张地表达了“不被球喜欢”的痛苦，这使他开心地大笑了一场。还有一个女孩，有一次骗我坐到沙发上，然后把我挤下沙发不让我坐。她说：“沙发不喜欢你！”在学校里，这个女孩因为觉得没人喜欢她，于是总是打别的孩子，惹了不少麻烦。我开始打沙发，冲沙发大吼，而她则不停地笑。我打了沙发，可沙发仍然不喜欢我，我假装对此震惊不已。

心理学家格林斯潘写道：“进入假想游戏，是孩子成长过程中最重要的飞跃之一。”假想游戏对于象征性思考能力、抽象思维能力以及创造性想象力，都有很高的要求。有些孩子很快便能投入假想游戏中，有些则需要大人来帮一点儿忙：拿起一只毛绒动物玩具，用好玩的声音说话；把一个攀爬平台称作珠穆朗玛峰；用这样的话来开场“我们来假装……”。一旦假想游戏开始，就热情地投入到你的角色中，帮助孩子丰富情节，引入冲突或挑战，为游戏作旁白，等等。如果孩子看上去无法投入到假想游戏中，那就试着在他们喜欢的游戏中加入一点儿假想的元素。例如，我和肯恩每一次玩的都是下棋，他几乎没有玩过任何假想游戏，因此下棋时我会说：“我是天才棋王费雪（Bobdy Fischer），你是大师卡斯帕洛夫（Gary Kasparov）。”这样，我可以通过所扮演的角色来夸大紧张和焦虑的感受，而这些感受，都是肯恩一直在试图逃避的。

如果一个孩子纠缠于生活中的某种情绪或者某些模糊概念，那么假想中的人物角色可以对他有所帮助。对一个总是要求公平的孩子，父母可以拿起他第二喜欢的玩具，让它说：“不公平！你总是跟跳跳虎玩！”（跳跳虎是孩子第一喜欢的玩具）。你可以发展并试验不同的角色：顽皮的、难过的、攻击性强的，或者对某一问题不知所措的，而这个问题正是孩子在面对的那个真实问题。“今天你在学校的时候，其他的动物都嘲笑我，我不知道该怎么办。”“我怕黑，很怕很怕！”如果孩子用恶劣的方式对待这个玩偶或娃娃，你不用太惊讶：他是在用自己的方式表达自己的感受有多么糟糕。他也可能会很巧妙地让你知道，他需要的帮助到底是什么。这个技巧能够帮助孩子对感受和问题进行更全面客观的认识。

同时这也能帮助父母，因为我们经常眼看着孩子需要帮助，而自己却无计可施。

在许许多多的假想角色中，孩子最喜欢扮演的就是好人和坏人，过去是警察和匪徒，现在有可能会是电视电影中的超级英雄和怪兽角色。父母要牢记的最重要的认识是，这类游戏虽然在表面上具有破坏性，但实际上并不可怕。还记得前一章中的狒狒保罗吗？它为了能安全地同小弟弟们打闹，而有效地约束了自己的攻击性。超级英雄斗怪兽，或者好人抓坏人的游戏，正是人类练习控制攻击性的特有方式。有些孩子喜欢扮演坏人，以此试验什么是可怕和危险，并学习控制自己攻击的感受和冲动。而有些孩子喜欢扮演好人，他们喜欢用社会能接受的方式来释放攻击性，例如蝙蝠侠或者士兵。也就是说，孩子都需要释放攻击性，只不过要找到社会规则所接受的攻击目标。

有的父母喜欢和孩子一起玩这类超级英雄的游戏，懂得在其中扮演坏人或怪兽的奥妙：够凶恶，才够好玩，但又不能太可怕而吓到孩子，最好是强悍但笨拙。另外一些父母则厌恶这类游戏，很想禁止这类游戏。但是，孩子爱玩这些游戏，是因为他们有相应的需求，禁止只会让孩子将游戏转入地下。加入他们的游戏，和他们一起玩，那么在游戏失控或者过于暴力时，你才有可能进行一定的干预。

发现原创的剧本

孩子们在游戏中表演的剧本，都是谁编写的？孩子一看到电视广告里出现的新玩具就吵着要，互相取笑对方，沉迷于金刚战士，偷偷约会，或者逃学去抽烟。剧本不是孩子写的，也不是我们写的。这些剧本，年复一年地留传下来，再被电视、电影所强化。这些早被写好的剧本，是想象力和创造力的杀手。

与之相反，真正的假想游戏是自由和自发的。真正的假想游戏的剧本是充满想象的，一定会不断地演进变化，一定是由一个孩子或一群孩子“写”出来的。剧本的灵感可能来自电影或电视节目，但是一经开演，很快就会摆脱旧有的情节，进入崭新的想象空间。

然而放眼望去，大部分游戏中，孩子演出的都是大人编好的剧本，而不是自己创作的。荧幕上不停重复上演的东西，扼杀了孩子的想象力。即使他们从电视前转移到游戏中，他们的游戏也一成不变地遵循着电视的内容，最终变成无聊或者暴力的游戏。这种暴力不是游戏式的假想运用，而是真正的攻击行为，不计后果，充满危险。从电影、电视及电子游戏中衍生出的玩具，把游戏局限于原来的剧本中。除了射人之外，枪还能干什么用呢？但如果是纸筒，它可以变成激光剑、佩剑、树、喇叭以及许多其他东西。有些孩子确实可以用最无聊的玩具玩出有趣的游戏，但他们仍然需要大人帮助他们来解放禁锢，摆脱那些原有的固定角色、情节和结局。虽然孩子喜欢重复，但他们也需要在游戏中加入一些变化。大多数玩具都是垃圾，因为它们只有一种玩法，并且一再重复。而好的玩具，就像是好的戏剧游戏，能够使孩子拥有这个世界，使他们的创造力表现得淋漓尽致。

另一方面，大部分的游戏专家都认为，我们无法完全禁止与电视有关的游戏，特别是战争游戏和武器游戏。你可以试图禁止，但结果往往导致他们更加饥渴，因为禁果总是最诱人的。除此以外，他们还“需要”玩这类游戏，以弄清楚那些影像和故事所代表的意思。通过与孩子一起玩，我们才能够帮助他们发现自己的故事、角色以及想象游戏的源泉。

如果我们完全让孩子自己去疯玩暴力游戏，而不是给孩子创造自由空间，就等于把孩子交给了媒体，而媒体将动用一切令人难以抗拒的手段，迫使孩子带着武器进入游戏和想象中。你既不能禁止，又无法忽略，那你能做什么呢？我想此时你已经知道我的答案了：和他们一起玩。假装你被“爱之枪”射中（见第3章），假装你受伤了，让孩子来帮你照料伤口，用能够引出笑声的方式夸大受伤的程度。

玩具枪限制了孩子的创造性游戏，无独有偶，充满暴力的影像也扼杀了孩子的想象力。这些大批量生产、一味寻求刺激的影像，限制了孩子心灵的创造力。其恶果是显而易见的。通常，仅仅从孩子的游戏里，我就可以了解他们平常看了多少电视节目，或者看了哪一类节目。充满暴力的节目，如恐怖片、职业摔跤节目等是最糟糕的。

许多事先包装好的玩具，连孩子该怎么玩都一步一步设计好了。事实上，我们所处的文化早就为每个孩子，乃至每个成人，事先编好了行为剧本，遵守的人将得到奖励，违反的人则会受到惩罚。男孩应该是这个样子，女孩则应该是另外一种样子。青春期的孩子被暗示要如何叛逆，特别是该买哪一些叛逆的商品。孩子就像被编好了程序一样，一边看电视广告一边说“我要买那个”。对于如此种种，孩子都需要我们的帮助。

父母们对抗这些误导的方式之一，就是剖析孩子看到的影像。和孩子一起看电影电视，停下来讨论你们看到了什么；用你们所看到的为基础来游戏，但要做一些必要的变化；扮演一个以金刚战士为偶像的快乐傻瓜，或者模仿那些在重金属音乐会上的舞迷。

凭借几亿元的市场宣传，那些大公司为我们的孩子主创了一个庞大的剧本，而剧本中却只为孩子安排了一个角色，而且仅仅是那一个：消费者。孩子被分派了这个角色后，只能被动照做，不知不觉中，他们自己已经陷入无力感的沼泽。要想摆脱这个困境，需要先了解电视是如何对人们造成影响的。很多年前在儿童博物馆，我女儿看了一部为孩子设计的影片，探讨电视广告中的真相与骗局，此后她对广告中宣传的事情就有了更聪明的判断。这是另一种方式的角色置换，让孩子掌握解读媒体信息的能力，而不是做一个被动的消费者。

你知道谁是真正了解孩子的儿童专家吗？他们了解孩子的动机，知道孩子的关注点以及相关的情绪。这些专家让我以及我的儿童心理学同行感到蒙羞。他们这些人，每时每刻都在注意孩子、观察孩子、理解孩子的思想和感受。然而，他们这么卖力，却是在为迪士尼（Disney）、卡通频道（Cartoon Network）、尼克儿童国际频道（Nickelodeon）、MTV 频道以及广告公司和玩具公司效力。他们的兴趣在于牟利，为了牟利而关心怎样让孩子笑，什么令孩子害怕，孩子们喜欢玩什么。而我们关注孩子、读懂孩子的目的，却绝不是为了赚钱。因此，我们不能输给他们。

这些企业密切地注视着我们的孩子，而我们的孩子也密切地注视着电视和杂志。媒体比我们要有趣、好玩太多，所以孩子就把我们剔除在外，我们也把他们排除在外。《萧瑟的童颜》（*The Hurried Child*）的作者艾肯（David Elkind），曾谈到这种媒体操控的消费主义是如何影响我们的孩子的。他说："以美国为代表，当代资本主义国家的一个特征就是，把孩子定位为可以榨取的消费者。玩具商、服装厂商、音乐业、电影业，都把孩子和青少年看成了一个巨大的市场。事实上，未成年人的可随意支配的花费，在所有人群里比率最高。当孩子和青少年开始成为市场，那么相对于资本积累来说，他们的健康和幸福，就都要退居次席了。这种情形，与工业革命时代何等的相似，只不过那时剥削的是他们的劳动力。"艾肯认为，这就可以解释，为什么在美国和其他西方发达国家，自发而自由的游戏越来越少，取而代之的是那些可以赚钱生财的游戏。有些孩子的情况，已经到了不给买玩具就不会玩游戏的地步。同时，学校里的游戏时间越来越少，甚至连幼儿园都加入越来越多的学业准备，为的是让孩子在今后成为社会机器中的合格零件。

还有一个现象：有一次在纽约，我发现很多广告并不是针对最终消费者，而是针对产品厂商的。那些广告的策略，既有创意，又令人无奈。最有代表性的是一则尼克儿童国际频道的广告和一则 MTV 的广告。在尼克频道的广告中，一个标准形象的孩子，宣扬着他在服装、饮料等问题上如何拥有自己的选择。广告的意图是告诉厂商，我们这个媒体了解消费者，能够将任何产品有效地渗透给消费者，因此，来做广告吧。我很受震动，因为他们在对孩子的力量感故作欢呼后，接下来就会将它无情地埋葬。

MTV 的平面广告更加隐晦，只是写上一些青少年的时髦口语，底部加上 MTV 的标识。我以为这是一场音乐会的广告，而那些时髦口语是音乐会的宣传语，只是因为我不看 MTV，所以不懂而已。但是，我的侄女告诉我，根本没有什么新的音乐会，那些口语也并不新鲜，广告所要传达的信息是：你不需要弄懂今天的孩子，我们懂就行了，只要把钱给我们，我们就会让电视观众变成你的消费者。

在这个时代，父母不仅仅会因为代沟问题而困扰，而且还多了这样的广告，这让我们觉得自己永远不了解年轻人在想什么。

拔掉电源，来游戏吧！

第 8 章　给女孩更多勇气，给男孩更多关怀

一个 3 岁的男孩对父亲说："爸爸，你是男人，妈妈是女人，小猴乔治是好奇。"

一直以来，父母的工作被描述为两个方面：一是帮助孩子生根，二是帮孩子强壮翅膀。在游戏力的词汇里，蓄满孩子的杯子是一个象征，既象征着为植物浇水，以便让它的根扎得更深，也象征着喂养小鸟，以使它最终可以展翅高飞。每个孩子都需要蓄满的杯子，每个孩子都需要根和翅膀。不幸的是，对男孩和女孩的区别对待伤害了他们的根和翅膀。游戏力的目标之一，就是治愈这些伤害。

传统上，我们不太鼓励女孩自由探索，因此她们的翅膀一直就显得软弱无力。她们需要帮助才能伸展，才能在这个广阔的世界里尽情探索，发现她们的“力量之屋”。而男孩呢，经常不得不彷徨在自己的情绪里，孤零零地面对自己，没有拥抱、没有体贴，他们需要更多的帮助才能扎下根。

在第3章里我们提到过：“爱之枪”的游戏能够帮助男孩建立人与人的联结，从而跳出射击杀人的单调剧本。我虽然跟男孩和女孩都玩过“爱之枪”，但会更经常与男孩玩这个游戏，因为男孩需要更多的鼓励来建立联结。基于同样的理由，虽然我也通过对抗游戏来培养男孩的自信，但是在力量培养方面，我会确保给予女孩更多的关注。

读研究生时，有一次学习活动给我留下了异常深刻的印象，我称其为“桌面实验”。这项学习的内容，是了解人们因为性别而区别对待婴儿的方式。虽然每一个被试者看到的都是同一个婴儿，但是一半人被告知这是个男婴，而另一半则被告知这是个女婴。这样做的目的，是确保被试者明确“知道”婴儿的性别。在有些实验环节，一个只穿着尿布的婴儿在大桌子上爬行，被试者也在同一个房间里。而在另一些环节，被试者会听到隔壁传来事先录好的婴儿哭声。研究者暗中观察被试者对婴儿的反应，评估他们让婴儿探索的程度、婴儿“醒来”时去抱他的速度，以及与孩子间产生的互动程度。

结果发现，假如大人把婴儿当成女孩，那就会快点儿去抱“她”，也会和“她”有较多互动。如果大人以为婴儿是男孩，则会等待更长一点儿时间才去安抚，但是会更鼓励他去探索和运动。换句话说：“根”只给了女孩，而“伸展翅膀”的机会只给了男孩。事实上，婴儿的真正性别根本无所谓。

在另一个研究中，重点关注了女孩和力量之间的关系。约翰·康德瑞和珊卓·康德瑞（John and Sandra Condry）让大人们看一个录像，内容是9个月的婴儿对不同玩具的反应。有些人被告知这是个男孩，另一些人被告知这是个女孩，但其实大家看的是同一盘录像带。实验要求被试者判断并评估婴儿的快乐、愤怒和恐惧的程度。当婴儿看到玩具盒中弹出小丑而大哭时，以为是男婴的被试者认为那是生气，以为是女婴的被试者则认为那是恐惧。而且，前者比后者更倾向于把孩子描述得活泼好动。这就难怪在孩子长大以后，男孩会容易受罚，而女孩会被过度保护。

借助这些研究，我想表达一个基本观点：男孩和女孩从一出生就开始受到区别对待，其相应结果是男孩和女孩对大人有不同的需求。他们不仅受到了不同对待，而且也受到了不同的限制，因此无法发挥全部的潜能。女孩得到安慰，但不被鼓励去冒险或探索，她们需要游戏力来培养力量和信心。男孩被允许去探索，甚至被鼓励要勇于冒险，但在害怕、寂寞或难过时，却没人理睬他。事实上，男孩在长大一点后，不仅不被理睬，他们甚至还会因为表达情绪而被惩罚。因此男孩需要的游戏力，要特别注重联结和情绪表达。

在与父母们交谈时，我常会问他们，男孩让你困惑、生气和厌烦的，到底是什么？他们通常都回答“他们不讲话”或者“他们很自闭”，妈妈们的回答尤其响亮：“他们从不分享他们的感受!”解决的办法很简单：那就是联结、联结、再联结，用游戏的方式。对于女孩也一样简单：给予力量。

迈拉·萨德克和大卫·萨德克夫妇（Myra and David Sadker）写了一本影响深远的书《公平的缺口》（*Failing at Fairness*），专门论述学校在女孩教育上的不公平现象。女孩去问问题时，老师直接给她答案，而当男孩去问同一位老师时，老师则要他再想想答案是什么。他们认为学校教育“欺负”了女孩，使她们放弃了自己思考的机会，进而影响了她们的数学能力的发展。我同意这一点，但我认为他们的话只说对了一半。这又是“桌面实验”的重演——女孩得到了温暖，但无法展翅学习飞翔，而男孩被寄予了很高的期待，但是必须自己面对问题，得不到情感的支持，也就是没有“根”。老师最好的回答应该是：“让我们一起来解决问题！”

一般说来，男孩和女孩的游戏方式确实很不一样。男孩偏向运动，女孩更喜欢过家家。我不断听到父母告诉我说，给女孩一辆消防车，她会把它包在毯子里、哄它睡觉，而给男孩任何东西，他都会把它变成武器。就像任何性别上的差异一样，这些都是正常的。男人一般会比女人高，但我们都看过矮个子男人和高个子女人。有些男孩喜欢过家家而不是比力气，而同样地，女孩也不缺少特例。

男孩与女孩的游戏方式不同，而且从很早就表现出来了，对于这个现象，有人认为是先天的性别差异所致，而有人则坚持这是后天学习的结果。两者都有一定的道理。多年的性别研究可以归纳成一句话：先天的性别差异确实存在，但并不会起决定性影响。父母、文化和教育的后天因素，可以缩小或放大这些天生的差异。我们的社会则一直倾向于把差异放大。

亲密的联结和自信的力量，两者都应是每一名儿童与生俱来的权利。但是女孩的力量感被看得很轻，她们得到的鼓励是要“乖巧”，要“对别人好”，搞好关系胜于取得成就。如果她们不符合期望，就会被戴上一些帽子，暗示她们不是正常的女性：变态、泼妇、男人婆。同样，男孩也不被鼓励去培养亲密感，他们被一再强调和灌输男性的竞争、魄力、成就和实力。看看男孩在与别人联结时被形容的字眼吧：亲近妈妈叫“恋母情结”，喜欢和女孩玩叫“娘娘腔”，尊重伴侣叫“怕老婆”，想拥抱或与其他男孩牵手叫“同性恋”，喜欢读书叫“书呆子”。

假如世界上没有了偏见，对男孩、女孩也不区别对待了，那么他们玩的游戏还会不一样吗？我们不知道。我们只知道，在现今社会里孩子玩游戏的方式，其实反映了他们所处环境的性别角色。举一个最常见的例子：男孩和女孩看到蟑螂时的反应。即便女权主义已经出现了数十年，很多女孩看到蟑螂时仍然会惊声尖叫，表现得无助、可怜、无能和恐慌。而男孩呢，即便他们的父亲是新时代会换尿布的新好男人，也会把虫子立刻打死、压扁、碾碎，甚至还发出毁灭性武器的声效。两者都是非理性的反应，是社会性别角色的放大。与此同时，害怕蟑螂的男孩和踩踏蟑螂的女孩可能会因为与别人不同而被嘲笑。

几年前，我和女儿还有她幼儿园的一个男孩，玩一个关于骑士、公主和龙兽的假想游戏。即使我女儿比她的朋友更强壮并更有自信，骑士还是得不断地去解救公主。我在心里嘀咕：他们从哪儿学来的这种东西？我试着让公主去拯救骑士，但最终不得不放弃：孩子以游戏来试验成人角色，其中包括性别角色，才能理解男性和女性是什么意思。在某些方面，这种角色的意义在过去几年中发生了巨大的变化。但从另一方面而言，这种意义自从石器时代以来几乎就没什么质的改变。

有一件事一直令我不能理解，为什么下午茶玩具套装都要包装成粉红色，盒子上还有女孩的照片。他们知道如何让男生过家家，如何让女生玩机器人，可他们宁可选择不那样做。即使可能会有两倍的销售量，也不能促使他们去生产吗？当然，孩子玩不玩下午茶游戏好像也没什么大不了。但是假如会对孩子产生影响呢？有研究发现，女孩小时候若是沉浸在女孩子气的游戏当中，她们后来在学校中的数学和自然科学成绩就会低于其他女生。依此类推，我们也可以推测只玩男孩玩具的男孩，可能也受到了同样的局限。

游戏力的原则，是坐到地板上和孩子一起玩。但是不管玩什么游戏，我们都可以努力地给男孩更多关怀，给女孩更多力量，从而帮助所有的孩子把根扎深，让翅膀更强壮。

尽管我不喜欢，但为什么还要玩芭比娃娃（或变形金刚）

我女儿作为两名热忱的女权主义者的后代，曾经非常喜欢玩芭比娃娃和迪士尼公主。谢天谢地，她现在已经长大，快要脱离这个阶段了。我很讨厌跟她玩芭比娃娃，觉得既无聊又愚蠢，而且违背我的价值观。不过当我的女儿要求时，我也会跟她玩。既然孩子是通过游戏来理解世界，那么女孩当然也非常需要弄清楚这些形象所代表的意义：保持身形，讲究衣着，化妆爱美，浪漫情调，等等。女孩所接收的这类信息令人迷惑、误导人心，削弱了女孩的力量，她们需要我们帮助才能理清头绪。同样，男孩也需要我们帮助，才能理解他们所接收的那些鼓吹竞争、攻击的信息。这就是为什么我要建议，不管父母多讨厌男孩们的攻击性游戏，但还是应该加入他们。很多作家都感叹我们的文化削弱了女孩的力量，特别是在她们接近青春期的时候。这个时期的女孩对世界、对自己的理解出现了混乱，特别是对自己的外表。那些关于美的标准，以及对女孩外表不切实际、扭曲变异的期望，把很多女孩都送进了无力感的沼泽。如果外表很重要，而自己怎么看都不对劲，那么情况就会相当糟糕。《拯救奥菲莉亚》（*Reviving Ophelia*）的作者玛丽·皮福（Mary Pipher）谈到，在女孩翻阅时尚杂志的几分钟内，她们的自尊便明显滑落。如果你女儿也在读这类杂志，那么就和她一起讨论一下其中的内容，不要让那些图片有机会发挥它们的诱惑力，要让孩子也能从你这里获得一些想法，作为构筑现实的基石。

怎样才能帮助你的女儿培养出自信力呢？只要在你坐到地板上和她一起玩芭比娃娃时，稍微做一些变动。让洋娃娃们变得有活力一些，让它们跳起舞来，穿的衣服也不再那么淑女，甚至会说一些令人瞠目结舌的话。我经常让一个娃娃扮演社会文化推崇的女性典型，而让另一个娃娃勇敢地站出来挑战她。前者怪声怪气地说："我是裁判，我决定谁是合格的女人，你一点儿都没有女人味！"而后者勇敢地回应："不用你管，我就喜欢跑跑跳跳，你不能阻止我！"

爱情、婚姻等浪漫情节，是女孩游戏和电影中最常出现的主题，因此我在游戏时也会引入与之大不相同的其他情节。不知道你是否注意到，以男性为主角的迪士尼动画片，主题都是追寻自我，例如匹诺曹；而以女性为主角的却都以浪漫作为结局，如小美人鱼、白雪公主和睡美人。

为了抵消“桌面实验”中所描述的外界冲击，我们应该鼓励女孩去积极冒险，大声说话，加强体能，坚持己见。我们必须反对“女子无才便是德”的说法。这可能需要我们，特别是母亲，认真反省自己的成长历程，以及自己对打闹和对抗游戏的忌讳。所有的孩子都能以健康、有效的方式变得更加自信、更有力量，但是女孩们在寻找力量之源的过程中，显然会面临更多的困难。

如果能通过与女孩玩芭比娃娃、美人鱼游戏，来消除我们这个社会中一部分带有歧视性、不健康的价值观，那么与男孩玩战争游戏和变形金刚，也有同样的效果。对于我自己，我必须克服自己温和的个性，暂时忘掉和平主义的信仰，才能投入到男孩们打打杀杀、毁灭破坏的游戏当中。在游戏中，我不仅会引入一些现实的感受，比如“哎哟！疼死我啦”，也会尽量与孩子发生亲密接触：假如中弹了，我就倒在他们身上，假如有敌人，我就紧紧缩在他们身后，总之寻找任何借口来与他们发生身体接触和情感联结。无论对于男孩还是对于女孩，游戏力的方法都是事先加入孩子的游戏，然后逐渐帮孩子摆脱原有的束缚。父母的生气、教训和拒绝，会使孩子把自己封闭起来，进而把我们拒之门外。如果把问题留给孩子自己解决，等于把他们交到广告营销和娱乐产业的手里，而后者正迫不及待地想要填满父母所留下的缺口。

竞争，是让男孩、女孩以及他们的父母都感到困惑的话题。女孩可能未尽全力就放弃努力，无法享受胜利的滋味，因为她们为失败者感到难过。男孩则被期待追求胜利，哪怕放弃友谊和情感也在所不惜。这里，我想再次指出，我们的社会所预设的程序，把男孩变得孤独，而把女孩变得无力。男孩就应该为了竞争和胜利而牺牲联结和情感，而女孩就应该为了不伤害别人而牺牲自己的成就。

去年春天，在女儿的足球队中，我能清楚地看到这种差别。有一次，她的球队要与同校的另一支球队比赛，也就是她必须与自己的朋友进行对抗。这些女孩十分担心两队的比赛，她们想尽办法要避免在友谊中留下竞争的伤痕，甚至祈祷老天下雨或下雪。当我跟另外一位家长提到这件事时，她则描述了她儿子所在的棒球队的情况。当他们被安排要同朋友、同学比赛时，他们并不会祈祷降雨。双方都很期待这场对决，几周的时间里他们会互相奚落和嘲笑对方，在午餐时坐成两边，发誓要在球场上打倒对方。男孩间这样的嘲笑也令家长十分不解。一方面，男孩用嘲笑甚至打架来表示彼此的亲近，因为更直白的情感表达在男孩三四岁时就被禁止了。而另一方面，这样的嘲笑和互相打击却会造成真实的痛苦和恐惧。

我并非主张女孩应该更像男孩，或者男孩应该更像女孩。就拿对蟑螂的反应为例（碾碎它或尖叫逃开），答案应该介于中间。在我们的帮助之下，男孩可以在保有力量的同时也懂得联结，女孩则在联结的同时也能拥有自己的力量。

另一个例子是孩子的艺术作品。除了一些有特殊天分或者经老师特别指导的情况，大多数孩子的创作中也充满了社会文化对性别的暗示：男孩画武器和太空船，女孩则画爱心和彩虹。我不相信这是天生的，我认为这是受制于性别角色和外界期待的结果。我们可以和他们一起画，帮助他们跳出社会期待的恶性循环，画出更多有趣的东西。

几乎所有的男孩都有过被强迫不哭的经历，或者曾因为哭泣而遭遇同伴嘲笑，所以我发明了一个角色叫“不哭侠”。我用夸张的口吻炫耀说：“英雄有泪不轻弹，我从来不哭，我是不哭侠。”接着，仅仅是因为帽子掉到地上，我就立刻假哭起来。跟女孩们玩时，我则扮演一个追求女人味的效颦东施，只关心时尚和发型。有时我也扮演一个英俊的王子，只在意洋娃娃的外表和穿着，非常大男子主义，而实际上这个王子却是一只非常滑稽的猪，常引起哄堂大笑，这样就可以让女孩对陈腐的社会性别角色产生心理拒绝。媒体用许多荒唐的形象禁锢孩子的思想，而游戏可以打破那些荒唐的形象。

联结，既与男孩，也与女孩

联结发生断裂，是生活中正常且不可避免的事情，所有的孩子都偶尔有过把自己关进孤独堡垒的经历，只不过有些人关在里面的时间较长。整体而言，由于男孩所受到的对待方式，他们更有可能无法表达受伤及脆弱的感受，无法保持亲密的关系，或者无法接纳温情。而不幸的是，表达感受、亲密关系以及接纳温情，恰好正是摆脱孤独感的方法。金德伦（Daniel Kindlon）和汤普森（Michael Thompson）在《男孩不该走的路》（*Raising Cain*）一书中把男孩的这种状态，称为情绪文盲。这才是真正需要重视的问题，因为心理伤痛的疗愈和建立真正的亲密关系，全都依赖于对情绪的认识能力。

有关儿童性侵害的研究表明，女孩比男孩更容易在家中受害，而男孩则更容易在家庭以外的地方受害。也就是说，施害者利用了与女孩的亲近关系，而恋童癖则利用了男孩对爱和接触的渴望。这些受害者的故事里有太多是因为施害者给孩子提供了爱、感情、尊敬、关注，以及取得违禁品的渠道。施害者只是为了自己的性需求，但男孩受骗是因为他们渴望联结。在情绪问题上对男孩的错误教育，使他们孤单寂寞，容易成为被剥夺和侵犯的对象。接着，又因为他们无法自由表达情感，错误的教育还阻碍了他们从创伤中恢复的能力。这些受害者有很多都来自正常家庭，因此杯子被倒空的原因并不是家庭的忽略，而是我们社会对男孩的错误对待。

对于男人和男孩来说，任何与性、竞争或者暴力无关的身体接触都很困难。看到男人之间拥抱时的怪异模样，或者不知如何安慰朋友时的窘态，我们会觉得好笑，但这更令人心酸。父母拥抱男孩或许不会在一夜之间翻转强大的社会压力，但我们一定要开始做些改变。我们现在知道了："男人不能哭"的观念对男性及社会具有很大的杀伤力，它不过是一个为了维护社会的陈旧标准，因此我们不能再对哭泣的男人和哭泣的女人有不同的反应了。

我们的起点，就是情感的联结。同情心、情商和仁爱，都是从亲密关系中学习来的，而不是来自书本或道德说教。它们也能从游戏中习得。遗憾的是，有些能帮助男孩联结的事物却被视为女孩的玩意儿：拥抱、玩婴儿娃娃、读写诗歌、音乐、手工、文学、戏剧、唱歌和跳舞。有些男孩也会做这些事，但相对而言那似乎天经地义都是女孩的事情。做这些事的男孩要付出一些沉重的代价，他们最后只好放弃或者被人称作娘娘腔。

具有讽刺意味的是，想让男孩对玩娃娃有兴趣并不困难，很多研究显示，单是观看几次男人照顾婴儿的影片，就能提高学龄前男孩对照料娃娃的兴趣，但是从社会的角度我们却怀疑是否该这样做。不知为什么，我们都希望男孩长大后成为有爱心的父亲，但却不愿意他们与娘娘腔扯上任何关系。

我们可以和男孩玩一些“不娘娘腔”的游戏，来增加他们的情感知识和联结能力。有些游戏是强调沟通的。为了帮助男孩多用语言表达，可以玩一些简单的字词游戏。我常玩“幸运”与“不幸”的接龙游戏，一个人用“幸运的是”开始讲故事，而另一个人则用“不幸的是”接下去。这样来来回回地叙述有关灾难和救助的故事，这也是很多孩子关注的话题。另一个受孩子欢迎的游戏叫“潦草的线”，并不需要用到语言。这个游戏因为温尼科特（D. W. Winnicott）的努力而在心理治疗领域得到了普遍应用。一个人开始画画，画出不像任何东西的潦草线条。另一个人则将它完成，画成某样东西。两个人轮流画。这些游戏都是在练习建立沟通的基础。不要期望一步就能到达深层的对话。例如，最近有一对父母来询问我如何让他们9岁的儿子多说些话，我建议了几种方式，让父母进到孩子的世界中去，用非语言的方式进行沟通。他们不再坚持孩子一定要报告上学的情况，而是请他用拇指朝上或朝下的方式来表达今天在学校过得如何。孩子很喜欢这种方式，后来还自发加进了更多的姿势来表达。原本父母与孩子之间的权力对抗，现在变成了大家都珍惜的家庭仪式。

即使是电子玩具，也可以成为联结的基础，当然我并不是建议再买一台掌上游戏机来一起玩。有一次，我到一个11岁的男孩家进行游戏治疗。通常我到达的时间正好是他玩电子游戏快结束的时间，因此他总是会在两件他喜欢的事情之间纠结。一天，我上楼到了他房间时，他还不肯放下游戏，于是我用外套挡住显示器。他很生气地叫："你干什么？把它拿走！"我说："你这么会打游戏，我敢打赌，你不用看就可以赢。"我说我会告诉他显示器中敌人所在的方向，他很兴奋地接受了这个挑战，我们很开心地一起玩，进行了更多的互动。

你可以玩任何一种游戏来帮助男孩建立联结，特别是有某种程度互动的游戏。如果能玩他们想玩的游戏当然更好。但假如我们责备他们的游戏愚蠢、暴力、反社会，那又怎么能指望他们将内心的感受告诉我们呢？

另一系列的游戏直接与情绪有关。做一个脸部表情，或者从杂志里找出一些具有代表性的表情，然后根据表情说出感受。让孩子装出可怕的、难过的、恐惧的表情，你则相应地以另一种表情来回应，如安慰的、平静的表情等。和孩子玩假想游戏，让你的角色用语言和动作来表达感受。不要拘谨，要夸张。

在我们的社会里，男孩以注意力不集中、坐不住而闻名，注意力缺失症（Attention Deficit Disorder，ADD）的案例直线上升。但是我认为这个问题的真正原因，很大部分是安全感的缺失。男孩的杯子空了，或者漏水，而不是他们没有处理信息的能力。没有人可以在失去安全感的情况下专注和学习。格林斯潘写道："好动而精力旺盛的孩子，很快能学会寻求刺激，代替获得他无法从亲密关系中得到的满足感。"结果，四处跑动使得他们更难被亲近。因此，对于有些注意力缺失症的男孩来说，容易冲动、注意力涣散也许仅是更深层问题的表现而已，他们的症结是缺乏联结能力。很多相关治疗的效果有限，就是因为没有针对症结——安全感缺失，杯子空了。

对于女孩而言，她们所关注的亲密和联结常会出现在假想游戏和过家家当中。缺乏关爱的孩子可能会特别关心娃娃，也可能会扮演残酷的母亲。我这里谈的并非受虐儿童，所有孩子都曾有被误解或未被妥善对待的感受，这是在所难免的。大人在游戏中可以幽默地扮演脾气暴躁的母亲，或者调皮捣蛋的小孩。随着年龄的增长，女孩会面临更重要的挑战，如交友、维系友谊以及在同龄人中寻找安全感等。在这个时期，她们可能不再玩娃娃，也可能已经把父母排除在生活以外，当她们在这些联结难题中挣扎时，我们必须找到与她们维持联结的新方法。花时间和她们在一起，一起出去闲逛，做她们想要做的事，在她们愿意时听她们说话。我最喜欢的策略是对女孩说："现在轮到你了。"她们会问这是什么意思，我就告诉她们，她们可以说任何想说的事，或者去任何想去的地方，然后我等候。我们常会迫不及待地跳进来提供有用的想法，但是很多孩子，特别是青春期少女，需要时间和空间先坐下来弄清楚自己到底想要什么。如果我们耐心地等候，她们就不会辜负我们的关注和对她们的信心。

男孩、女孩和无力感

要想让女孩放下梳子和发带、停下装扮娃娃来和我们进行体力对抗，或者扮演女英雄而不是等待拯救的少女，并不是件容易的事。但至少，我们的目标很清楚：帮助她们认识自己的力量。然而对于男孩，认识力量的目标就显得不容易理解。在某些方面，力量似乎是男孩的强项，但是在另一方面，他们同样会有无力感。他们的无力感以两种类型表现出来：一种很直接，胆怯和害怕、被动和无助的男孩；另一种则比较令人困惑：在家中或者教室里不计后果地破坏、捣乱的鲁莽男孩——他们一点儿都不像无力的孩子。

鲁莽和真正勇敢的差别在于联结。与一些注意力缺失症一样，鲁莽的症结在于早期的安全感问题。我见过太多不顾危险地比赛爬树的孩子，同时也见过站在树下只是看着而不敢尝试的孩子。如果孩子不能看到危险，他就无法安全地探索；如果孩子看到的只是危险，他则根本不敢探索。前一种孩子需要镇静的声音："慢一点儿，朋友，让我们安全地进行。"而后一种需要鼓励："我们来试试看，我会在这里帮你。"

第4章里描述过我女儿的"力量之屋"，她发现了先充电再对抗的方法。不少孩子，特别是小男孩，并没有拥有力量的感受，他们不知道怎么对抗。他们站在你对面喊："嘿！哈！吼！"然后模仿忍者神龟或变形金刚的样子，在空中比画功夫动作。另一些孩子真的会用拳打脚踢的方式来伤害你。这些孩子具有身体的力量，但是由于没有情感的接触，因而不具有真正的力量感。在避免被他们伤到的前提下，我会对这些孩子说："来，看你能不能把我推倒，怎么样？"用力推不同于功夫动作和拳打脚踢，因为它有持续的压力，所以有持续的接触感受。

许多男孩十分有攻击性，他们会咬人、打人或做一些武术动作，但只要你真的试图与他们对抗，有时他们在两秒钟内就会放弃，因为他们非常害怕真正的接触和真正的力量。他们搞不懂人与人之间如何接触和联结，因此只会模仿从电视里看来的动作。也就是说，他们的攻击行为只不过是与人接触的替代方式而已。男孩把无力感伪装成力量，因为不管内心的感受如何，男孩必须看上去要粗鲁和强壮。

一些孩子不能持续蓄满杯子，于是他们会变得冲动或心不在焉。另一些则变得异常胆小，因为他们不被允许独立和坚持自己。前者多为男孩，后者多为女孩。这不又是"桌面实验"的翻版吗？有些男孩排解挫折的方式是攻击，而有些女孩受挫时只能忍气吞声、息事宁人。

男孩与情感

有一次，我收听国家公共电台的一个专访，受访的喷气车队队长刚刚以1200千米的时速打破了陆地速度的纪录。在谈完有关的技术问题后，主持人问道："你们的情绪起到了什么作用？"队长说："我们努力把情绪排除在外。情绪是非常危险的。"我忍不住笑了出来，这个家伙把车开到了1200千米的时速，然后竟然说情绪是危险的。

男孩（和男人）会因为表达情绪而惹上麻烦，也会因为不要表达情绪而惹上麻烦。男孩会因为哭泣而被嘲笑，但当他们用打人或摔碎东西来取代哭泣时，又会遭到谴责。研究者在一个幼儿园中观察了全部的哭泣过程，惊讶地发现男孩和女孩哭泣的次数并没有差别。其他孩子通常不理会那个哭泣的孩子，但是老师会来处理，而老师的处理通常是：女孩大多会被安慰，男孩则更多受到责备。

如果你因为有情绪而被处罚，又因为表达了情绪而受到更大的处罚，那么就很难从伤痛中恢复，因为你没有机会清除伤痛。有一次，我从电视上看到一个运动节目的片段。当一支球队胜利时，队里的男人用拥抱和击掌来一起分享喜悦；而当他们输的时候，每个人却独自安静地坐着。摄影机贪婪地想要捕捉哭泣的镜头。为什么他们要独自伤心呢？他们在赢的时候不是与队友紧密联结了吗？原因在于，如果他们分享失败的痛苦，那么他们可能就得哭。失败的痛苦加上来自朋友的亲密和安慰，会使他们再也无法自控不哭，因为分享痛苦的效果就是释放情绪。但是，他们就是不能哭。你可以看到他们脸上扭曲的痛苦，在球赛结束后努力对抗情绪的程度，与赛场上所花费的体力不相上下。

我常从一些父母那里听到这类运动英雄式的男孩的事迹。一位母亲讲述 9 岁儿子的事：老师告诉她，孩子在学校过得不太好，但孩子拒绝接受安慰，也不愿意提及。妈妈问孩子："你是不是担心如果谈起这件事，或者如果老师抱你，你就会哭出来呢?"他点点头，与此同时一滴眼泪从脸颊滑落下来。而有些男孩压抑的程度更甚于此，他们无论如何都不愿表现出有任何痛楚或哀伤。

我发明了一个"特派尖叫员"的游戏，可以帮助那些即便受伤也要强忍的孩子。莱斯是一个很爱运动的 7 岁男孩，我们玩的都是球类运动。他的脚受伤了，但他立刻站起来继续，从他跛脚的姿势和紧咬的双唇，我知道他还在疼，可是他极力否认。我开始跳上跳下，假装我的脚很疼。他问我在干吗？我解释说这就像棒球里被指派的击球手一样，我现在是他的"特派尖叫员"来帮他尖叫。他笑了起来。我用一只脚跳来跳去，像个傻瓜一样。然后，他说他想要让他的脚休息一下再玩。这对他来说可是个很大的进步。

有一次，我问两个 6 岁的孩子，怎样才会在一年级的班上受欢迎。男孩回答说："要很会玩飞弹游戏。"而女孩回答："要对别人好。"男孩不能哭泣，并不表示女孩就可以自由表达所有的情绪。女孩被鼓励要听话，对别人好。这样一来，有几种关键的情绪就被列入社会不接纳的范畴，其中之一就是愤怒。难怪有些女人变得“阴险毒辣”，因为这是唯一的拐弯抹角的发泄方式。

萨德克夫妇除了观察到女孩在教育体制中所经历的不平等外，也同样看到了男孩是如何被误导的。他们访问了一个叫托尼的男孩。托尼把男性角色称为一所监狱，他提到高中男孩要遵守的五项“男性行为标准”：第一，当个好学生，但不要太好，成绩好于B+就是书呆子；第二，参加成人式运动，并锻炼肌肉；第三，参加派对，并且要喝醉；第四，吹嘘性经验丰富，同时对女生态度轻蔑；第五，也是最重要的，就是不能表达感受。但是身为校刊编辑的托尼，在收到那些硬汉和运动员的投稿后，经常惊讶于深藏于诗中的浓厚情感。而那些作者要么匿名，要么即将毕业，反正今后不用再见到任何同学了。

男孩女孩，一起游戏

一天，我开车带女儿和她的朋友肯特回家。路上，肯特开始问我女儿：“你有变形金刚吗?”

“没有。”

“你有邪恶星球吗?”

“没有。”

我打断他：“她没有那些暴力的电脑游戏。”

他说：“哦，真糟糕!”他的语气像是在问：难道艾玛什么玩具都没有，每天的生活就是面包和水？他继续试探着问：“你知道原子弹是什么吗?”他接着详细描述了原子弹和它的威力。我打开收音机来保护我的和平主义双耳。收音机里的情歌中有一段亲吻的歌词。肯特说：“好恶心!”艾玛也同意道：“快关掉!”有趣的是，我认为如果艾玛是跟另一个女孩在车上，她们可能就会咯咯地笑这段歌词，而不是说它恶心了。

通常，从幼儿园大班或一年级开始，男孩和女孩的游戏就开始非常不同。在分为两个团体之后，他们的游戏风格就越来越不一样。与此同时，他们（她们）

也开始认为，另一性别的人与自己存在巨大差异。几年前，艾玛从幼儿园回来后去肯特家玩。据肯特的父亲形容，肯特在艾玛到达前，曾满屋乱转着找玩具，边找边喊："我要给艾玛玩什么玩具啊？我没有女孩玩具可怎么办啊！"于是父亲不得不安慰他，说他们一定能找到可以一起玩的东西，而事实证明父亲是对的。

然而，并不是所有孩子都能发现这个事实。卡尔森－帕吉（Nancy Carlsson-Paige）和列文（Diane Levin）在一本关于战争游戏的书中，写到了有关女孩和男孩的玩具鸿沟问题："有位家长看到她的女儿坐在公寓大楼的门口，旁边的同龄男孩是她的朋友。荷莉拿着芭比娃娃，迈克手里的玩偶则是个美国大兵。两个孩子互相看着，很想和对方一起玩，但最终也没玩起来，而是一直干坐在那里。"两位作者提出了很好的建议，告诉父母们可以给孩子提供一些中性材料来进行手工创作，或者建议孩子玩一些与性别无关的游戏，例如带他们的玩偶去太空旅行。游戏力的方法，当然也是到楼下去，和孩子坐在一起，创造一个假想游戏让两个玩偶都能加入，然后对这些角色稍作改变。例如，你可以让美国大兵说："嘿，这高跟鞋可是一件很棒的武器。"然后芭比娃娃回答："你的迷彩服有我的尺寸吗？我觉得真时髦耶！"

换句话说，应该鼓励男孩和女孩一起玩。这些混合性别的游戏既能给男孩提供建立联结的机会，又能帮女孩提升自信和力量。一起玩要会帮助他们习惯彼此，而不必等到青少年时再去重新认识另一个性别。为了在一起玩，他们也会学习如何更有创意，因为女孩不希望游戏中只有死亡和破坏，而男孩也不希望在游戏中只是给娃娃梳妆打扮。

有一次，我在公园里看到一位父亲推着婴儿车在散步。婴儿看起来大概有6个月。原本是一个温馨的画面，但当他太太出现时，他开始大吼道："你知道吗？刚才有两个家伙说他看起来像女孩，两个人！"他用讥讽的语调说："好可爱的小女孩！！！我真不敢相信！他看起来像女孩吗？"他还把脸凑近婴儿说："你看起来不像女孩！怎么会有人觉得你像女孩呢？”

我真怕（也有点儿希望）他会因为愤怒而心脏病发作。我想起我在监狱工作时那些因为暴力和性侵犯而入狱的犯人。他们中有些人是因为做男人的压力太大了，以至于要去杀人。有一位家庭暴力犯讲述了他令人心碎的童年故事。有一次，他被大孩子欺负，当他逃回家门口，正要松一口气时，他妈妈却把他锁到屋外，要他像男人一样打退敌人。后来，一位邻居把他从三个大孩子手中解救出来时，他已经被打得不成人形。

这些虽然是极端的例子，但是每个男孩都需要帮助，才能面对他们周围的残酷和暴力，以及那些要求他们永远坚强的不切实际的期待。美国的荷马里将军（General Homer Lea）在 1898 年曾鼓吹：“长期的和平，对一个国家来说是危险的事，因为这会使年轻男人变得娇气。”老天保佑，让这种言论永远别再来混淆视听吧！

社会对同性恋男人以及对那些被称为娘娘腔男孩的嘲笑、侮辱和暴力，影响着所有的男孩。即使男孩自己不是直接受害者，也深受这种气氛的影响，因为男孩必须不断地证明自己的男子气概，不然就得承担后果。当男孩互相嘲笑彼此是同性恋时，他们指的并不是同性恋的行为。他们是要弄清楚男性的意义。

我们不希望男性没有男子气概，但我们也绝不喜欢过度的男子气概。拳王泰森（Mike Tyson）就是一例。他从小就被全面培养雄性气概，他巨大的攻击力受到了褒奖，他实现了狂野的梦想。然而，他的攻击性发展过度，不仅因为咬掉老拳王霍利菲尔德的耳朵而被禁赛，还因性侵犯等罪名而几度被监禁。从他的行为及其所受到的待遇上，可以看出我们这个社会对于男性暴力的矛盾态度。

我希望我已经清晰地表达了这个观点：安慰、拥抱和珍视并不会让男孩变得懦弱，相反会使他们在情感上更加坚强，使他们更有人性。相对于从前，我们现在已经开始不惧怕女孩的运动细胞、力量和才智了，但是我们还有很长的路要走。美国的《第九法案》要求在大学中对女性提供同等的运动设施，该法案对改变成见起到了很大的作用。女孩通过运动来表现自信和力量，已经成为社会接受的方式。现在我们期待着关怀男孩情感健康的“第九法案”。

第9章 跟随孩子

我希望所有人在与孩子相处时，都能理解和喜爱“我不知道”这句话里所蕴含的不可思议的创造力——那样有生命力，那样令人惊叹。

——柯尔恰克医生

游戏力的重点是在跟随孩子和主导孩子之间取得一种微妙的平衡。一方面，我们让孩子充分主导游戏，培养他们的创造力和自信；另一方面，当他们陷入重复、无聊的困境或者可能出现危险时，我们能够积极地加以干预。必须坦白，我是因为经过不断地犯错，才成为游戏力专家的。某天我自以为我需要做“向导”，后来却发现孩子需要我做的其实是“跟班”；而接下来的一天中，我一肚子不情愿地当跟班，但时间过了大半之后才意识到，这次确实需要由我来想办法解决大家的无聊。这一章的主题是跟随孩子，下一章将会谈到需要大人主导的情况。

有时我试图引导孩子，但结果往往是毫无进展，甚至南辕北辙。这些失败的引导，成为我学习“跟随孩子”的最佳课程。有一次，我和女儿玩“冰冻人”游戏，谁被“鬼”抓到就要被冻住，站在原地不许动，等待另一个人来帮他解冻。这个游戏如果是几个人一起玩，那么大家都会很开心，但如果只有我和女儿两个人，那可就不怎么有趣了（对我来说）。我大部分时候只能是一动不动。她冻住我，然后走开去做别的事，却把我晾在那里一直等着。我猜她可能想要我打破规则去找她，于是我就没有遵守她的规则，而是主动“解冻”，坚持与她联结。

我猜错了，结果她非常生气。最后我道了歉，答应她我不会再自己解冻了。她又把我冻住一次，看看我是不是够真诚。她跑到另外一个房间，我待在原处，偶尔大声地提醒她：“我还冻着呢!”最后当确定我真的是在遵守规则时，她才过来把我解冻，告诉我这个游戏结束了，接下来“一起”玩另一个游戏。我终于明白了，原来第一个游戏的重点并不是要联结，而是要确定我能否跟随她的带领，如果我做到了，那么说明我能跟她一条心，这时我们才可以一起玩耍。

怎么跟随孩子？弄懂这件事并不容易，特别是当孩子不爱说话时。路克 11

岁，不爱跟人交流。我们的治疗内容一般是下棋、抛球，或者是我看他玩电子游戏。我问他最近有什么新鲜事，有时他会说一两句，但常常是避而不谈。他倒不是情绪抑郁，只是有点儿拘谨，绝对不会和我谈他内心的真实想法。有一次，我决定往前推进一点儿。我们在玩橄榄球时，我问他最近有什么新鲜事。我问了好几次，他对我还是不理不睬。最后我说："是真没什么新鲜的，还是你不想告诉我？"他把球踢进灌木丛说："这就是新鲜事！"我喜欢这个信号。当你"聆听"孩子的游戏时，你要把每件事，包括丢球、踢球，都当作一种沟通。当然，大部分孩子都不会跟你解释清楚这个信号的含义。于是在没确定他要表达什么之前，我决定先发展这个信号的有趣的一面。

我说："哦，我知道了，你是在用橄榄球语告诉我新消息。嗯，我想想，你觉得你就像这个卡在灌木丛里的球，因为你也卡在了什么地方？"

"不是。"他笑了。

"你觉得你飞得很高，然后你却掉了下来？"

"也不是！"他又把球踢得很高，球打到了电话线。

"你是要发电报去新西兰吗？"

"不是！我是说，没错！"他笑得更厉害了。

我继续翻译他的橄榄球语，假装猜测他在想什么或说什么。有些与他生活中的问题类似，有些纯粹是搞笑。几分钟后，当我去追球时，他说："哈哈，你喜欢那个球，你跟它结婚算了。"这是到那时为止，他跟我说得最明白的话。他妈妈说过，路克在学校因为喜欢一个女孩而受到嘲笑，但路克自己从没跟我提起过。这个话题在我们的游戏里变成了我和球，通过嘲笑我来加以处理。

因此，当我漏接或踢空时，我会对他说："我爱你，橄榄球，你为什么不爱我。"他会大笑。如果我接到球，就说："我就知道你还喜欢我。"然后假装亲它。他笑得更厉害了。想让那些少言寡语的孩子主动发话，这个技巧非常有用。

本章的第一部分将讨论由孩子带领我们进行游戏的基本原则，包括充满热情地对他们的想法说“好啊”，预留他们定好的特别游戏时间。第二部分，将讨论与不同对象进行游戏的基本原则，包括与同一家庭的兄弟姐妹，与青春期孩子（14～18岁），与前青春期孩子（9～13岁），与别家的孩子，以及与不易接近的孩子。

如何跟随孩子：

- 只说“好啊！”
- 做他们想做的任何事情
- 注意安全，但不用过度担心
- 预留“游戏时光”
- 花些时间调整自己

只说“好啊！”

跟随孩子，意味着孩子需要我们经常（只要不失控）热情而友好地说“好啊”，而不是一连串的“不行、不行、不行”。对于孩子的要求以及他们正在做的事，我们通常都会下意识地否定，而说“可以”、“好”的次数却屈指可数（第13章会谈到如何建立规则，那也是游戏力的必要组成部分）。如果数数一天中或一小时内你说“不行”的次数，你自己都可能会震惊不已。我们常常觉得自己有必要打断孩子正在做的事，或者把我们的知识当作建议给他们，但其实这些都不会有什么好结果。父母的介入无助于培养孩子自己对事情的良好判断力。他们有时必须靠自己去发现，我们提供支持和鼓励就是最好的帮助。

我并非提倡放养不管。规则和界限是必需的。孩子需要在大人的监督和帮助下练习做决定，直到他们能够自主为止。但是，我们还是应该尝试改变自己习以为常的“不行”。假如孩子提出一个无知的想法，我们不妨试着热情地回答：“嘿，好酷的主意，我们来试试！”他们可能反而会说：“不行，那太危险了！”如果他们的建议无伤大雅但似乎不太可行，就试着鼓励说：“好主意。但是怎么才能开始呢?”他们可能出乎你意料地真能找出解决之道，至少他们有机会为自己的想法而思考。

一天下午，我在等女儿放学时与丽蓓卡聊了一会儿，她是艾玛同学的妹妹。她妈妈在和别人说话，而我正好站在她们的车子旁边。小女孩问我她可不可以坐在车顶上回家，我知道丽蓓卡懂得这是不可能的。但我也了解她，我猜她以为我会说不行，然后她就会爬到车上去，看看我会有什么反应。我并不想陷入权力斗争之中，所以我说:“当然了，我们爬上去吧，可能很好玩。不过我们得抓稳了。”然后她说:“科恩！那可是很危险的。我们不可以这样!”我开始假装要爬上去，她说:“不行，不行，我们会掉下来的!”因为我说可以，她反而必须想清楚后果会怎样。如果我说不行，她心里还是悬着这个念头，觉得这个主意很酷，而大人总爱杞人忧天。当然她还有可能说:“好呀，我们爬上去吧!”假如那样，那我会傻乎乎地继续问:“我在想，你妈妈急转弯时，我们怎么能不被甩下来呢?”或者“要是你妈妈看到了不知道会怎么说”，以此来激发她自己的判断力。

以肯定代替否定，并不表示你要假装认同那件事。如果你很讨厌某个游戏，你可以表达你的感受，但是试着把以前严肃的“不，我不想玩”，改变成幽默的哀求:“求你别逼我玩这个，换个别的吧!”我见过很多父母，其中我自己就是代表，勉强和孩子玩一些自己觉得无聊或愚蠢的游戏，直到在一旁打起瞌睡，结果亲子双方都感觉不好。以前在我家，我经常要抉择:要么同女儿玩她想玩的游戏，要么她就会离开。这时我经常妥协，于是玩起芭比娃娃，随后很快昏昏欲睡。这种妥协并没有好结果，女儿会因为身边这个了无生趣的玩伴而兴致索然，而我既觉得无聊透顶，又因为自己无法让女儿高兴而感到无能。后来的办法是:我会跟女儿玩，但不再隐藏我对芭比娃娃的看法。我夸大自己的恐慌和厌恶，不断恳求她不要再玩了，这个过程让她觉得很有趣，原因不只是我醒过来了，更是因为让女儿清楚地感受到，我虽然不喜欢芭比娃娃，但还是喜欢跟她玩。现在，我们的芭比娃娃游戏不再局限于梳妆打扮，而是加进了很多动作片的情节，并且伴随着一阵又一阵的欢笑。

直接肯定地回答“好啊”，传达的基本态度是接纳而非拒绝，是赞成而非反对。生龙活虎地来和孩子玩吧：放开你的手脚，让你的声调富有变化，让你的表情活泼起来，让你的身体充满热情。如果在玩抛球，那么捡球时要跑起来，不要慢腾腾地，要将自己投入所扮演的假想角色中。用关心、欢迎和支持的态度，抵消自己的负面情绪，因为消沉、愤怒的你不可能玩得开心。这并不是要求你与孩子在一起的每分每秒都能做到这样。做到当然很好，但有点儿不切实际。我希望你花一些时间来试试，即使一开始只有几分钟。包括我在内，多数父母已经觉得自己在孩子身上花了太多心思，但与其昏昏欲睡地花几小时互动，还不如在短一些的时间内全神贯注地游戏。事实上，一旦孩子在你这里玩得足够开心，他们通常也不会再分分秒秒地苛求你的关注了。

我时常发现自己在说“这行不通”或“这不可能”。我不但是一个没有想象力、不断干扰孩子的大人，还经常想为孩子提供一条捷径。我认为他们的想法不可行，所以他们就没必要再试了。真是这样吗？对于立即就有危险的事，我们当然应该直接告诉他们。然而对于生活里大部分的事情，他们却应该有机会经历和尝试。就好像帮孩子做作业，虽然答案正确，但是没有真正的学习。如果你说：“让我们来试试吧！”结果可能出乎你的意料，也可能和你预料的一样。不论是哪一种，孩子都会感受到你的支持态度。

有一次，我和另一位父亲各带着自己6岁的女儿去乡间远足。我们四个人走到了一个池塘边，看到有一艘竹筏停在那儿。那家女孩说：“我们去划船吧！”我立刻泼冷水说：“这个缆绳解不开的。”那位父亲则说：“好呀，看看你能不能把结打开。”我心想，这不可能。但她们立刻解开了绳索。随后我的脑海中又冒出了小船沉到冰冷池塘中的画面。而那位父亲却很冷静地问：“我们要怎么划它呢？”孩子们立刻去找船桨的替代物。她们让我拖住竹筏，让那位父亲帮忙看守。她们找了两根大木头来划船。我们在竹筏上度过了愉快的时光。我很高兴看到女孩们的欣喜和成功，但内心却懊恼不已，不是因为事实证明我错了（这件事我已经很习惯了），而是因为我未经思考就这么快地做出否定。我低估了她们的能力，高估了危险，让自己的恐惧占了上风。我不仅说了“不”，而且想要将自己“较妥当”的判断强加在别人身上。我说服自己这是为了安全考虑，实际上却不是这样。我不愿意冒险把自己弄湿弄冷，但女孩们却很乐意享受冒险的乐趣。

做他们想做的任何事

我参加过几次帕蒂·惠芙乐（Patty Wipfler）为父母和孩子举办的游戏工作营，受益良多。我非常推崇她的著作，我在本书中所写的内容也深受她的影响。跟随孩子，做他们想做的任何事，是她定义的“特别时间”的基础。正如惠芙乐所指出，游戏是孩子向我们诉说生活的方式。因此，玩他们想玩的游戏，用他们希望的方式玩，就是我们真正聆听孩子的方式。我们都有过这样的经验，我们想要跟别人说些什么，但对方不停地打断或转移话题，要么就是告诉我们该怎么做、该怎么感觉。我们讨厌别人这样，但我们对孩子也会做同样的事，这不是了解孩子感觉或思想的好方法。玩他们的游戏、用他们的方法才最有效。

当然，在我们能够玩孩子想玩的游戏之前，可能需要和他们一起做些准备。不幸的是，当我们说“我不想玩”时，他们听到的是“我不想进入你的世界”。难怪他们会对我们说：“我不想去学校……我不想去阿姨家……”他们是在表示他们也不想进入我们的世界。父母越能加入孩子的世界，孩子就越能表现出合作的精神。

尽管在辛苦工作了一整天后，我们真的很想休息，但是在跟孩子游戏时，我们不能只坐在那里。他们需要我们做一个积极的参与者，就像聆听时需要积极的专注一样。我们不会愿意跟走神、不断看表、一直改变话题的伙伴分享内心世界。我们既要做游戏的积极参与者，又要让孩子自主，这确实相当困难。就像你在打篮球时只能做一个热情的后卫，只能传球让别人投球，而不能让自己表演最拿手的三分球（除非他们要求你，或者要你使出全力来对抗）一样。

在父母工作营中，我有时请参与者告诉我他们最爱做的事是什么。对于每个人的描述，我都这样回应："无聊……愚蠢……没搞错吧……你是开玩笑吗?"在他们提出抗议之前，我解释了为什么我要激怒和侮辱他们。我想，我们经常很不明智地给了孩子同样的信息。在我自己了解到这一点之前，我也常让女儿觉得她玩芭比娃娃是件愚蠢而无聊的事。

为什么不要总是回答"不行"？想象你刚经历过一件让你害怕、困惑或不知所措的事，而别人却不允许你去提它，甚至不允许你去想。这就是孩子不能玩自己想玩的游戏时的感觉。游戏是他们思考和谈话的方式。

每当我谈到"做他们想做的任何事"时，一定会有人问道："如果你总是跟随他们的脚步，难道他们不会一直重复同一件事吗?"会的，而且孩子重复的次数经常超出我们的忍受范围（然而另一些时候，我们又会责怪孩子做事不够专注）。事实上，越是让他们主导，他们越可能尝试新事物。这些尝试可能是体能方面的挑战，如单杠或跳水；也可能是情感上的挑战，如结交新朋友，或是谈论他在学校遇到的问题。

注意安全，但不用过度担心

父母通常还会担心另一个问题："如果你让他们做主，万一他们要做危险的事怎么办?"首先，我们一定要把真正的危险和自己的恐惧明确地区分开来。在有危险的情况下，我们可以说："这太让我害怕了。我们来想想怎么才能安全地进行。如果不行的话就只好算了!"当孩子被允许运用他们的判断力时，他们会好好地思考。但是，由于我们总是告诉他们什么可以什么不行，因此他们没有什么机会来训练自己的判断力。对于安全问题，我们大都是过度焦虑，特别是我们跟孩子一起玩的时候，让他们单独玩的时候倒很少出现这种问题。你可以在任何时候停下来，帮助他们想一下后果，而不是跳进去代替他们判断可能性或者危险性。

当然，父母的责任之一是确保孩子的安全，但就像刚才划竹筏的例子一样，我所借口的安全问题，其实只是自己感觉不安全，心里排斥而已。本章开始的引言，就是要找到不确定性所能带来的喜悦，特别是在跟随孩子的时候。“我不知道”的感觉，很像在说自己是不称职和无能的父母，然而如果我们可以放松、深呼吸、平静下来思考，我们其实会发现自己做得还不错。即使我们犯了不少错误，甚至有很多懊悔，但我们还是有很多值得骄傲的地方。

预留“游戏时光”

当孩子选择要玩什么游戏和怎么玩游戏时，他们的杯子是满的。蓄满的杯子将激发他们的自信，滋养你们之间的联结。跟随孩子的最佳方式，是预留一两个小时的时间，这段时间中完全由孩子主导。我把这段时间称为“游戏时光”。如果游戏力是加入孩子世界的邀请，那么游戏时光就是要邀请你再进一步。

游戏力是一种态度，让我们一周 7 天、一天 24 小时都能与孩子联结，拥有更多乐趣，让他们没有压力和恐惧地学习与成长。养育工作随时随地都在进行，有很多充满乐趣的游戏机会可以蓄满杯子，提供安慰，抚平创伤，分享温馨时光。除了注入乐趣、联结和自信之外，有时孩子也需要一些更有计划的安排。游戏时光是一份更加深入孩子世界的详细地图，能够帮助孩子运用游戏来建立更亲密的关系，探索这个世界，从生活的烦恼中复原，获得更多乐趣。

游戏时光的基本形式很简单。家长或其他大人为孩子预留出固定的一对一的时间，在这段时间里，大人必须不受干扰，注意力专一，所专注的只有联结、参与和互动。从某种意义上说，游戏时光是游戏力的加强版，所加强的是更多热情、更多参与、更多对亲密和自信的认同，更接受孩子感受的态度，更愿意把自己的情绪暂时放在一旁，更活泼和兴奋地进行游戏。除此之外，你在这段时间内不要接电话，不要做饭，更不要打瞌睡。

你可能已经注意到，我描述的游戏时光很像游戏治疗师的工作内容：在固定的游戏时间让孩子做主，注意他们抛出的线索，鼓励他们克服情绪障碍。虽然治疗师的游戏对象是有严重创伤的孩子，但是这些技巧证明，游戏的疗愈力量对所有孩子都有效。如果游戏可以帮助孩子脱离极端的孤独，或者修复问题家庭中的联结，那么它当然可以帮助“一般”的孤独感，以及“普通”程度的攻击性或挫折感。

游戏时光对每个孩子都有帮助，尤其有助于解决特殊问题。父母会问我，如果我已经花了很多时间和孩子玩，那么现在要再留出一些时间来游戏，并把它称为游戏时光，会有什么特别的帮助吗？我认为会有。如果确定了一个固定时间，使游戏时光经常化，那么孩子就会产生心理期待，并预先安排计划。他们会把不好的情绪存留到这个时候，虽然这一方面加大了游戏时光的挑战性，但是也能使他们在其他时间减少对你的苛求。正式地留出这个时间，也能让我们更加热情，记得说“好啊”而不是“不行”，做他们想做的事，不要因为安全或者违规等问题而烦恼太多。当然，没有人能一下就做得完美，也没有人能每次都坚持一个小时以上。事实上，15 分钟甚至 10 分钟就足矣。重要的是，当你预留了游戏时光，也就等于给了孩子情绪释放的通行证，使他们能够处理一些平时无法或不允许触及的问题。在孩子心中，你能让他们主导，就已经相当了不起了；而如果你又把全部注意力都给了他们，不接电话和不做家务，那就是更了不起的事。

有些父母可能会想，我知道我家小孩想在游戏时光玩什么。可是，千万不要抢先行动，也不要建议他们你觉得该做什么，而让他们用自由和开放的选择令你（可能还令他们自己）刮目相看。这让我想起好多年前，我和我父亲一起去看橄榄球赛的事。我们俩其实都不喜欢也不想去，但因为我们想和对方相处，也彼此以为这是对方想做的事。就像很多父母和孩子一样，我们为了想要待在一起而特别容忍，但是如果我们想要更多乐趣，那就必须真的弄清楚对方的心思，而不是妄自猜测。

父母的另一个疑虑，就是该不该在游戏时光期间打破平时的规则。如果孩子平常不能吃糖，他们可能会想在游戏时光去买糖果。如果战争游戏平时不被允许，他们这时可能会想要玩具刀枪。如果他们只有 14 岁，他们可能会想利用游戏时光来学习开车。他们并不是想要把我们逼到墙角，只是想利用游戏时光的安全感来处理新出现的或者困难的事物。他们也利用游戏时光来促使我们重新思考一些规则和规定。对于这个问题我没有标准答案，建议你自己尝试一下，看看怎样才对你和孩子有益。我通常会用 5 ~ 10 分钟的时间同意来试试平常不允许的活动，如果出现麻烦再叫停。

我主持的母亲工作营中有位成员叫安琪。安琪尝试游戏时光时，就和儿子们遇到了这个问题。他们利用这个机会做他们原本被严格禁止的活动——火爆枪战。这是一个很难处理的情况，安琪既不能违背自己反对枪支的原则立场，但是又得信守让儿子主导游戏时光的承诺。

要解决这个难题，我们首先得自问，这个游戏是真的很危险（身体及情绪两方面），还是我们自己感觉不舒服？安琪认为这是她个人的反感，原因来自于她反对枪支的立场。以她的价值观和教养风格来说，她的儿子不可能会因为玩这种游戏而走上暴力之路。但她仍然无法克服内心的不安，让孩子自己选择游戏。考虑到母子双方的各自需求，我建议她分两步走。

第一步，安琪要尽量找机会和其他父母谈论她自己关切的这个话题，为什么她要反对枪支，为什么她是和平主义者。这样的讨论通常可以帮助父母试着用较短的游戏时间来实验放宽规则。如果你想实验一些不确定因素，那么应该把游戏时光设定得短一些，这样才不会自挖陷阱。

第二步，安琪和孩子共同找出一些新方法，既让儿子可以探讨这个吸引他们的主题，又让妈妈不会因为过度不安而无法参与。例如，她可以面对想象的武器，或者假想游戏中的假想剑。思考这些问题的过程，从长远看非常有益于我们的养育工作。

我认为孩子之所以喜欢游戏时光，不只是因为他们可以主导、可以做想做的事，更是因为我们对他们伸出双手，努力要与他们建立联结。我们必须让孩子注意到，我们并不总是认为打电话、保护家具或者坚持规则更重要，而跟他们一起开心游戏就不重要。只要他们能够感受到，我们有时也真心诚意地跟随他们，那么他们就会接受我们成人也有焦虑和规则（这些规则有些合理，而有些则不一定合理）。

我们在预留的游戏时光中充满热情地跟随孩子，这对所有的孩子都将有所裨益。无论是关系和睦的家庭，还是面临困难的家庭，我都建议要经常安排游戏时光。它既可以缓和兄弟姐妹间的竞争以及其他家庭冲突，也可以帮助父母与较难亲近的孩子建立联结，更可以为父母和大一点儿的孩子提供共同的乐趣。

例如，如果手足之间存在竞争，那么孩子在得到父母一对一的游戏时光后，之前的竞争一般就会逐渐淡化。在大家庭中，孩子渴望得到父母更体贴的关注，即使是短短的几分钟。我知道父母的时间有限，但这样的付出完全值得。渴望父母关注的孩子总会千方百计地吸引父母的注意力，与其让他们不择手段，不如给他们游戏时光。

在你解释游戏时光的概念后，年纪稍小的孩子会迫不及待地投入，而大一点儿的孩子则需要时间来消化这个奇怪的建议。“你真能允许我做什么都可以吗？”他们可能无法立刻想到自己要做什么，但不要太快给出建议。试试放松地说：“这是你的游戏时光，你想做什么呢？”青春期的孩子特别关心浪漫的主题——男女朋友、性、约会。那么就假装你爱上了一个摇滚歌手，唱他们那些可笑的滥情歌曲，要他们嘴里正在嚼着的口香糖，在与明星们握手后舍不得去洗手。他们会笑得直不起腰来的，会对你大加嘲笑。享受吧，这可能会帮他们排解掉自己不够酷的自卑，也可能会帮他们免除明天上学穿错衣服的顾虑。

有个 12 岁男孩的母亲写到了一个意想不到的联结。每周三晚上，她都会和儿子一起做一些特别的事情，不管他想做什么事。通常他会想去购物中心逛逛，但他很少说话。她认为他们的关系不错，相互坦诚开放，自己也是儿子的好听众。

有一次，母亲的一位好友去世了，她决定用三天的沉默静思来怀念朋友。在开始这个沉默仪式之前，她问儿子要不要把他们的外出时间变更一下，他耸耸肩说无所谓。在开车去购物中心的路上，儿子开始说话了。他敞开了心扉，把从来没跟她提过的事都告诉了她，有关学校的、感情的、朋友的，什么都有。妈妈只是看着前方的路，保持沉默。车子在购物中心的停车场停下后，儿子还待在车里继续说。那次他们根本就没下车。时间晚了，他们就开车回家，一路上，儿子一直在说。妈妈的沉默给了儿子最大的自由，他不用担心被打断或被批评。有时我们只是需要让开一点儿，联结就会自然发生。问题在于，大多数时间里我们甚至都不知道自己挡住了孩子的路。

必须注意的是，与别人家孩子的游戏时光，不同于与自己孩子的游戏时光。如果那个孩子在自己家里没有一个安全感依附对象，没有人给他蓄满杯子，那么他就会让你成为水源。他们会缠着你不放，你想离开时就不得不把他“甩掉”走人。他们也可能会装出对你满不在乎的样子，但事实上真正的联结对他们来说非常重要。他们也许会测试你，看你到底能忍到什么程度，会不会离开。他们对你的测试中用的不是纸和笔，而是用拳头打你，用脏话骂你，不理睬你，对你吼叫、嘲讽或发怒，这些都是孩子的杯子空了太久之后需要蓄水时的反应。他们打破你的东西，试图伤害你，但这些现象实际上却在显示：他们是多想有一个朋友。即使他们破坏规矩而我们必须加以处理时，我们仍然需要尽可能地与他们保持联结。不管是我们自己的孩子还是别人的孩子，他们都需要我们呈现人性中真诚的那一面，做他们的安全大本营，成为空杯、漏杯甚至破杯的水源。在我担任游戏治疗的工作当中，我经常遇到这种混乱而令人困惑的测试。例如，有个女孩在 15 分钟内就可能对我讲这些话：“我讨厌你……你不用再来了……你可以每天都来吗？……我可以当你女儿吗？……如果你离开就不要再回来了！”

即使孩子有安全依附对象，你的角色仍然很重要。他的父母或监护人觉得是问题的事情也许你倒可以接受，而他们认为是正常的情况在你看来恰恰不正常。他的父母可能很爱干净而你无所谓，你可能忍受不了噪音而他们根本不在乎，结果孩子很快懂得了谁可以容忍什么。

花些时间调整自己

我应该在一开始就声明："游戏时光"执行起来比想象的要困难一些。如果很简单，我也不用写这本书了。对我来说，集中注意力来建立联结，保持热情，把专注点放在孩子身上，偶尔推迟自己的工作或晚餐，这些都不容易。事实上，我还从未遇到有谁在这方面天生就驾轻就熟。最主要的困难在于，我们自己的需求都还没被满足，我们自己都还有成堆的情绪没处发泄（担心、焦虑和疲劳；对于嬉戏感到尴尬）。游戏时光或者任何跟随孩子的游戏之所以困难，是因为我们觉得自己不会玩，或者无法忍受孩子一直要玩那些无聊而让我们不舒服的游戏。我们宁可回避。如果真得这样去玩，我们游戏之后可能需要花点儿时间来调整复原。从耗费心神的游戏时光里复原，最好的方式是与其他父母沟通交流，尤其是那些也在运用游戏时光的父母。当我们因为太忙、太累、太无聊而不想玩时，我们需要对自己多少做出一点儿强迫。这就好比我们在沮丧时也不想去外面运动，但如果强迫自己去动一动，我们就会觉得好多了。从长远来看，我们也会快乐一些。所以不要屈服于这些"我不想去"的感受。强迫自己克服这些惰性来游戏吧！

跟随孩子时仍要保持积极的态度，这在有些时候是很难做到的。在我与女儿刚开始尝试游戏时光时，她会让我当国王或者小弟弟，然后她会叫我去睡觉。糟糕的是，我会真的睡着，结果她会非常生气。我们玩大富翁或其他棋类游戏时也曾遇到类似的问题。她会帮我掷骰子，帮我决定该买什么。这时候我很容易走神，而且我也很想说："你根本不需要我嘛，我还不如去做晚饭（或者打个盹儿）。"但是在她眼里，我们还是在一起玩耍，而且对她很重要。我的工作就是要"醒着"。

另一个必需的反省是，在大多数的游戏时光里，我觉得自己愚蠢透顶，而且我讨厌这种愚蠢的感觉。我觉得自己像个仆人，而且我讨厌这种像仆人的感觉。

我非常不习惯让孩子来主导游戏。我昏昏欲睡、疲倦之极。如果我和孩子玩乐高，我会把零件按形状和颜色分类，以此来分散自己的注意力。如果我们用纸牌盖房子，我会盖一个比他们更好的。这不是因为我要把他们比下去，我只是迷失在自己的情绪中了，结果忘了要跟随他们的脚步和需求。

那么，我又为什么非做不可呢？

第一，即使我做得不如自己所期望的好，但仍然能对孩子及我们的关系产生有利的影响。在游戏时光之后，我经常可以看到正面的效果，孩子比较平静、攻击性减少、挫折感降低。我们可以一起玩，坐在一起享受相处的时光。第二，一段时间以后，我做得越来越好，即使我偶尔还是会觉得愚蠢而无能。第三，即使孩子在游戏时抱怨我做得不对，但他们还是会一直要求游戏时光。我想孩子在游戏时光里的抱怨、抗议，只是想告诉我他们需要玩什么，以及他们想用游戏来表现某种深层感受吧。

让孩子主导游戏

罗伯特在幼儿园有不少麻烦，因为他经常用拳头解决问题，而不是用语言。即使用语言，他也经常用“闭嘴，傻瓜！”这类粗话，而不会用老师教的“我不喜欢你拿走我的积木”这类规范语言。我在第一次和罗伯特见面时，建议他的母亲尝试一个技巧：让他跑快一点儿、跑慢一点儿、向左跑、向右跑。在第6章中我们谈过这个技巧，其目的是帮助孩子约束情绪冲动。为了示范这个技巧，我对罗伯特说：“嗨，罗伯特，你可以绕着厨房飞跑吗？”没想到的是，他立刻要指挥我，叫我按他所说的速度和方向来跑。我原本是希望他练习自我控制，但他却想要玩主导我的游戏。那时他还不知道什么是游戏时光，但是他却具备游戏的本能。我照着他说的做了，因此从第一次见面就打下了信任关系的基础。

几个月后，又一次游戏时光之前，妈妈告诉我，说罗伯特今天在学校过得很糟，其他孩子都不想跟他玩。她去接他时，好几个小孩跑来告状，说他很不乖。罗伯特看到我来很开心，想赶快开始玩。我心里想建议玩角色置换的游戏：“假装我想当你的朋友，可是你不想当我的朋友……”这是角色置换的经典，我对它的效果一直深信不疑。可是我还没来得及开口，他却说：“你来追我，我告诉你该跑多快。”这是我们第一次见面玩的游戏，我早就忘了，但显然他还记得。我一边跟随，一边找机会。我每隔几分钟就试着转移主题：“咱们现在……”“咱们假装……”但是每次他都会打断我，并且给我发出一个新的指令。而我也一直跟随着他。

在追逐的过程中我们会进出一些房门，他有时会把我关在门外。我想开门进去，他说不行，要我从另一边绕进去。我按照他说的做了，他却又把自己关到门的另一边。我敲门求他让我进去，他又大叫：“不行，你不能进来，我不喜欢你，你这个讨厌鬼！”哈哈！这不正是我想要引导他的吗？他置换了角色，让自己成为那个不要跟我做朋友的人。接下来需要我做的，就是扮演我擅长的哀求者，求他让我进去，让我跟他做朋友。我们的游戏之所以能进展到这个关键主题，完全是由于我跟随了他，而不是他跟随了我。

罗伯特根本无法坐着好好听大人教训他踢人或骂人是交不到朋友的。但是我通过这个游戏，以夸张的语气对他讲了这些道理，而他咯咯笑着听了下去。我威胁说如果他不开门我就要踢他。我答应要做他最好的朋友，但是又用旁白的方式告诉他，我进去之后要偷走他的玩具。用笑声面对那些曾经让他难过和挫败的主题（“我不懂他们为什么不喜欢我，他们太坏了”），从根本上提升了罗伯特结交朋友、维持友谊的能力。同样，你自己的孩子在生活中也能获得积极的改变——如果你能让自己跟随孩子。

第 10 章　主导孩子（在必要时）

有些情况下需要你主动介入：当你注意到孩子事事被动、情绪低落……当孩子无法放开手脚尽情玩乐，无法接受别人的关怀，不能温和待人，不能离开父母寸步，稍有冒险就不敢尝试……此时，你要让孩子知道你愿意为他们量身设计游戏，用他们的方式去尝试新事物，而难度正好适合他们。

——帕蒂·惠芙乐

上一章中我提到跟女儿玩“冰冻人”的游戏时，我想要接管游戏的主导权而不是跟随她。那一次，我忘了一条基本原则，那就是“先跟随，后主导”：只有跟随孩子一段时间后，才能找到介入游戏并加以引导的机会。然而，有时候单纯地跟随孩子是不够的，甚至根本没用。这时候，就需要成人来掌控了，至少我们需要引导孩子从困境中摆脱出来。如果孩子陷入无力感和孤独感的困境，那么必须有人帮助他才能出来。有时，只需要轻轻地推他一下，孩子就能重新当起舵手，带领游戏。也有些时候，我们则需要坚持联结。大人主导孩子的方式通常包括：提供适度的挑战，引入重要的主题，或者玩得无聊时把游戏变得有趣一点儿。

轻推一把

主导孩子的关键，是轻轻地推他一下，比如建议一个游戏主题，提出一个主意，或者仅仅制造一些身体碰触，然后观察孩子如何反应。我最喜欢的轻推方式是问个简单的问题，或者发表一下议论。如果我觉得我们之间的联结不足以保证游戏的顺利进行，那么我可能就会说：“我们接下来应该进行联结，你觉得我们该怎么做?”对于以前没有接触过这个概念的孩子，你可能需要启发他一下，提供一些建议，这样他才能知道拥抱、相互凝视、握手、击掌甚至摔跤等都是联结的方法。而有些孩子可能已经回答过多次了，他们很清楚联结是什么意思。也许他们会说：“不要！”然后笑着跑开，这就是一个新游戏的开始。

轻推，可能简单到“我们来玩吧”这样一句话，如果你不想被动地等待他们来找你。如果他们喜欢坐在屋里看电视，你也可以说“我们来踢足球吧！”我们之前提到的所有关于游戏力的原则，都是轻推的基础。对于存在无力感的孩子，建议他来一场摔跤比赛；如果发生了什么事，那就试试角色置换，给女孩更多力量，给男孩更多联结。对于在游戏治疗时间里只想打电子游戏的男孩，我会用几种不同的方式来推动他，使我们之间产生一些互动，但是决不会直接拔掉游戏机的电源，那可就不是“轻”推一把了。

格林斯潘如此描述轻推：“让每一次接触都成为一种双向交流……而不是永不交汇的平行游戏。”例如，如果孩子自顾自地用积木盖房子，对你不加理睬，那么你就不应该在一旁盖另外一座房子。把所有的积木都拿过来，这样他要用时，就不得不跟你要；捡起积木，问他该怎么搭；然后不断出错，这样孩子才有机会教你；或者滑稽地同他抢夺一块积木，当然动作要小心。

轻推的另一种形式，是先加入孩子的游戏，然后再把游戏做一些改变。假如孩子跳上跳下却不在笑，那么你可以先跟他们一样跳起来，然后边跳边唱，或者慢慢地加进一些节奏上的变化。如果孩子玩玩具时，总是看到那个就丢掉这个，不停地在换玩具，你就不能只跟他们讲一通提高专注力的大道理。这时，你还不如跟在他后面，把他丢下的每件玩具都捡起来，最后一股脑儿地给他，让他从头开始。

假如孩子没精打采地坐在那里，那就对他说：“你困了，来，让我当毯子盖在你身上吧。”然后倒在他身上，再唱一首摇篮曲。或者坐到他手上，假装什么没看见他，然后说：“哎哟！今天这个沙发怎么这么硌屁股呀！”

我绝不是建议要不停地跟孩子互动找乐子，那样双方都会太累，而且他会觉得大人很烦。我的意思是一天当中的某一段时间，特别是在你把工作和烦心事放在一旁，跟孩子专心地进行游戏时光时，就应该想办法互动起来。

坚持联结

海恩斯（Pamela Haines）的一篇文章对我有很深的影响，文章里提到婴儿是如何主动与我们建立深层联结的。绝大多数父母都会与他们的婴儿建立紧密的联结，少数无法联结的状况也会被立即察觉到。婴儿天生的专长就是“作可爱状”和“作可怜状”，让父母情不自禁地去安抚和照顾他们。随着孩子越来越大，他们的需求就越来越隐晦，特别是在与父母的联结方面。因此，海恩斯认为，主动联结从此就成为父母的任务。事实上，我们的工作是坚持联结，要透过孩子表面的对抗与不端言行，看到他内心深处其实是渴望更多的关怀和抚慰。当然，他们并不需要我们每时每刻都拥抱，毕竟他们也需要展翅飞翔。但是对孩子来说，探索世界时知道父母正在旁边为他欢呼加油，这种快乐的感受，与孤单、抑郁、难过和寂寞是截然不同的。

有时，孩子喜欢玩味两种相反感受之间的紧张关系：是疏远还是亲密，是自己主动表达联结需求，还是等父母先表达。我妹妹黛安曾在幼儿园任教，有一次去女孩罗珊家家访。罗珊是黛安上一届的学生，两人曾经非常亲近。黛安到达的时候，罗珊妈妈对着屋子里大喊："罗珊，黛安来了。"但是罗珊却仍坐在地上专心画画，头也不抬，还淘气地说："谁是黛安呀？"一阵嬉戏谈笑之后，两人很好地重建了联结。这个故事里，我最喜欢那个淘气的问题，短短一个问题却表达了如此之多的含义：我想念你，但我不知道你会不会再回来，我不知道该不该亲近你，因为我又会再想念你，所以我要捉弄你。

少数情况下，即使孩子内心非常渴望我们的关注，即使我们也放下了一切去跟他玩，但结果他还是把我们拒之门外。这种情况确实令人困惑，甚至让我们灰心，然而实际上却又非常符合逻辑。他们是由于之前的孤独感而生我们的气。当他们得到真正的关注时，他们就会把内心的感受呈现给我们看。然而他们无法用语言来呈现，而是通过游戏，假装我们不存在或者不重要，因为我们在忙碌时，也曾让他们觉得自己对父母不重要。因此，不要泄气，更不要走开，我们的工作是主动和坚持，用温和的推力来重建联结。

当温和的推力不起作用时，我们可能需要进一步介入。介入程度的加强，往往会导致孩子通过哭泣、发脾气、尖叫或拳打脚踢来释放痛苦情绪。这样的释放可以帮孩子清除障碍，与父母重建联结，让自己重获自信。有时父母可能不得不坚持，才能让孩子去面对和处理他们本想逃避的问题（在我们的帮助下），有时父母也不得不坚持，才能打破孤独感的堡垒。

例如，我曾治疗的一个男孩很怕狗，但他对此拒而不谈，因而也就很难得到帮助。于是在游戏治疗时，我会偶尔坚持要去户外散步。当我们遇到一条狗时，我会尝试着带他慢慢靠近。当我们接近那条狗时，我就让他主导，来决定我们靠近的速度。但是为了能够达到这一步，我就得先主导，因为他不可能自己说："我们去找只狗吧，我今天想克服我的恐惧。"

人在发生这类恐惧时，与恐惧对象之间通常都有一个特定的距离，称为"临界点"。站在临界点上，治疗恐惧才能有效。光是坐在咨询室里谈论狗，距离恐惧太远；而让一条汪汪叫的大狗真的爬在身上，距离又太近。合适的距离是在两者之间，而要想找到这个临界点的确切位置，通常需要成人的介入和主导。当你们正好处在这个临界点时，你会发现孩子可能在发抖，可能在哭，也可能在笑。就站在这里，保持住。当这一波情绪缓和下来后，再往前走一步。这些情绪之所以能够从孩子身上倾泻而出，是因为他同时意识到两件事：第一，我和狗在一起；第二，我是安全的。临界点之所以很重要，就是因为"危险"和"安全"这两件事在同一时刻都是真实的。有时孩子可能唠唠叨叨地细数过去与狗有关的经验，这也是处于临界点的表现。或者他可能会大声地说服自己："这是一条乖狗；它被拴着呢，不会咬我。"如果你的孩子也需要克服某些恐惧，那就试着和他一起找到这个临界点。你不能让他一个人到外边去，因为他需要你在旁边，这样他才能同时感受到安全和恐惧；你也不能对他进行说教，告诉他怕狗多么没必要，因为他必须同你一起站在那个临界点上，才能真正由自己来完成这项情绪的功课。

有时，孩子的恐惧对象不是狗也不是游泳池，而是与人的联结。这也是需要我们来主导的领域，因为孩子不会自己竖起一个标示牌："请帮助我摆脱孤独感。"威尔士（Martha Welch）写了一本书叫《拥抱时间》（*Holding Time*），介绍了一种特殊技巧，通过拥抱来帮助孩子克服对与人接触的抗拒。这本书引起过不少争议，因为这个技巧如果使用不当，就可能会对孩子造成压迫甚至伤害。但是书中的基本思想是很有帮助的。威尔士治疗过大量不同类型的孩子，特别是自闭症和安全感缺失的孩子。她认为，孩子需要大人坚持联结，直到有所突破为止。大人将抗拒接触的孩子抱在怀里，不要仅止于肤浅的联结。

从威尔士的书中，我发现最有帮助的概念是：大人经常安于同孩子做“表面”的联结。我们的要求很低，我们可能根本没有注意到，自己与孩子间并没有强有力的联结，即使注意到了，我们也觉得自己无计可施。威尔士强调，如果我们愿意投入时间和努力，就会发现我们能够主导翻天覆地的改变。我们可以重新找回那原以为不再可能的温暖而亲密的深层联结。这个深层的联结，需要长时间平静地拥抱孩子，让孩子在怀里挣扎和哭闹，直到冲破孤独和无力的困境。

这个技巧并不是对每个人都适用，有人试过后发现确实有效，但有人仍会有疑惑。不管怎样，威尔士关于深层联结的思想，对游戏力具有很大的启发和指导作用。因此在游戏力中，我将拥抱时间加以变化，并改称为“心情时间”。为了防止有人受伤，或者为了安抚孩子，我通常会在以下情况中把孩子紧紧抱住：游戏时光使孩子以前积累的情绪得到释放，因而他不停地打我或别人；孩子鲁莽地东奔西撞，无法与旁人进行眼神交流等任何形式的接触；孩子受了点伤，来找我寻求安慰，等等。然而不管在哪种情况下抱住孩子，一段时间后他们都会要挣脱离开。威尔士对此早有精确描述。这时我通常会试着再多抱他一会儿，然后看孩子的反应。如果他叫我放手，我会照做。如果放手后他马上回来打我，我会再抱住他。如果他缩到角落或者把自己关到房间里，我会给他一点儿空间，然后再视情况接近他。如果他已经准备好联结，我们就再回到游戏中。

换句话说，我会坚持联结，但会尽可能用孩子的方式。如果不是百分之百地确定，我不会违反孩子的意愿而抱住他们，除非出于安全的考虑。同样，如果孩子无法进行眼神交流，我也不会强迫，但我会继续邀请他看我的眼睛，而不会在第一次遭到拒绝后就放弃。我的确会在孩子尖叫或拳打脚踢时抱住他，因为当时实在没有别的办法，但之后我会问他："你觉得拥抱怎么样？你喊着叫我放手，可是我一放手你就开始打我。""你看起来好多了，你觉得心情时间有帮助吗？"

当孩子因为攻击、退缩或其他不良情绪而无法自由地游戏时，一些专家也会建议使用威尔士著名的拥抱技巧。帕蒂·惠芙乐就认为，坚持联结是一种帮助孩子释放情绪的方法。例如，如果孩子不停地打人或咬人，那么应该温柔而坚定地阻止他们，这样做通常就足以引出具有疗愈效果的眼泪，而情绪释放后紧随而来的，就将是一个全新层次的亲密与合作。格林斯潘也建议，在孩子变得粗暴或激动时，坚定地抱住孩子会使他们镇定下来；身体接触所产生的挤压力和安全感，会帮助孩子把情绪释放出来。

在这些不同方式的亲密的身体拥抱中，有一点非常重要，要记住你的目标不是惩罚孩子，不是用你的强大对他实施控制，而是要让他把痛苦的情绪释放出来，这些情绪已经阻碍了孩子与他人联结的能力。因此，在你生气或者失控的时候，最好不要使用拥抱的方法，而是暂时离开现场，等你恢复冷静后带着爱再回来。

上一章我强调了对孩子说"好啊"的重要性，但是有些时候我们也必须说"不"。其中一种情况是，孩子拼命想要某样东西，而当他们得到后，没过一会儿又拼命想要另外一样东西，而得到之后，同样的事再次发生。或者他们一直尝试要做危险的、毁灭性或者伤害性的事情。这时，坚定的"不行"可能有助于他们释放行为背后的情绪，这些情绪已经让他们无法享受他们所拥有的事物。从某种角度而言，这时的"不行"就像拥抱一样：它提供了阻力，孩子因而会释放背后的恐惧、愤怒和挫折感。他们的反应可能是哭泣、大发脾气甚至愤怒。他们这些表现并不是要跟你作对，而是另一种形式的"游戏"，尽管它不具有游戏在通常意义上的愉快。孩子小题大做，是因为他们还不够成熟，无法直接说出他们的感受。对于这种情况，我们没有必要非得就具体事情分出个青红皂白，很多大人也会这样的。回想一下上一次你和爱人或者朋友吵架，是不是也是借题发挥，拿鸡毛蒜皮的小事来吵呢？那也只是因为你没有找到合适的方式来正确地表达自己而已。

挑　　战

这里所谓的“挑战”，介于跟随孩子和大人主导之间，格林斯潘称之为“好玩的障碍”，而惠芙乐把它叫“不够随心所欲的游戏”。例如，如果孩子的注意力全都在一个玩具上，你现在想与他发生接触，那么你可以拿起另外一只玩具，与他的玩具进行互动。如果尝试失败，他想躲开，那你就把手里的玩具堵在门口。如果这还不能建立联结，那就把他的玩具抢过来，然后跑开。假如对那个孩子来说，这样做会吓到他或惹他太生气，那就装出要抢玩具的样子，结果却抓了个空，摔了个嘴啃泥。

为什么要这样招惹孩子呢？目的就是要把孩子从孤独的困境中拉出来，给他们一些推力，让他们尝试之前不敢尝试的新事物。如果孩子不想起床，你与其唠叨不休，还不如钻进被窝里求他们起床。来我这里接受治疗的一个孩子不太愿意与人接触，我经常对他说：“你敢跟我来一场‘拇指决斗’吗？”有时他会说好，有时他会说不要。我会一再恳求他，他会说下星期吧，我说好。

之前的例子里，大多数是帮助孩子摆脱孤独感的。另外，有些孩子需要的帮助可能是摆脱无力感。那么在游戏时光里，除了做他们想做的事之外，可能还需要安排一些挑战，例如爬树、骑自行车、做一道高难度的数学题、给朋友打个电话（如果他很害羞），等等。没什么不能做的事。同时，勇敢的父母也可以邀请孩子来给父母一些挑战。

有一次在新奥尔良，我正在密西西比河的堤坝上散步，碰到了两个9岁左右的男孩。他们骑着自行车从陡峭的河堤上冲下来。在一个平均海拔低于海平面的城市中，这个堤坝已经算是陡峭的了。到堤坝底部时，他们故意从车子上摔下来，然后又喊又笑。其中一个说：“你害怕了吗？”另一个说：“我才不怕呢！”第一个说：“那你不可能跟我一样快，因为我很怕。”我很喜欢这个故事，因为它生动地说明了男孩与竞争以及男孩与情绪之间的关系。另一方面，两个男孩的比赛其实是在“挑战”自己。在长大一点儿后，孩子在游戏中可能会选择去做一些可怕的事，从而克服自己的恐惧。

运动挑战让孩子有机会测试自己、寻求极限、验证自己有多少力量。我想，青春期孩子寻求刺激和危险活动的原因之一，就是要为自己寻求这类经验。我们最好不要简单地禁止他们，而是要能够加入他们，一起策划这种“既可怕又安全”的冒险，这样我们既可以让游戏更安全，又可以给他们提供精神支持。

也许，他们更喜欢同其他大人一起去户外冒险；也许，我们也宁可这样，毕竟在孩子长大、变得强壮的同时，也就意味着我们在逐渐衰老。

引入重要的主题

我们已经知道，孩子在游戏中会引入他们所关注的主题，而且多数时候这个过程会自然且持续地发生。在实际生活中，即使你早已厌倦不堪，有些主题却也是防不胜防，例如黄色笑话、暴力或者男女之情；而另一些时候，某些确实重要的主题却可能被忽略或回避了。因此，游戏中需要大人适时适度的介入。然而必须强调的是，每一次你主导游戏时，都要牢记“点到即止”的原则。如果你引入的主题没有效果，那就暂时放弃。这有点儿像心理治疗师常提起的那句话：“你最近都没怎么说起你的母亲……”

10 岁的雷蒙在独自入睡方面有困难，但在几个月的游戏治疗中他对此都绝口不提。有一次，我们在玩枕头时，我说我必须抱着枕头才能睡着，因为那样才觉得安全。他把枕头从我身边抢走，我就假装哭。他非常喜欢这个游戏。另一个例子是上幼儿园的南茜，她在如厕训练方面很不顺利，但她从不提起这件事。于是，每次我们过家家时，我都会让我的娃娃假装去上厕所，但又不小心尿在裤子上。

还有一个 6 岁的女孩，她和妈妈来参加一个下午的家庭游戏工作营。我感觉到妈妈对女儿过于紧张，总是担心她会受伤。女孩想要自己玩，但又不想太让妈妈担心，这让她很难放松地游戏。

于是，我开始紧跟着这个女孩满屋子走动，一面说："不，你不能走，那太危险了！千万不要！你不能滑轮滑，不要，我太担心了，我没法再看下去了！"我融入游戏中让自己夸大这些焦虑。他们母女俩笑了起来。女孩越来越自信勇敢。我继续假装，但只要我一停下来，她就会说："科恩，你看，我要从椅子跳到垫子上面！"她在暗示我去阻止她，我假装担心不已，她边笑边跳。我当然也可以简单而理性地建议母亲，不要管那么多，要适当放手，但那样可能导致两人更加紧张。而且女孩可能就不会那么敢于冒险，也就不会那么让人放心了。

我妹妹珍尼跟我提到过一位母亲，她的孩子上幼儿园之后表现出严重的分离焦虑。母亲离开后，男孩会在幼儿园哭一整个早晨，而不是几分钟。珍尼建议他们在家里玩上学游戏。他们用乐高盖学校，母子两人扮演老师和学生。孩子玩的时候很放松、很开心，没有任何问题，但是一到学校，男孩还是会继续哭。母亲决定在游戏中加入关键的情节：让车子带着乐高小人到学校。男孩让乐高小人说："不要走，妈妈！"母亲则让她的乐高妈妈抱着害怕的乐高孩子。几次之后，男孩在幼儿园里有了重大改变，他渐渐适应了幼儿园。到底发生了什么呢？

开始的时候，男孩在游戏里想尽力避开那些使他难受的情绪，但是母亲观察到了他的需求，并做出了相应的调整，引入了新的主题。于是，游戏变得丰满起来，充满了情感，而母亲则通过扮演老师和妈妈的双重角色来安抚孩子。到了这时候，孩子才得以带着一颗受到抚慰的心回到幼儿园，因为在家里，他们已经预演过了。

有时候，孩子会一遍又一遍地重复同一个主题。这种情况下，我们可以试着帮孩子在游戏中拓宽主题。例如，孩子不停地玩凶猛的恐龙，那你就可以扮演受伤的恐龙并请求帮助，即使孩子拒绝了你，至少你让游戏中具有了同情和依赖的主题，而不只是攻击而已。违反规则，也是很多孩子需要处理的主题。因此我经常发明一些古怪可笑的规则，然后让孩子来打破，而我则假装生气。或者让他们订立规则让我遵守，如果我破坏的话就要受到相应的处罚。

包容和排挤，是一个很有挑战性的主题。与大人一样，孩子本能地想要被团体接纳，但他们也很会排挤别人。我们不能只是命令孩子要对别人好，自己却转身离开。我们必须在旁边辅助孩子弄清楚包容的意义，并在孩子排挤或想要排挤别人的时候，帮他们了解到底该怎么做。我引入这个主题的常用方法是，让孩子的玩偶或毛绒玩具来扮演排挤和拒绝的行为。

有些主题对于大人和孩子同样困难，因此要在游戏中引入也将是一种挑战，例如族群文化、种族、社会地位、身心障碍、家庭背景差异等。有些学校和社区带有明显的种族和阶层差异，而另一些地方则比较包容。尽管我们不愿谈及，但种族和阶层的问题在我们的社会中仍然影响重大，因此不管你的孩子身居何处，他都将不得不直面相同性与差异性的问题。通常，孩子要么会扮演他们耳闻目染的传统意义的社会角色，要么就从根本上害怕谈到这类主题。假如孩子不能在游戏中处理这些重要的主题或感受，那么他们就无法获得新的认识。虽然多元文化已经取得了很大的飞跃，但是种族歧视还是在我们的社会中根深蒂固，并侵蚀着所有的孩子。我曾任职的一所学校中，所有的二年级女孩都加入了女童子军，只有三个女生除外——三个刚刚移民不久的亚裔女孩。对此，只有很少几个白人父母表示关注。

另外一些差异问题，尤其是身体和精神残障问题，也是大多数人的禁忌。有一次，我参观我妹妹黛安任教的幼儿园，让我永远不会忘记的是，所有孩子在所有的活动中，都那样充满爱心地包容一名脑瘫女孩。身为父母的我们，必须克服自己的恐惧、尴尬以及偏见，才能帮助我们的孩子来处理这些生活中的重要主题。最近，一位同事向我征询意见。他的女儿在一所多种族幼儿园，平时大家相处得都不错，但是到了孩子邀请同学来家里参加生日会时，她却只邀请了白人小朋友。我首先建议，在邀请谁来参加生日会的问题上，该年龄段孩子的父母必须担负起主导的责任，因为许多年幼的孩子经常会表现“残忍”，就是说会公然排挤或接纳别人，而不顾及对他人所造成的情感伤害。生日会并不是赋予孩子力量的好时机，这时我们更应该做的是引导孩子，尤其是在涉及种族歧视或阶层排斥的问题时。

孩子需要我们提供一些推力，从而克服他们对差异性的抗拒。孩子很小就注意到人与人之间的差异性，而并非一无所知。如果你希望孩子和某个小孩做朋友，你就要邀请他们全家到家里来做客。游戏力不仅可以处理打针或上学的问题，同样可以面对各种歧视。父母可以拿起一个布娃娃，对青蛙玩偶说：“我不要跟你做朋友，你是绿色的。”用笑声陪伴孩子面对这些问题，而不是用干瘪的说教。游戏中的笑声，才能真正帮助孩子对这些主题进行更好的思考。

让事情变得有趣

既然主导的是游戏，那就意味着我们需要保持一种态度：任何事情都可以是有趣的。整理家务、打扫卫生、买菜做饭等各式各样的苦差事，为什么不能像游戏一样变得好玩呢？帕奇·亚当（Patch Adam）在自传中描述了他如何尽力让“任何事情”都变得有趣：他在海军信用社工作时，发现大家都在做自己讨厌的工作，尤其是文书工作。他和一位同事于是决定让每一件事都变得好玩起来：他们鼓起勇气让自己变得滑稽可笑，把公文里的信息“唱”出来……等 15 年后故地重游时，每个人都还记得他们。他们开创了办公室喜剧的新纪元。

亚当还提到：“排队的时候，可以用来结交朋友或者做白日梦；而洗碗时，可以跳一支芭蕾来感谢厨师。”我的好友安迪和我一起参加过一个父亲工作营，他说：“以前，我最受不了排队；现在好了，我和儿子在超市排队时可以玩得很高兴。”回想当年，在女儿还是小婴儿时，换尿布和做游戏这两件事对我来说，简直就是风马牛不相及。现在，让我们把这两件事合二为一吧！

现在我和女儿去超市购物时，有时会玩一个游戏。她偷偷地把我绝对不会买的东西放进购物车，而我要在到达收银台前把它们找出来。有时，我们在整理房间的过程中，玩得比在“游戏时光”中还快乐。当孩子不想做那些令他不快的事情时，例如反抗剪头发、不要看医生等，父母有时会采用贿赂的方式。我自己也会这样做。然而事实上，贿赂可能暂时有效，但会产生事与愿违的长期后果，会让孩子更不想主动去做事情，不管是早上起床、上学学习，还是做家务。与贿赂不同的是，让事情变得有趣，既可以增进亲密，又可以培养自信，还可以加强合作。

为孩子领航

在上一章的最后，我以罗伯特的例子来说明跟随孩子的重要性。现在我想用他的例子来说明主导孩子的重要性，以及如何在跟随与主导之间找到平衡点。

罗伯特的情况是，幼儿园经常不得不请妈妈来把他领回家，后来连参加夏令营都是如此。罗伯特遭受挫折的时候会变得十分好斗，而且因为使坏而被同伴拒绝。5 岁的他十分聪明，但是却缺乏社交技巧，很难安静下来。在游戏治疗之初，我们只是玩他想玩的游戏。而在我们建立联结后，我就开始找机会主导游戏来帮助他渡过眼前的难关。

有一次，他要打我时，我用了之前描述过的拥抱来阻止他，不让他伤害我或他自己。这时他尖叫着说他恨我。我认为这恰恰正是孩子发出的信号，表明他需要大人坚持通过拥抱来建立联结。于是我请他的妈妈紧紧抱住他，尽管他不断挣扎，不断尖叫着要妈妈松手，要我离开。妈妈告诉他说如果冷静下来就会放手。我建议她改变说法：“我们联结在一起后我就会放开你，我们联结在一起后，我就能幸福地看着你，你也能幸福地看着我。”他照着做了，而拥抱的性质也随之转变。罗伯特不那么激动了，眼中也不那么迷茫，虽然还是回避目光接触，但两人之间不再是力量的对抗，而是朝着联结的方向在共同努力。

罗伯特渐渐安静下来后，我问这位母亲对孩子的这些情绪有何看法。很显然，在攻击行为的背后，这个男孩内心恐惧，受过伤害。他的几位老师也认识到了这一点，但不知道如何让他既不伤害别人，也不孤立自己。这些所谓的“小霸王”或“坏孩子”都是这样，把自己的坑越挖越深。

妈妈一边抱着罗伯特，一边向我诉说孩子小时候的一些可怕经历。她开始哭，而罗伯特在她的怀里放松下来，静静地看着妈妈。她告诉我，她对于罗伯特所经历的恐惧深感愧疚，他当时年纪那么小，却又不得不表现得勇敢坚强。我请她说这些话时不要对着我，而是对着罗伯特说。她照做了。他们凝视着对方的眼睛深处，不再有任何对抗，只有温柔的注视。

之前，我虽然与罗伯特已经建立了一些信任，但并没有改善他的人际关系，而在他与母亲这次深层的拥抱之后，事情才有了重大改变。那个周末，他们一家人花了很多时间与罗伯特谈论打人时的真实感受，他第一次承认他觉得害怕，而不再说是因为别人很坏或很笨。随后，父母亲帮他思考怎么才能有安全感。令他们感到意外的是，罗伯特自己下了一个结论：打人并不会让他获得安全感，因为别人不会再喜欢他。从那之后，罗伯特在幼儿园和夏令营的情况开始好转。我想，这是因为母亲的领悟促成了改变，至少是因为罗伯特获得了拥抱时间。但是，假如母亲没有坚持面对那些眼泪和尖叫，她与罗伯特可能永远都无法重获如此亲密的感觉，从而可以分享恐惧和安全感的深层话题。至少，之前的罗伯特是不可能静坐聆听的。后来我们又有过几次拥抱时间，但仍以游戏为主。每次拥抱时间结束后，他总是很期待下次的游戏时光，这也是为什么我认为，他对我说“滚开”、“不要再回来”之类的话，不过是在告诉我，他正在处理一些极其沉重的情绪而已。

还有一次，罗伯特不知道为什么生我的气。他把厨房的门关起来，大叫：“我要吃爆米花，我一个都不会给你！”

“呜呜呜！”我皱眉假哭。

他说：“好吧，你可以得到一小粒！”

“太好了，一小粒，你真大方，我真高兴！等一下，那是什么口味的？”

“呃，奶油的！”

“可是我讨厌奶油的！”

“骗你的。是原味的！”

“呜呜！”

“妈妈，爆米花在哪里？”

“你如果不分享的话就不能吃！”他妈妈回应道。

我告诉他妈妈：“没关系，我们在玩。”然后我对罗伯特说：“你有那种花生奶油红糖酱油口味的吗？那是我最喜欢的。”

“没有！”

“呜呜！”

他拿着爆米花坐下，然后捏了一小粒给我。我说：“嗨，这是花生奶油红糖酱油口味的吗？”

“没错！”

我吃下去，说：“这是奶油的，你骗我！”

他笑了。

“刚才那个弄错了。试试这个！”他建议。

“我不知道该不该相信你。你确定这颗是花生奶油红糖酱油口味的吗？”

“我确定。吃吃看吧！”

“如果不是的话，我应该很生气吗？”我的目的是想帮助他面对别人对他生气的情况，而这正是一个用游戏来引入主题的机会。但我先要问他，这样才不会吓到他。

“不要！”他的语气很坚决，说明还没准备好要接受生气的表情。

“那如果这个不是花生奶油红糖酱油口味的话，我该怎么办？”

“你要很难过！”

我吃下去，做了一个非常难过的表情，他笑了又笑，我们重复了好几次。从一方面来说，我是在跟随他玩爆米花游戏，但在另一方面，我又在主导游戏，在游戏中引入了失望、生气和力量的主题。

有一次，罗伯特和我坐在沙发上，他抓了一个枕头打我。我们本可以跳起来进行一场枕头大战，但这次我决定试试别的。我说："你好，欢迎来到科恩博士的枕头管理学校。你一定是我们的新学生。很高兴认识你！"我和他握手，以此建立初步的接触。枕头的想法是跟随他而来的，而学校的点子则是我主导的部分，至于枕头管理学校并不是什么新颖的治疗方法，不过是我随机发明出来的，我想用这个方式来引入那些他一直回避的主题：学校、规则、自我控制等。

我继续说："你刚好赶上这堂课，主题是'不许打人'。"我估计他会打破规则。我开始用两倍的速度讲话："现在把这个枕头放在这里，那个放在那里，然后把这两个像这样交换，再旋转，然后把它们叠放起来……"我故意把教学弄得既混乱又滑稽，有点像学校但又不完全是。我的主要目的是让他用枕头打我，我可以假装生气地追他，他可以大笑。

"记住，只有一个规则，不能打人！"（在这里我要插一句，有些孩子需要你悄悄地提醒他们："其实可以打我，我不会介意；这个规则只是个游戏而已。"）罗伯特拿起枕头，乘我转过头时，用枕头打了我。我用滑稽的尖叫声抗议，他跑开说："你来追我呀！"于是我追着他跑。在这个过程中，孩子一旦上了我主导的轨道，我就会转而尽量跟随他的主导。最后我追到他，把他带回沙发。我说："你做得很好，除了一件事之外，不能打人！你准备好了吗？不能打人，可以吗？"我重复着"教学说明"，而我们玩了几十次，笑声不断，包括在一旁看着的他母亲。

最后我估计玩得差不多了，罗伯特问我可不可以玩最后一次，我欣然同意。这一次，他严格遵守了"规定"，按照复杂的程序操作枕头，而且一直没有打我。结束时，他脸上浮现出充满成就感的微笑。我说："真是太棒了！"他眼中闪着光芒。

我又说："接下来，是打人高级课程。"听到这话，他的眼睛更亮了。"在高级课程中，你可以用枕头打我的头，但是打的时候你必须一边单脚站立一边唱歌。"他做到了，我们都笑了。

让我解释一下最后这个部分。因为他在打破规则方面做得如此之好，我认为可以做一些新的变化。这次我把他想做的事——用枕头打我，变成他"应该"做的事，而不是"违反规定"的事。类似这样一些转换，可以帮助孩子发展合作的技巧，我在下一章中会谈到这个部分。

我想，你可能会问："你解释了邀请他打你的部分，但为什么还要单脚站立和唱歌呢?"那是要帮助罗伯特管理他的情绪。每个人都有攻击性和不同类型的冲动，管理情绪的关键是能够调节情绪的程度，就像炉头的调节器那样能够调整火力的大小，而不是像电灯开关那样只有"开"和"关"两档。我知道罗伯特缺少这样的调节器。运气好时，你可以帮助他把"生气"关掉，但是他没有办法把它调节到自己可以控制的程度。所以我用两种方式来处理这种想要打我的攻击行为。第一，邀请它，这样做所产生的影响是：邀请使得"用枕头打人"变成游戏行为，而不是敌对行为；邀请也把它变成我们之间的互动，而不是他单方强加于我的行为。第二，我让他在打我时单脚站立和唱歌（当然可以换成任何事，我只是刚好想到这两个动作而已），这样做的目的，是从某些小的地方对这个行为进行一些改变，从而帮助他一点儿一点儿地获得自我控制的能力。如果你可以一边单脚站立唱歌一边打人，那么如果排在你前面的孩子踩到你的脚，你就有可能控制自己不要推他一把。

另一个例子也是通过"先跟随再主导"的方式来改变孩子行为的。贝蒂是美术老师，她教的 9 个孩子从 3 岁到 12 岁不等。有一天，孩子们很难专注，于是她带他们去公园写生，本希望他们能安静下来，结果还是不行。在一座塔楼旁，贝蒂让孩子们把画板放到地上。她说话的速度很缓慢，这让孩子们以为现在要安静下来工作了。没想到，贝蒂突然大声说："看谁先爬到楼顶!"然后她跑上楼梯。所有的孩子都跟着冲上去。在楼顶时她又说："现在下楼！"她开始往下走，孩子们喧闹地跟着，她逐渐放慢步伐，越来越慢。接近底部时，她开始说："感觉你在抬脚时，地心引力把脚往下拉……"走到最后一阶时，孩子们都平静了下来：此时他们可以专注了，做好了画画的准备。贝蒂先进入孩子的状态——喧闹而失控，然后才能把他们带到一个新的境界——安静而镇定。她后来说这是她上过的最棒的一堂美术课。

第 11 章　加入你不喜欢的游戏

想跟猫玩，就要做好被抓伤的心理准备。

——塞万提斯

在前面的讨论中，我们假设的前提都是大人愿意到孩子的世界，至少去参观一下。但是如果我们不想去呢？如果那个世界令我们害怕、困扰和气恼呢？如果我们就只是想禁止他们正在做的事情，并且永远不许再做，同时我们一点儿也轻松不下来，更笑不出来呢？

在第 3 章中讨论联结时，我举了《野兽国》中的麦克斯为例。他从幻想世界回到真实世界，想要回到那个有“最爱他的人”的地方。但回去之前，他已经把那些在父母看来破坏力极大而令人不安的能量都释放干净了。在幻想中，他驯服了一群野兽，当上了他们的国王。“现在，”麦克斯说：“让我们尽情吵闹吧！”大吵大闹不过是桑达克一种艺术想象力的概括，它其实指的是所有让成人感到难受、恐惧和愤怒的儿童行为。用心理学上的术语来说，大吵大闹中潜藏着三个关键主题：依赖与独立，攻击，性。

依赖（“我做不到！”）与独立（“我要自己做！”）

虽然婴儿出生后完全依赖于我们，但事实上他们已经是一个独立的个体了，有自己的需求、欲望和好恶。在生活的方方面面，他们会同时体验到两种强大的牵引力，使他们既想依赖又想独立。这两种牵引力都会使大人深感困惑。想想那些黏在父母或老师身旁的孩子，和那些把尝试新事物看作不可能的孩子，还有那些遇到一点点压力就觉得天要塌下来的孩子，他们的口头禅是：“我做不到！”

另一方面，孩子表现出以下这些“独立”行为时，我们又会气得七窍生烟：在马路上横冲直撞，破坏规则，顶撞或无视我们，到处惹是生非，把我们的良苦用心当作驴肝肺。这时候，他们的信条是：“我要自己做！”有些孩子一会儿要强一会儿示弱，我们怎么也合不上拍。前一分钟他还要自己去商店，后一分钟他又要回到婴儿车里。

前面我把联结断裂的孤独感和无法自主的无力感比喻为紧锁的堡垒。有些孩子可能真的把自己反锁在房间里，可能是戴上耳机对外界不闻不问，也可能只是在情感上与人保持距离，谁都不让靠近。当那座“堡垒”的门关上时，我们会真实地感觉到彼此之间隔起了一道高墙。

另外一些孩子的表现似乎是联结过多，这会让我们困惑。他们黏住你不放，只要被陌生人抱起就哭；他们紧紧抱着妈妈的腿，一刻也不放手；他们都上大学了，还要每天打电话回家；他们从来都“宅”在家里，不去外面。但是，这真的是因为联结太多的缘故吗？事实上，这是断裂的另一种表现，他们无法与母亲之外的人产生联结，不管是新朋友还是旧伙伴。

老师的身旁，妈妈的裙下，不分白天黑夜的电脑前——这些地方都变成了隔绝的堡垒。即使身旁有其他人，过度依赖的孩子也不会去联结。离不开母亲怀抱的孩子，对外面的世界不敢抱有希望，更无法抓住机会投入其间，而只会一味地把脸埋在大人的怀中。作为父母，我们也许会喜欢孩子躲在怀中的温馨感，但是有时我们也会因为窒息而发怒：“你为什么一定要跟着我？……你黏在我身上了是不是？……回你自己房间去玩！”

游戏力中，处理这种黏人问题的办法之一，是把孩子推开几厘米。不要把他完全推开，而是在他与你之间留一点点距离。随后通过眼神进行交流，看看会发生什么。常见的结果是孩子一边大发脾气或者大声哭泣，一边挣扎着要躲回那个“安乐窝”。这时我们需要想办法让孩子去外面看看，这样才能知道外面也一样安全，即使有所谓的“危险”，也值得一试。他藏在你身后，并不是真的在与你联结，他只是为了躲避外面的世界。轻柔地将他推到外面，加入你的行列，然后帮助他去注意广阔的世界。这个策略可能不像游戏，但这个方式能帮助孩子在产生距离感时，释放自己对依赖和独立的矛盾感受。

我的朋友卡拉打电话来求助，她 11 个月的女儿朵拉正经历严重的分离焦虑。小女孩每当母亲要离开时就哭闹不休，即使陪伴者是她喜欢的爸爸或奶奶，情况也一样。母亲不在的整段时间中，她会一直哭，而不是哭一会儿就算了。于是我过去帮忙。卡拉请别人帮忙照看朵拉的哥哥，随后与我坐下来沟通情况，而与此同时朵拉坐在地板上警惕地看着我。

我先就本章前面所述的内容与卡拉做了沟通，然后建议让我去抱抱朵拉，看看会怎么样。朵拉好像听懂了一样，开始焦躁不安，要妈妈抱她。我点头让卡拉抱起她，朵拉紧紧抱住妈妈，并用厌恶的眼神看了我一眼。我伸手去碰朵拉的衣服，动作非常轻柔，还没碰到时，她便开始大哭起来，头埋在妈妈的怀里，拼命哭了半个多小时。她不时抬起头来看，看到我还在轻轻碰她，她就继续哭。她似乎在用一只手推开她的妈妈，另一只手却紧抓着她，这是非常典型的模式。

我建议卡拉坚持用眼神与朵拉交流，并对她轻柔地说话。卡拉说，朵拉和她在一起时从没这样哭过，看来自己不在家时，朵拉一定就是这样哭。我说："不太一样。这次她是既抱着你，又觉得你要离开，这与完全跟你在一起，或者完全离开你很不一样。"平常就是这样，朵拉和妈妈在一起时一切都很好，而妈妈不在身边时，一切就糟透了。妈妈不在时，她无法注意周围的人是谁，即使是她最亲近的人，她看到的都是"不是妈妈"的人。和别人在一起时，她不会躲进别人的怀里，用哭泣来释放痛苦的感受；相反，她拒绝安抚，大声尖叫。后来，当我很轻很轻地将朵拉拉开时，她实际上仍然和妈妈在一起，但此时她可以释放与母亲分开的焦虑。

在朵拉渐渐停止哭泣时，我问卡拉为什么孩子会这样。她说朵拉刚出生时，为了完成一些治疗，她不得不把孩子交给医护人员。一说到这件往事，卡拉的眼泪就止不住往下掉，而一旁的朵拉却不哭了，呆呆地看着妈妈，这是另一个常见模式。卡拉紧紧地抱着朵拉，告诉她妈妈有多爱她，在医院时有多么害怕，以及把她交给别人时是多么难过。最后两人终于都收住了泪水，她们很放松地抱着对方，望着彼此的眼睛。朵拉甚至看我时都不乏柔情，虽然还是不愿让我接近。当我又轻轻碰了一下她的衣服时，她只是把头放在妈妈的肩膀上，一副恍惚的神情。但从那以后，我再去拜访时，她就对我另眼相看，愿意让我抱她了。更重要的是，从此以后，当小朵拉再单独和爸爸、奶奶在一起时，她再也不号啕大哭了。

就快乐玩耍的意义而言，哭一个小时当然不是在玩。但是从另一种意义上，这却仍然是“游戏”。不过，我这个“游戏”是假装把她从妈妈身边拉走，而不是真把她拉走。也许，一个成人的例子会把这个问题说得更清楚。

有一位找我做心理治疗的先生，总是埋怨咨询结束得太早，他想尽各种方法吸引我的注意，不愿到点就离开，也不管后面有多少其他患者在排队等我。不管是我暗示时间到了，还是明着说他该走了，他就是听不明白。我也试了常用的几种治疗方案，但都不奏效。他也不承认之所以想待在我那儿，是有什么深层的心理原因。每一次他都坚持说，只想跟我再多说一件事。

有一天，我决定把他这种情况变成一个游戏。我跟他说，今天的疗程完成一半的时候，我会说时间到了。你可以争辩，可以抱怨，可以请求，怎么做都可以，做多久都行，直到治疗时间真的结束，到时候，你真的得离开。他觉得这愚蠢之极，因为他知道时间还没到，他不会受到什么影响。不过我最终还是说服了他来试一次。

我说时间到了。他反应说：“时间就到了？我才刚说到这儿。我需要你的帮助；我才不管有多少人在等着呢……”这次，我不再恼怒地急于赶他出门（以前每到疗程尾声，当他如此表现的时候，我就会这样）。我只是反复说这一句：“哈，对不起，我们的时间到了！”他终于意识到自己渴望别人关注和照顾的依赖心理，而现在不必再用问不完的问题来掩饰这种心理了。最后，当时间真的结束时，他起先还想争辩，但很快就微笑着说：“下星期见！”从这以后，在疗程结束时他不再死缠不放，治疗时间变得更有效率，我们俩再也不用害怕治疗时间的结束了。

游戏力对于过度依赖的问题，还有一种非常特别的处理方式，那就是角色置换。也就是说，由大人来拼命黏住孩子不放。黏人的孩子总是会被人推开，他们对此十分恐惧。我们可能在一开始会喜欢被孩子黏着的感觉，但后来我们都会对此感到疲倦，然而孩子却还远远没有得到满足。因此，每次他们还在靠近我们的时候，就已经开始为即将发生的分离而紧张了。他们非常害怕分离，以至于不能享受在一起的美好时光。然而，当我们变成黏住人不放的那一方时，他们就成为可以最终决定走开的一方，如此一来他们便能注意到联结，而不是只关注分离。这个过程没你想象得那么长。一旦局面颠倒过来，他们就不再需要紧紧抓住了（因为大人在紧抓不放），因此也就可以很快地放开。

我是在一次意外经验中发现这一点的。当我女儿还小的时候，哄她入睡这件事简直让我抓狂。她要求我一起躺下，等她睡着再走。可是我一离开她就会醒，结果我还是走不开。如此反反复复，让我几乎崩溃。最后我终于明白了：这是因为她知道自己一睡着爸爸就会离开，所以根本就放不下心来。不管我等她睡下多久再走，她还是会醒来找我。于是，我开始在她睡着前早一点儿离开，并且说我要去换睡衣，然后会回来看她。我告诉她，如果我回来时她还醒着，我就会跟她一起躺下：如果她睡着了，我就会亲亲她、说晚安，并帮她盖好被子。自从这样安排以后，多数时候我离开她房间时她就已经睡着了。只有几次，我回来时她还没完全睡着，这时我只需要亲她一下，她翻个身就睡着了。她之所以可以放下心来，是因为“爸爸会回来”。之前她总是担心着分离，而现在她知道下一件发生的事情是我会回来，所以她可以放松地睡去。通过这次经验我意识到：黏人的孩子其实总在担心可怕的分离。但是如果我们黏住他们，他们就可以决定何时分离。

当我们认为孩子能够独立完成某些事情，而他们却不愿意去做时，许多家庭冲突就开始了。例如：孩子自己穿衣服，不用被唠叨就帮忙做家务，自觉完成作业，等等。因为他们能够独立去做，我们就认为他们应该去做。但是我们没有意识到，孩子在朝着独立迈进的同时，他们相应需要的是与我们更多的联结，而不是更少。他们每取得一项新成就时，就需要多一份亲密来取得平衡。这样，他们的自信才能得到补充，也才能继续前进。因此，对孩子每提高一份责任和期待，也要相应地增加共同游戏的时间。

当孩子出现倒退，表现出种种不符合年龄的幼稚时，父母可能会非常生气。当家里添了小弟弟或小妹妹，或者孩子自己面临某些压力时，这种倒退行为出现得最为频繁。当然，父母的难处已经够多了。但是无论如何，惩罚和批评并不能禁绝倒退行为，因为这些行为表明孩子在内心深处暂时需要有所依靠。只有依赖感满足后，他们才能重新出发，继续往独立的方向前进。如果你为此大动干戈，他们就会总想着依赖；但是如果你接受这种感受，甚至把它变成一个游戏，他们就能很快度过这个阶段。假如你 4 岁大的孩子趁着小弟弟不在时爬进了婴儿车，那么你就用喜悦的声音说："哇！好大的婴儿耶！我还从来没见过这么大的婴儿呢。叽里咕噜……"假如他开口说话，你就惊呼："婴儿居然能说话，太神奇了！"相信我，他马上就会从婴儿车里出来，对你表演能跑会跳等。"变"回婴儿这一段短短的时间中，他的杯子被迅速地蓄满了。在大一点儿的孩子看来，婴儿似乎只要躺着就能得到成人的疼爱和关注。而蓄满杯子后，他就又可以重新像一个 4 岁孩子一样充满热情地跑跑跳跳了。还有一些"退步游戏"会让孩子安静一些，例如，把他抱在你的腿上。尽管他已经很大了，但也绝不能对他有任何的取笑。

孩子激怒大人的另一个极端，就是表现得过度独立。他们想摆脱大人的监控，不要大人的规则，这也是很麻烦的。我们既要保护他们，但也要让他们能够伸展翅膀。有些时候，我们需要的只是放松，不要去管那么多事，要相信他们已经够安全了，即便我们不能保证百分之百的安全。还有些时候，我们只是需要为他们找到安全的方法来实践独立。当他们用锋利的刀具切东西时，我们可以把着他们的手；当他们"单独"去店里买东西时，我们可以稍远一点儿跟着；我们也可以让他们到设施安全的公园里去野一下。

我们也可以放松一下自己，不要过度在意混乱、噪音、脏话。（如果这些事对我们造成了困扰。）如果我们不把这些当回事，那么所谓的“权力斗争”也就不存在了。我们可以给他们更多机会来自己做决定。我女儿两三岁的时候，有一次想玩创可贴。她想把自己从头到脚都贴上创可贴。我很严肃地说：“不行，创可贴是划伤时用来贴伤口的。”好像游戏和创可贴是彼此永不相干的两种事物。我对胶带也做过同样的事：“这不是玩具!”但是，胶带和创可贴当然可以是玩具（例如假装作为流行装饰）。孩子对事物从来没有这样的区分。结果证明，我把创可贴留到紧急时再用的“规则”相当愚蠢。

孩子对规则特别有兴趣——讨论和订立规则，打破和协商规则，辩论规则的合理性，寻找规则的漏洞，根据规则打小报告，等等。“破坏规则”的游戏（先制订一些愚蠢规则，然后让他们来破坏），大多数孩子都喜欢玩。因此，试试发明一个规则，例如不能笑或者不能眨眼，然后在他们破坏规则时假装大发脾气。这让孩子有机会嘲笑一下那些对他们构成巨大挑战的生活内容。有时候，孩子想利用游戏时光来完全掌握规则的主导权。他们也许要求你亦步亦趋地遵守规则，也许让你破坏规则，然后再来处罚你。这时，成人的参与相当重要，因为别的孩子不会允许你的孩子有那么多“权力”。当几个孩子一起争夺规则的控制权时，结果一般都不会太好。当然，父母也不喜欢被人指使得团团转的感觉，但是我发现，当我们在游戏时光中开心地服从命令时，我们的养育工作会变得更加顺利。它将帮助孩子在别的时候开心地遵守我们的规则。也或许不完全开心，但是他们能够合作就已经不错了吧。

我女儿发明了一个游戏，叫“艾玛规则之大富翁游戏”。我们之前玩过几次大富翁游戏，很快就觉得无聊，所以有一次她问我能不能设定一些新规则。我说当然可以，并在心里期望她能真的找出办法让游戏更有趣。但结果是，她发明了一些偏袒她自己的荒唐规则：不管谁走到哪一步，她都可以拿到钱；我可以买到东西，但她可以把我买的东西拿走；等等。我们在新游戏中从头笑到尾，每当新规则为她带来新财富时，我都假装惊讶不已。我们玩的不再是以前的大富翁游戏，而是一个全新的游戏，叫“不公平的人生”。

有些父母担心让孩子这样玩，他们就适应不了同龄人那个残酷冷漠的世界。毕竟其他的孩子不会像父母一样无私。恰恰相反，让孩子主导游戏、掌握规则可以把孩子的杯子蓄满，而满杯的状态使孩子在离开我们时，能够更加快乐地参与到小伙伴们的游戏当中。外面世界中的比赛、竞争与规则让孩子感到困惑，而与大人玩的不公平游戏能够帮助孩子把内心的紧张和不快释放出来。我们把胜利的喜悦、失败的痛苦夸大化、滑稽化，也有助于孩子度过这个过程。

更加复杂的是，孩子蓄满杯子的方式，有时反而是“不要特殊待遇”。有时他们喜欢被看作大孩子甚至大人，喜欢让自己竭尽全力。9 岁的马克是我的朋友苏珊的儿子，他在家里时必须要赢每一场比赛。而有一天苏珊吃惊地发现，马克在体育馆里和一群十几岁的孩子打篮球时，别人没有给他任何特殊待遇，而他依然打得非常努力，即使他是球场上最弱的球员。他喜欢这样的比赛。

“让我说了算”和“让我赢”的游戏，帮孩子把根扎深；“让我全力以赴，没有特殊待遇”的游戏，让孩子试飞自己的翅膀。

攻击性

很多成人都不喜欢攻击性游戏：取笑别人、追逐打斗、超级英雄、刀枪棍棒、国王与战争，等等。就像依赖与独立的问题一样，如果我们理解了攻击性游戏存在的原因，以及会对孩子产生什么效用，那么我们或许就不会那么排斥，甚至能试着多参与一点儿了。

我们都见过小熊、小狮子打闹嬉戏的照片。动物们也会相互取笑。灵长动物学专家德瓦尔（Frans de Waal）研究了圣地亚哥动物园的巴诺布猿。这种猿猴十分活泼好玩。有一个游戏是它们都喜欢玩的，就是沿着一条链子爬到洞穴附近的壕沟里。如果有猿猴爬下去，那么一只名叫卡林德的公猿就会把链子拉上来。卡林德特别喜欢捉弄猿群的统治者威龙。卡林德会一边捉弄地看着威龙，一边故意拍打壕沟的边缘。好几次，威龙的配偶萝莉塔会上演“美女救英雄”的好戏，跑过来把链子放下。

打闹和打架可能很难分辨，不过我有一些观察小技巧：双方的目光接触是什么性质的？他们是在注意对方并等待回应，还是只顾自己生气？有笑声吗？有人受伤吗？心理学家安东尼·佩列格里尼（Anthony Pellegrini）写了一本关于打闹游戏的书，他认为打闹游戏可以是跑步、追逐或者体力对抗，但同时都伴有笑声。当打闹游戏结束后，孩子们会继续在一起快乐地玩耍。强势的那一方会对自己的力量有所节制，以便让游戏能够平等进行（就像第 6 章中提到的狒狒保罗）。

与之相比，真正的打架会挥起拳头，推、挤、抓、踢全都使上。其中至少有一个孩子会愁眉紧锁，满脸阴沉，而另一个可能就在哭泣。打架的结局，就是双方怏怏不乐地各自收场。大孩子不会忍让，受伤的情况更加常见。一些“问题小孩”对于什么是打闹和什么是打架没有概念。他们可能会在打闹的时候出手不知轻重，把打闹升级为打架。

当我们遇到攻击性游戏时，我们需要保持镇定、放松心情，尽可能加入一些联结或者帮助孩子获得自信。当遇到真正的攻击行为时，我们则需要帮助孩子冷静下来，可以抱住他们或者用其他方式帮他们先调整心情。好的攻击游戏确实能够帮助孩子控制他们的攻击行动，帮助他们处理好从电视或者现实中看到的暴力。具有破坏性的攻击游戏则是真正的暴力行为，如果不加以制止就会引发更多暴力。

有一次，我跟一个名叫艾琳的小女孩做了一个打闹游戏。她一来打我，我就跳着躲开。她看上去一半是在玩，一半有点儿生气。其间有一次，她因为又没打中我，生气地用手猛拍桌子。我先是过去查看她有没有事，但她把我推开，说这都怪我。我滑稽地说这可真是“搬起石头砸自己的脚”。她觉得这个说法很好玩，但不知道是什么意思。我于是解释说，起先打人的是她，结果受伤的还是她自己。在后来的游戏里，在抓到她之前，我就假装摔倒，而且在地板上把自己演得悲惨无比。艾琳大笑不止，还模仿我说："哈哈，这就是'搬起石头砸自己的脚'。"

另一类游戏虽然没有真正的攻击行为，但却带有象征意味的攻击性——超级英雄、金刚战士、假想枪，等等。有些父母对这类游戏也下了禁令，一律封杀，因为不堪其扰，也有些父母担心它们会使孩子对真正的暴力变得麻木。但是禁止并不会有效果。如果孩子想要玩这类游戏，就表明他们已经有了攻击的冲动，暴力破坏的情节已经在他们的脑子里了。禁止这类游戏并不能将这些东西从他们的脑子里搬走。你只能和他们玩，即使百般不愿意也还是应该试试。

有人说枪战游戏会增加真正暴力发生的可能性；也有人说它让孩子释放了攻击冲动，使他们变得不那么好斗。事实上，两种可能都存在。他们到底是会在暴力中迷失自己，还是会得到乐趣？他们扮演攻击的场景是来控制攻击的冲动，还是从伤害别人的幻想中获得虐待的快乐？许多父母忽略了玩具枪和假想枪之间的重要区别。玩具枪，特别是仿真枪，较有可能变成破坏性的游戏，因为它们限制了想象力。你拿着枪还能做什么？当然是射人。假想的武器则与孩子自身的主题和需求产生联系，并具有无穷的创意空间。

即使是儿童心理学家们，对于该不该让孩子在生气时去打枕头、石头或者树干，也同样意见不一。一方认为这能够有效地释放攻击冲动，而另一方则坚持认为这只会强化攻击行为，让孩子学会暴力。我还是认为两种说法都有道理，关键还是在于是否基于联结。一位课余辅导老师向我介绍了他的亲身经历，即他成功干预一名11岁男孩的案例。男孩怒发冲冠、正要发作之际，这位老师把手放在孩子的肩上，带他走到外面，说："现在我们去打树。"他们找到一些小棍子，一起抽打起树干来，那噼里啪啦的抽打声让人感到很解气。效果非常明显，孩子很快就安静了下来，因为老师和孩子之间建立了联结。与之相比，一名来我这里咨询的孩子正好是个反例，他曾经在他父母的车库里砸了一个小时的东西。当时没有大人在场，旁边只有另外一个男孩一会儿怂恿他一会儿劝阻他。这种破坏性发泄完全起不到治疗作用，只会让孩子更沉迷于暴力，因为孩子把自己锁在了孤独感的堡垒里。

在积极的打闹游戏里，孩子能够尝试自己身体的力量。例如玩蝙蝠侠，孩子就可以展开有关打斗、武器和超能力的想象，以此满足他们对自身力量的崇拜。再重申一遍，要尽量让孩子保持轻松愉悦的心情，在游戏中激发创造性，别让游戏变成了搞破坏。我喜欢扮演的坏人和怪物，既有点儿吓人，又表现得滑稽无能、笨手笨脚，这样孩子才可以通过游戏来克服恐惧。如果怪物或坏人过于可怕，游戏就只会增加孩子的恐惧。

另一种侵略性的游戏——恶意对待甚至明目张胆地欺压他人——也免不了让父母们焦虑。大部分孩子都会冷不丁地表现出残忍、恶劣的一面，这确实会让我们大吃一惊。其实孩子的这种表现是一种实验，实验的内容正是每个人与生俱来的复杂人性，实验中造成感受上乃至身体上的某些伤害也在所难免。孩子需要在没有过多成人干预的情况下实验自己的社会能力。当然我们也需要随时帮助那些更容易受伤的孩子。

在父母工作营的一次讨论中，有两位母亲对我讲述了下面这个故事。她们的儿子分别是 7 岁和 8 岁，经常和一些不同年龄的孩子在广场上玩。有一天，平常的游戏玩着玩着突然演变成了骂人和互扔木片。其中一位妈妈的儿子用一根皮带抽了一个女孩的脖子，留下了一道非常醒目的伤痕。这个男孩尽管活泼好动，偶尔还有些冲动，但这种暴力行为还是第一次。那根皮带是另一个男孩的，正巧妈妈是我的工作营成员。两个孩子的所作所为把妈妈们吓坏了，她们想不到自己的儿子还会做出这种事。问清楚情况后，两位妈妈更坐不住了，原来这两个孩子所做的一切都是另一个“坏男孩”指使的。妈妈们想不明白怎么会这样呢？

妈妈们认为孩子的行为简直是野兽行径，简直与人类社会格格不入。我认同这是一件非常糟糕的事情，对于那个女孩和三个男孩都是如此，但男孩们表现得这么野蛮、鲁莽和暴力，却还有很多原因需要探究。我认为，实际上他们是在进行“社交实验”。他们在做这些事情的时候，心里隐含着这样的想法：如果我与强壮一点儿的同伴结盟会怎么样？我在大家的眼里会不会显得更有力量？我可以对妈妈说是别人怂恿我的吗？而对于教唆者，那个新来的大男孩，他心里也在做着自己的“实验”：我可以通过指使别人攻击，而释放我自己的攻击冲动吗？如果他们做了，谁会惹上麻烦呢？是他们还是我？我是新来的，我会因为年龄比较大而拥有更多权力吗？在这群孩子里，我可以凭借最年长和最强壮而获得地位吗？

不论是对于那个指使干坏事的大男孩，还是对于那两个想与强者结盟的小男孩，我都认为应该把他们的行为描述为：他们在尝试自己解决问题的时候选错了方法，走错了路。当然，这件事很危险。而且危险不仅限于女孩脖子上的伤。对于那个大男孩，他可能因此喜欢上这种残酷的行为，变成了虐待狂，而对于两个小男孩，他们也可能沾沾自喜地与强者建立了联盟，从此就成了别人的小弟。

尽管如此，我们还是必须理解，男孩们的行为是在尝试如何处理自己的攻击情绪。他们在试验非常复杂的社交互动：结盟、背叛、友谊、发号施令、执行命令、结成小群体，等等。他们的尝试虽然变成了残忍的举动，但是孩子绝非野兽。很多事情都具有同样的性质：刚学会走路的孩子会去抓猫的尾巴；一年级学生会大叫“抓住米奇”，然后看大家有什么反应；而女孩们则更可能悄悄地互相嘀咕：“明天我们都穿裙子，但不要告诉苏珊。”

如何才能让这些实验不要太出格呢？那就是多和孩子一起游戏，这样我们才可以保护孩子，也只有这样，我们才能示范怎么合理地释放攻击情绪。也许我们可以提前采取措施防患于未然，而不是等到事情发生后再对孩子大吼大叫。你可以让他们纠集在一起来对抗你，而不是去欺负更小的孩子。增加休息、暂停的次数，这样能使事情不至于失控。让自己摔倒，让他们去笑吧。

性的感受和表达

本章另一个不可或缺的内容，就是一直困扰我们的难题：儿童与性。我知道这个话题会让很多父母感到不舒服，虽然弗洛伊德在一百年前就已经宣告：儿童也有性感受。对于儿童健康的、正常的性发展问题，我们其实所知不多，原因是当今的孩子们在有能力正确处理性的信息之前，就已经被动接受了太多的误导。他们从同龄人那里，尤其是从主流文化中得到各种各样或明或暗的性素材。随便举一个啤酒广告为例，男孩得到的信息是：如果你喝了某种饮料，你身边就会围绕着一群辣妹；同时你应该认为这样类型的女孩是最迷人的。这个广告传递给女孩的信息就更糟糕了：你应该打扮成某个类型的女性，这也是你的奋斗目标——成为奖品，被赏给喝那种啤酒的男人。

当孩子玩起性游戏或者出现自慰行为时，父母会感到困惑和焦虑。通常，如果孩子们的性游戏只是偶然为之，纯属好玩和好奇，那就不必担心。但如果是受到胁迫，形成了习惯，或者发展得过了头，那就应该考虑寻求专业帮助。同时，应该确保孩子能够接触到与年龄相符的、正确的性信息。最重要的是，不要处罚和责骂孩子。自从心理学出现以来，治疗师们一直在帮助一类患者——他们在童年时由于性自慰或性游戏而受到惩罚，因而造成了不同程度的心理障碍。当孩子用玩偶来做性游戏时，完全不必紧张。但是如果这是孩子唯一想玩的游戏，或者你怀疑这个游戏可能反映出孩子受到了性虐待，那么就应该毫不犹豫地去寻求专业人士的帮助。

一方面，性游戏和性探索对于任何年龄的孩子来说都非常正常；而另一方面，孩子也通过某些性游戏来处理自己感到困惑、害怕或不知所措的事情。他们被动接受了很多无法解决的事情，他们自己也在努力想办法。他们想到的办法当然是游戏，一般会是与另一个孩子秘密地进行，而游戏过程中很可能触及一些令人困惑或冲动的情绪。在这种情况下，最好的回应就是同他们谈论性的话题，用简单而诚实的方式回答他们的问题，减少他们接触挑逗性的电影和电视，在家里也尽量避免裸体画像。有些孩子对于裸体或性素材没什么感觉，而有些孩子则会受到干扰。

有一对夫妇找我咨询，他们 6 岁的女儿有频繁的自慰行为，他们为此很担心。这对父母处理得很好，他们没有惊慌失措，没有禁止责罚，只是叫她回自己房间里去做，有外人在时就别做。通常，父母只需要做到这一步就可以了。但是让这对父母担心的是，大部分自慰行为都发生在女孩要求父母一起玩，但父母太忙而无法陪伴她的时候。我同意他们的看法，看起来女孩是在用性的自我刺激来替代联结的需求，或者来打发寂寞和无聊（很多成人也是这样）。自慰带来的强烈快感会使人忘记原先的联结需求，进而变成一种习惯。

这对父母还注意到，女孩在看电视时也会自慰，不是色情节目，而是一般的儿童节目。他们担心她会把性愉悦与呆坐在电视前发愣这两件事联系起来。我也认同他们的担心。多问了一些问题之后，我发现女孩用来摩擦的只是一个特定的毛绒玩具。我推荐他们试试游戏力的方法，在游戏中加入一些联结的内容。我建议在女孩没有自慰行为时玩一个游戏，让这个用来自慰的毛绒玩具假装是一个新来的玩具，并恳求女孩让自己成为新宠：“请带我跟你去学校吧！我可以在你吃饭时坐在你旁边吗？拜托拜托！”不仅如此，由于女孩另有一个最宠爱的毛绒玩具，会带着一起睡觉和一起出门，因此这个“新来的”就想尽各种办法（以滑稽的方式）阴谋篡位。这个游戏惹得女孩开怀大笑，并且立即见效。自慰行为消失了，也没有遗留任何罪恶感和负面情绪。

显然，女孩所需要的是一种愉快的方式，来处理那种已经与生理刺激发生了关联、并含有性意义的感受。同时，父母也开始让全家人有更多的时间相聚，并找到了代替“走开，我很忙”的方法。他们有一句话非常成功：“我虽然现在没空，但是 15 分钟后我就可以好好抱你，好好和你玩啦！”就像在放学后给孩子一些点心可以让孩子撑到晚餐时间一样，增加一点点联结，可以帮女孩更好地等待父母。

青春期和前青春期的孩子为了要酷而承受着巨大的压力。“酷”的表现之一就是比别人知道更多的性知识（即使实际上并不懂），装作从约会到浪漫无所不通。这时候，我们需要暂且放下身段，这样我们的孩子可能就不用装酷了。我们希望他们知道，好奇没有关系，不知道、害怕或者困惑也没有关系。向孩子传递这个信息的一种有效的游戏方式，用惠芙乐的话说，就是装成“快乐的傻瓜”。“让我们穿内衣到树林去跑一圈吧，像广告里说的那样。”“哦，我的天，这些人在亲嘴。你看到了吗?”“那只狗在那个家伙的腿上做什么?”

前面我提到过，与学步的孩子玩追逐游戏时，在将要抓住他们之际，我们自己绊倒摔倒，这样会让孩子觉得自己有能力，从而获得信心。与前青春期的孩子玩也一样，在他们成天琢磨的爱情与性的问题上，我们需要显得有些笨拙。就像老话说的那样：要养大一个小孩，需要一整村的笨蛋。因此，我会做完全“不酷”的事，唱老掉牙的爱情歌曲，说我爱上了恐龙邦尼或者芭比娃娃。

有些孩子一有机会就脱掉衣服，或者坐在你的腿上扭动，于是大人马上开始担心，怕孩子的游戏一不小心就会触及性的主题。毕竟，没有人想被当作恋童癖或是猥亵儿童者。然而，这是一个两难的境地。性健康的良好发展，需要孩子通过游戏来表达相关的性感受和性困惑，但是我们又无法在游戏中提供直接的帮助。这不像我们能够直接玩上学游戏，从而帮孩子面对学校中的困难那样。我们必须先找到一个比较安全的立足点。

首先，我们需要与孩子发生足够多的身体接触，是亲密的、健康的，而不是虐待的、强迫的或与性相关的。任何身体方面的游戏，如运动、打闹、户外奔跑，都可以帮助孩子消耗掉过多的性冲动。孩子需要健康的身体接触和运动游戏，但是大多数孩子并没有足够的机会。另外一个不错的游戏是“袜子游戏”：一边努力脱掉别人的袜子，一边保护自己的袜子不被脱掉。这是处理脱衣感受的安全方式，而且很好玩。对于有些人来说，这个游戏根本与性无关，而另一些人则可能把它当成处理性问题的一种象征方式，而这种方式不会造成恐惧和伤害。

邀请你不喜欢的行为

当一切都比较顺心如意，你因此也觉得更有精力，那么此时，就邀请孩子来做一些你平常无法忍受的事。假如孩子们正吵得不可开交，你就对他们说："拜托你们打个架好吗？"类似的情况还包括：他们互相嘲笑对方、抢对方东西、彼此争着吸引你注意、抱怨谁得到的比萨饼比较大，以及其他任何让你抓狂的事。"你们可以帮一下忙吗？我要做观察记录。"通常他们不会照你说的去做，但如果他们做了，你就假装是个新闻记者，饶有兴致地在一旁观看，问一些问题，请他们再做一次，以便让你深入研究。

邀请你不喜欢的行为，目的是以游戏的方式来扭转困境。这种方式使大人有机会想一想怎样才能更好地解决问题，也让孩子感到出其不意。"今天晚上就不要出去扔垃圾了，你在电视前呆坐几个小时别动，可以吗？""我现在很有心情，咱们来讨论一下今天的睡觉时间，你觉得怎么样？"这种邀请既是在跟随孩子，因为你对他们的行为做出了回应，但同时也是在主导孩子，因为你改变了家庭里的互动模式。毕竟，你坐到了地板上，说明你不只是加入了你喜欢的游戏，而且也准备加入那些在以前被忽略甚至不被认可的游戏。

欢迎你不喜欢的行为，是把之前讨论的想法又向前推进了一步。

有一天，我女儿请了6个女孩来家里玩，由于实在受不了那么高的分贝，于是我带她们去了公园。回家的路上，我对她们说："最后一次尖叫的机会！"她们用9岁女孩特有的嗓子尖叫了几次，每个人都笑了。有个女孩甚至问她可不可以单独来一段。邀请尖叫，不只是帮她们把心里的嘈杂释放了出来，还让我在之后不用再提醒她们小声一点儿。

如果孩子在你邀请之前就变得失控，你仍然可以玩这个游戏："嗨，我在看你们吵架！我可以看一下吗？我觉得很好玩，你们这些做哥哥姐姐的真霸道，弟弟妹妹又那么狡猾。"你可以做现场解说，不管他们在做什么，都立即"实况报道"："哇，女士们先生们，你们看到了吗？他正躺在沙发上，他已经躺在那儿3个小时没有动弹了。他还是没动。这可能是一项新的世界纪录。不，他刚眨了一下眼睛；他可能准备移动了。"

“实况报道”是以游戏的方式表达我们思考和感受的好方法。平时，我们要么什么都不说，让心情烂在肚子里，要么就是劈头盖脸地乱吼一通。这两种方法都不能产生令人满意的效果。试试用游戏的方式来表达自己：“我正看着一堆没有叠好的衣服。我现在找到了那个小孩，他在几小时前就该叠好衣服了。我又回头看到了衣服。我现在觉得五脏六腑都要尖叫了。等一等，我正在冷静下来。”

几乎每种我们不喜欢的行为都可以转变成游戏。如果孩子不能遵守游戏规则，而你觉得很烦，那么可以玩“我怀疑”的游戏，让作弊成为游戏的一部分。如果他们说谎，就一起说一个弥天大谎。你会惊讶地发现，加入孩子的行为，让它变成大家一起做的趣事时，问题竟然不见了。

我的一个朋友抱怨她的孩子们非常没礼貌，可她不知道该如何是好。我答应帮她带小孩去公园玩，让她休息一下。两个孩子分别是 5 岁和 10 岁，都很不错。我决定把他们的行为问题变成一个游戏。其中一个孩子问我要去哪个公园，我回答：“真没礼貌，我不敢相信你竟然问了这个问题。”他们两个哈哈大笑。我又说：“我猜，你接下来要问我的口袋号码是多少了！”其实我根本不知道什么是“口袋号码”，那是我顺口编出来的。你大概可以想象，接下来的一个小时里，他们一直都在问我口袋号码是多少，我和他们玩得不亦乐乎，假装求他们不要问这么无礼的事，警告他们不许在游乐场问我的口袋号码。他们当然是立刻大声追问。给他们上一堂文明礼貌课不会有任何作用，而这样的游戏却可以让他们用笑声来面对这个让一家人都紧张不安的问题。

同时，邀请不当行为的游戏，还能帮助我们从权力对抗的漩涡中摆脱出来。在餐桌上你再也不用说：“用叉子，不要用手！”然后与孩子争执不休，结果两败俱伤。现在你可以说：“好了，现在大家不要说口袋号码了，很没礼貌哦！”当他们喋喋不休地把口袋号码一说再说时，其实已经开始用刀叉吃饭了，而不再跟你争吵餐桌礼仪的事了。

上述这些技巧经常能够带来欢笑。邀请我们不能忍受的行为，往往能奇迹般地改变行为问题。当然，并不是每一次参与或邀请，都能解决当时的问题。有时候，它的收效可能会很微妙，包括帮我们重新看待孩子的行为问题，以及为将来准备更好的处理方式。换句话说，加入孩子或者邀请你不喜欢的游戏，其效果有时是改变了游戏，有时则是改变了我们自己的感受。不管是哪种效果，只要我们不再讨厌孩子的行为就足够了。因为，讨厌孩子热衷的游戏，不但会伤及孩子的价值感，也会让我们自己深感挫败。

第 12 章　迎接情绪的暴风雨

"突然又变好玩了。"

——露西，4 岁，擦破了点皮，哭了很久之后说。

运用游戏力的过程中，对于孩子各种强烈的负面情绪，小到暂时的沮丧或尴尬，大到深深的痛苦和担忧，父母都必须有所准备，并学会坦然接受。这些情绪是绝大多数所谓“问题行为”的根源。与此同时，孩子在游戏时也会产生一些积极的情绪，例如喜悦、兴奋和热情，此时我们也有可能会处理不当：我们叫孩子“安静下来”，而他却仍然兴奋不已，不停地大笑。

在讨论情绪和游戏的关系之前，我们需要先谈一谈情绪。

每个人都有各种各样的情绪，我们都经历过纯粹的快乐和满足，也体验过不同形式的恶劣情绪，包括痛苦、害怕、尴尬、沮丧、伤心、生气、焦虑、嫉妒，等等。当我们有情绪时，如果运气不错，我们可以自由地表达出来：高兴时就大声笑出来，难过时就大声哭出来，因为害怕或生气而身子发抖，因为尴尬而面红耳赤，因为烦恼或愤怒而大发雷霆。不幸的是，我们很早就失去了表达情绪的自由。“这有什么好笑的？”“不要让别人看见你哭！”“你竟敢这么对我说话！”“女孩子不该这样大喊大叫！”“回你的房间去，冷静了再出来！”“没事儿，这不疼的！”“真没羞，这么大了还哭！”“看看你生气的样子，好看吗？”还有就是经常挂在我们嘴边的：“男孩子不要哭哭啼啼的！”或者“再哭！再哭就什么都不给你！”

如果不能自由地表达情绪，那么孩子或者把情绪封闭起来，为长大后的各种问题埋下祸根，或者通过其他形式间接发泄出来。孩子可能会把所有情绪都埋在心底，而一旦妹妹碰了他的玩具，他就会爆发。父母离异或者爷爷奶奶去世的孩子，虽然对痛苦闭口不谈，但一转身就去打别的小孩，对别人态度恶劣尖刻，拒绝做作业。孩子之所以说“我讨厌你”，是因为直接表达“我好害怕，我需要你”就显得太软弱了。由于担心即将到来的考试，孩子可能会撒谎说生病了，不去上学。为了转移情绪，大一点儿的孩子就开始采取酗酒、吸毒甚至性行为等更刺激的方式。

游戏力可以帮助孩子找回表达情绪的自由，避免因情绪压抑或者发泄不当而造成的潜在恶果。不表达情绪或者表达不当，都意味着孩子被困于无力感和孤独感的堡垒。拥有自信和联结良好的孩子，不仅能使自己快乐地玩耍，而且能通过语言、行动或者主题游戏，让情绪得到直接释放，让大人知道他们的感受。

情绪的压抑与释放

有一次，我帮忙照顾两岁的侄女，她爸妈一离开她就开始哭。我要过去抱她，她却躲在桌子底下不让我接近。我问她我是否可以钻进去陪她，她说不行，并叫我离开房间。我说我不能离开房间，但可以离她远一些。我后退几步坐在地上，问她是否足够远，她说够远了。在我们说话的过程中，她一直在安静地流泪。过了一会儿，她从桌子底下爬出来，坐在我腿上，说："眼泪就是会自己跑出来！"

"可不是嘛！"我们笑了。

"我们来看《灰姑娘》吧，里面的继母真的很坏很坏！"她说。假如我当时离开了房间，那么她就不得不一个人去伤心了。但是如果靠她太近，她也会非常生气，觉得我侵犯她了。眼泪帮她把与父母分离的痛苦都释放了出来，从而使她高兴地接受了和我在一起的事实。很多成人认为：哭泣会使人难过。我想，难过的真正原因是我们总在与眼泪对抗。当我侄女说眼泪"自己跑"出来的时候，她说出了一个真理：让眼泪流出来很容易，只要你不去控制它。

很多人为了控制情绪而消耗了大量心神，而且还要求孩子也来步其后尘。但是不管我们再怎么努力控制，情绪都具有一股向外释放的冲动。结果就在我们内心发生了一场拉锯战，释放情绪的内在冲动与控制情绪的理性力量相互对抗起来。过度压抑情绪的人，要么因为再也无法忍受而激烈爆发，要么由于情绪淤积而出现各种不健康的症状，如忧郁、焦虑、暴力倾向等。情绪爆发时的行为，表面上看起来确实过于“感情用事”，但实际上问题的根源，却正是情绪在平时得不到足够表达而引起的。

对于大多数孩子来说，情绪的释放通常是因为再也控制不住了。这就可以解释为什么孩子在深夜或者发烧时会表现得更情绪化。看守情绪的卫兵疲惫了、生病了，因此情绪便趁机跑了出来。他们之所以会为了膝盖擦伤而哭一个小时，是因为：既然已经开哭了，那就顺便把以前累积的情绪也哭出来好了。当某一情绪强烈到无法被压住时，就会连带引出其他早就伺机脱逃的情绪。这就是为什么一阵大笑转眼就可能变成满眼泪水，反之亦然；这也就是为什么爆发的愤怒通常会引发一长串过去的故事，而与眼前正在争吵的事情却关系甚微。情绪一旦开始发泄便很难控制，这也就是为什么有些孩子会拒绝安抚。

男人在抑制情绪方面承受了特别大的压力，他们不能表现出软弱的情绪，因此对于他们受不了婴儿哭啼、受不了孩子有情绪的情况，也就不难理解了。一个针对大学男生的研究发现，他们对婴儿哭泣的录音的反应，比听到火警铃声还要痛苦。如果这时让他们喝酒，他们会比听到其他噪音的男生喝得更多。这就不难解释，为什么很多虐待儿童的事件都发生在孩子哭泣的时候。在我负责的家庭暴力治疗小组中，那些男人都觉得：女人或小孩持续的哭声让他们无法忍受：“好像皮肤要被撕裂一样”。显然，那些男人的暴力行为只能导致哭声更大、时间更长，进而使男人更要不择手段地制止哭声。这当然不是家庭暴力和虐待儿童的唯一情况，但它是很普遍的一种。在没有暴力的家庭里，眼泪和脾气仍然会强烈到让人失去理智。许多人会用尽办法来让哭声消失：贿赂、威胁、嘲笑、请求、斥责、隔离、妥协。如果我们可以接纳这些情绪，让它们自然地表达出来，反而会起到事半功倍的效果。让眼泪流完，结果会使每个人都好过一些。

给情绪一些时间

如果把笑声喻为游戏的引擎，那么眼泪就是保证引擎顺利运转的润滑剂。4 岁的露西和她的表兄妹玩耍时把手弄伤了，她在我怀中大声哭了好一会儿。检查完她的手之后，我确定不需要去医院，安抚一会儿就可以。哭了一会儿后，她告诉我刚才发生的情况，接着又哭了起来。几分钟后，她的表兄妹们又开始玩了起来，他们本来一直在旁边围观，似乎对她的肺活量感到惊讶，同时也在奇怪我为什么让她哭了这么久，而不试图转移她的注意力，或者说“不哭了就买糖吃”，又或者说“再哭就别玩了”。

这时露西扭过头去，故意躲避我的目光。我轻轻把她拉回来，提醒她：“真痛啊！对不对?”她又哭了一会儿，把刚才的经过又说了一遍。这个时候，她用明亮的眼睛看看我，又看看她的表兄妹，再对着我哈哈地笑了起来：“突然又变好玩了!”然后她从我膝头上下来，继续去玩了。我想大部分人可能只会让她哭第一次，以为这样就够了。事实上，简单地对她说“忍一忍就没事了”是行不通的，而抱她久一点儿，才会使她的情绪真正得到疗愈。她只要再哭久一点儿，就会真的没事了。

孩子从我们这里学到的，往往是尽快堵上情绪的出口，从而尽量缩短情绪的疗程。他们却没有学会，疗愈情绪的首要工作是释放情绪。没有释放情绪的孩子，一旦回到游戏中，可能还是会害怕、鲁莽，觉得什么都不对劲，或者很快又再受伤。我们需要帮助孩子将过去累积的情绪尽量释放掉，让他们哭出来。我们当然无法把所有的情绪都挤干净，但至少要让他们能够继续正常的生活，找回快乐的空间。为了这个目的，我们需要提醒孩子：哭没关系，害怕或生气也都没关系。这对父母来说确实不容易，因为我们希望孩子快乐（和安静）。但是帮助孩子释放这些情绪，对于亲子间的深层联结将大有帮助。

露西坐在我腿上告诉了我受伤的经过。之后我提醒她真的很疼时，她把事情又叙述了一遍。我认为，除了眼泪之外，重复的诉说也是帮助她快乐地重返游戏的重要因素。有些孩子自己不会把故事讲出来，这就需要我们去主动询问。有时故事可能很短，我们可以请他们再讲一遍。大多数孩子都喜欢这样，因为这意味着我们真的很关心他们。而且，当你一遍一遍地重复一个故事时，它的杀伤力也在一次一次地减弱。如果孩子太小，你可以试着帮他们说出故事：“你在椅子上玩得正高兴，忽然砰的一声撞到了头。好疼啊！”

讲故事的另一个重要功能，是可以加强你与孩子之间的关系。有了亲密的联结，才能有健康的情绪表达。我们可以自己哭泣，但是在别人肩膀上哭泣的治疗效果却更好。这就是为什么我建议不要让孩子回房间自己哭，也不要让他们自己哭到睡着。虽然陪他们哭、帮助他们释放孤单和悲伤的情绪，是一件既费时又费力的工作，但是，这些情绪是不会因为我们把门关上就消失不见的。事实上，我治疗的一些 8～10 岁的孩子，在他们的婴儿期，父母大都让他们独自哭到入睡，他们将婴儿的哭泣视为对大人的要挟：“就是想逼着大人抱，或者陪着睡觉。”这些孩子现在却因为恐惧、噩梦和焦虑，进而产生了睡眠障碍。（我不够冷静时，几乎想冲过去对这些大人喊：“我当初早就警告过这一点了！”）

成人的隐藏情绪

有些情绪无法得到表达，我称之为“隐藏情绪”。我们多么希望通过“否认”就可以使它们消失，但是它们却仍在影响着我们。我们每个人自己都有一堆隐藏情绪，因此当孩子情绪强烈的时候，与他们待在一起简直就是一种折磨，既觉得在被他们折磨，又觉得在折磨他们。我们觉得被折磨，是因为孩子激烈的情绪释放，触发了我们自己的隐藏情绪，于是我们心中爆发了“是释放还是继续隐藏”的战争。当孩子大哭不止、肆意宣泄深层的情绪时，我们同样觉得在折磨孩子。孩子因为一件小事而激烈爆发，好像那些痛苦都是凭空发明出来的。他们如此表现的原因，一部分是想确认我们能否给予他们安慰和关怀，还有一部分则是孩子对于自由表达情绪没有成人那么多的顾忌。

不管是接受孩子的情绪，还是表达我们自己的情绪，都非常之难，因此也难怪父母为了让孩子不哭，会软硬兼施地用尽各种办法，从哄骗、贿赂到吼叫、威胁，不一而足。我曾经为一名 8 岁的男孩进行游戏治疗，每次我一到他家，他就要吃甜点。我建议他母亲先不要给他吃，因为很多孩子都用甜食来把情绪抑制回去，而游戏治疗的目的之一就是要把情绪释放出来。她虽然同意了，但并不太理解。有一次，因为时间上的冲突，男孩的母亲告诉我将有几周无法安排治疗，我刚说了一句“真遗憾”，男孩就马上一边盯着我一边喊：“妈，我要吃水果干。”我接着说：“是啊，我也会想你的，三个星期真够长的！”他尖叫道：“我现在就要水果干！”他妈妈看了我一眼，终于明白了我所说的甜食与情绪之间的关系。

不仅仅是哭泣和发脾气才困扰大人，孩子过于兴奋或活跃时也会让我们很烦。这也许是因为声音太吵，或者担心孩子会打碎一些贵重的物品。如果可以，就和他们一起到外面去玩吧，无论如何千万不要扫他们的兴。等他们整天在家里懒洋洋地走来走去时，你就会怀念他们儿时的充沛精力。跟他们一起享受快乐吧！对你，对孩子，对你们的关系，都会有益。

有些成人似乎很不喜欢孩子们由衷的快乐。我有一些朋友住在公寓大楼里，有时邻居会向他们抱怨，说他们的女儿走过门厅时边走边笑。又不是在午夜，孩子也没有大喊大叫，所以我猜想，那些成人就是不喜欢听到孩子的任何声音，即使那是快乐的笑声。幸运的是，这些成人在向大楼管理处投诉时，并没能找到什么规章可以来禁止孩子快乐的笑声。

有些情绪，处理起来尤其困难，例如，当孩子喜欢的阿姨要离职时，父母经常不能有效地帮助孩子排解分离的伤感。他们要么嫉妒别人从孩子那儿获得的信赖和爱，要么忙着寻找新的替代者。一个朋友告诉我，她在 11 岁时搬了家，要与爷爷奶奶、表兄妹们天各一方了。然而她却只在跟保姆道别时哭了，这下可把她妈妈搞得十分恼火。我朋友不但没得到安慰和同情，还因为对不适当的人表达了不适当的感情而受到了惩罚。

离婚的父母尤其难以压下自己的怒火，去允许孩子自由表达他们的感受。他们无法接受的是，你怎么可以想念那个混蛋？或者是，你怎么还生我的气？孩子对于父母离异已经够难过了，最后还得承受自己的感受不受欢迎的事实。显然，即使没有人想听，孩子还是会有这些愤怒、背叛和失落的情绪，而如果这些情绪得不到合理的宣泄，各种行为问题就会产生，孩子就会变得垂头丧气、忧郁寡言。爷爷奶奶过世时也是同样，父母自己已经被失去亲人的痛苦所淹没，更无法帮助孩子。在上述两种情况中，如果有其他成人能够作为局外者伸出援手，跟孩子讲话或游戏，那就再好不过了。

应对“发脾气”

乔格森夫妇来向我咨询，他们家有 4 个男孩，最小的 5 岁，这个孩子在最近两年里经常会发很大的脾气，而且情况越来越糟。每次遇到孩子发脾气的情况，我都会问父母几个问题。以下我用斜体字来标示我的问题。如果你的孩子也发脾气，请试着回答以下问题。

你认为孩子发脾气时，实际是想表达些什么？

乔格森夫妇不太确定这个问题该怎么回答。他们认为孩子是在找麻烦，或者已经养成了坏习惯。当我坚持请他们把孩子发脾气解读为某种信息时，他们认为孩子是在表达受挫的感觉，因为他觉得自己比不上哥哥们。这就对了：看到别人能毫不费力地完成一件事情，而自己却无法做到，这的确令人沮丧。这也就是为什么还在学走路的孩子有那么多的脾气要发。但乔格森家的男孩已经过了这个年龄，他都已经 5 岁了。5 岁的好处是，父母可以直接问他：“你想要告诉我们什么？”当然，这个年龄的孩子也许还不能用语言表达，但还是值得尝试去问他。

发完脾气后，孩子会比较快乐和轻松吗？是否感到更多的自信和联结？能否有更多的合作和参与？

很多父母都会忘记问自己这个问题。大概是因为孩子发脾气实在令人烦恼，所以很多成人已经预先把它视为一个问题行为（更别提在零食店里还可能遭到别人的白眼）。不过，孩子常常在发了一通脾气后，就又变回原来的自己，就像我们吐完苦水后感到轻松一样。

发脾气是孩子表达及释放情绪的方式。一旦发泄完，孩子就会继续前进。有时候，孩子在做手工、写作业、玩电脑游戏的过程中遇到挫折，自然就会发脾气。而发完脾气后随之而来的，很可能是孩子忽然间更加理解了眼前的任务，从而发挥出更多创造力，并取得更多成就。孩子发脾气时确实像是暴风雨来临，但是，这场暴风雨却冲开了无力感的大门。如果他们不能表达受挫的沮丧情绪，或者因为发脾气而受到处罚，那么挫折感就会继续干扰他们的快乐，以及合作和取得成就的能力。

李伯曼（Alicia Lieberman）算得上是应对孩子发脾气的专家。她在一本关于幼儿的书中写道："当孩子发现他的意愿被更大力量阻碍而无法实现时，他别无选择，只能发脾气。他还能做什么？他的语言能力还不能明确地表述自己和说服对方；他在家庭中所掌控的资源极其有限，无法以威胁手段（'不听话就不给零花钱'）来达到自己的目的。而发脾气，在地上一边打滚一边撕心裂肺地哭叫，是幼儿最有说服力的表达方式，虽然很少有人能理解和欣赏他这种对内心感受的诉说。"

对于大一点儿的孩子，如果经常发脾气，或者发过脾气后反而情绪更糟，而不是比先前好，那么说明他的挫折感并没有消除。尽管发了很大一通脾气，但他们觉得自己的感受并没有得到充分表达，因为根本没有人真正倾听他们的表达。家人想方设法地制止他们，结果下次发脾气时又得从头再来。他们发脾气时，可能会被命令回到自己的房间，被孤单一人地隔离开，因而那些深层感受根本无人分担，事后也无人与他们重建联结。信不信由你，很多时候我们只要让孩子自然地把脾气发完，从头到尾不去打断就可以了。孩子会自行停止，因为他觉得自己终于被认真地倾听了。

让孩子自然地把脾气发完，需要我们做的只是留在孩子的身边（或者附近）认真倾听，而不是转身离去或者命令他走开，又或喋喋不休地问问题和指手画脚地出主意。正如李伯曼所说："孩子发脾气时，如果父母能够用理解的态度陪伴孩子，为他提供情感的支持，那么即使是要坚决阻止孩子做某些事情，孩子也仍然会知道：在心灵经历黑暗的时刻，自己是不会孤单一人的。"

孩子发脾气时，你们家通常的反应是什么？

大多数家庭的反应，要么是妥协，要么是绝不妥协（因为不想奖赏所谓的负面行为）。这两种反应通常都会导致孩子的脾气变大，而不是就此终结。

对于第一种反应，我们称之为投降。这里需要讨论的问题，可能不是孩子发脾气，而是我们习惯性地说“不”。我们习惯了说“不”，因为这能让我们少费很多心。但是当孩子开始哼哼唧唧时，我们突然发现：只要说“好吧”，就能让眼前的麻烦消失。然而，这给孩子的印象是我们的“不”并没有多大意义，结果就是他会更经常地发脾气，因为他发现这样可以达到目的。因此，如果你要说“不”，请认真考虑清楚，一旦说出就要坚持到底；而如果你觉得在孩子发脾气时，你不能继续坚持，那么当初就不要轻易说“不”。

另一种情况是，由于孩子发了脾气，我们因而也意识到当初说“不”的理由并不充分。但是我们进退两难，因为不想在孩子的坏脾气前屈服。如果我们发现自己错了，那么就应该勇于认错并作出相应的调整。你是因为害怕哭闹而妥协，还是经过思考而作出调整，孩子完全能够区分清楚。做出决定就不能改，并不是真正的始终如一，而只不过是拒绝接受不同观点，拒绝承认自己的错误，不敢面对自己匆忙中做出的判断。这可不是我们希望孩子效仿的行为。

许多孩子在发脾气时会被命令回到自己的房间，或者被以其他方式隔离。更糟糕的情况是，孩子还会受到嘲讽或责骂。如果孩子在公共场所发脾气，我们会觉得丢脸；如果在家里，我们则会感到非常无奈。发脾气的时候，孩子完全被情绪淹没了，没有自制能力。这时候，他们身边需要一个爱他们的人（最好在他们踢不到的地方）。我们也许需要先到门外去休息一下，等冷静下来后再回来。我们希望孩子能知道，他们的强烈情绪并没有把自己与世界隔绝开来，他们内心中任何可怕的感觉都可以与别人分担，什么都可以，多强烈都可以。

如果我们不这样做，那么孩子将不得不独自面对恶劣的感受，而结果通常只有两种。第一种结果：孩子陷入发脾气的恶性循环，因为还抱有一线希望，希望下一次能有人来倾听和理解自己。显然，这种情况通常会使家庭陷入更多的烦扰。而另一种结果就更可怕：孩子从教训中终于明白，自己在生活中是孤独的，世界是冷酷无情的，遇到困难时不能指望任何人的帮助。于是，孩子彻底退回到孤独感的堡垒，并将自己反锁在里面。因此，陪伴孩子吧，尤其当他们经历情绪的暴风雨时。

在乔格森的家庭中，小男孩发脾气时不是被哥哥们忽视，就是被嘲笑。这对他来说实在太痛苦了，他只是希望哥哥们能够视自己为他们中的一员，能够稍稍等一等他，让他能够赶上他们一点儿。可是，哥哥们却不太能安慰和支持这个爱发脾气的小弟弟。

你是如何让孩子停止发脾气的？

这个问题的目的不是批评，虽然它会让父母意识到以前的做法有不少是无效的。回答这个问题时，父母既能发现自己经常重复使用无效手段，又能发现有时候的方法却是对症良策。乔格森夫妇在之前已经与每个孩子都单独安排了一对一的游戏，甚至还为5岁的小弟弟安排了父母同时参与的“游戏时光”。这也是我会对大家庭给出的建议，尽管我能理解大家在时间安排上的困难。

听完乔格森夫妇所尝试的方法之后，我提出了一些建议。除了让孩子玩他想玩的任何游戏之外，在游戏时光中专门安排针对挫折感的游戏。例如：“谁来领路”这个游戏可以使他有机会成为领路人，也可以让他在跟随别人时放心地感到不会被领路者丢弃（而哥哥们却经常丢弃他）。另外，安排某一个哥哥跟他单独游戏，因为一对一的时候，哥哥会比大伙在一起时更照顾弟弟。

由于大部分发脾气的情况都发生在全家外出时，因此我建议他们出门前问问孩子：“你今天希望怎么进行？”语气要随意轻松，而不要带有讽刺。“我们要回家的时候，你觉得我怎么做比较好？”“哥哥们想要做你不能做的事情时，你希望我们怎么帮忙？”5岁的男孩可能无法回答所有的问题，但至少他可以从中知道，你在考虑他的处境并且在努力让他一起来解决问题。

我自己经常用这样的方法来防止孩子发脾气：在情况即将失控时，我就兴致勃勃地说："看来现在必须要有人尖叫才行。是我来，还是你来？"或者："大家都有点不开心了，我们来开个'哈哈大会'吧！""哈哈大会"是大家先假装笑，后来就会真的笑出来。或者："你敢跟我来一场'拇指决斗'吗？"类似这些傻乎乎的话可以帮助大家恢复心情。

孩子发脾气，有没有固定的规律？

如果我们静下心来，就会发现很多困扰我们的问题都有规律可循。我们常常被最后爆发的脾气搞得心烦意乱，而忘了追究它的原因。我记得女儿还是婴儿时，很讨厌吃完东西要擦嘴这件事。她挣扎反抗，而我则火冒三丈。但是有一天我突然意识到，她并不是每次都会这样，因此我决定观察一下，看看到底有什么规律可循。还真的有。只要你足够仔细，通常都能发现规律。我家的规律是：如果是在艾玛和我"聊天"时，大家相互看着对方，我拿出纸巾等她，那么她就会用 1 岁小孩的可爱方式把脸伸过来，一切顺利；但是，如果我急于结束用餐，抓起纸巾，没有联结就往她脸上擦，她就会大呼小叫。一旦弄清问题的规律，解决起来就容易很多了：我只需要先跟她做好联结。

如果说孩子发脾气是因为受了太多挫折，那么令人惊讶的是，在比较宽松的家庭里，这种情况也屡见不鲜。为什么呢？我认为，孩子受到限制而发脾气，客观上也释放了在其他地方积累的挫折感。而如果孩子很少受到限制，那么他们会把挫折感长期储藏起来，当限制终于出现时，它们就会随之爆发。解决的方法很简单。在游戏时光中，编造一些好笑的"不行"，让孩子与这些假装的限制一同游戏。我同一个名叫乔安娜的小女孩做游戏时，编造了很多"不可以"：不可以笑，不可以两脚站立，不可以呼吸。当她破坏了规则，我就会气得连路都看不清，因此抓她时总是摔倒。

应对"愤怒"

对于大多数家庭来说，对付孩子的愤怒，比对付他乱发脾气更加困难。面对孩子的怒火，我们或者可以通过游戏的方式帮他释放情绪，或者需要更温和的处理，但是不管怎样，我们都必须与孩子保持联结，这一点至关重要。正如格林斯潘所说："当愤怒将他们吞噬的时候，你需要帮助孩子保持与你的联结。只有这样，他们才有安全感。"

承认他的愤怒，说话时语调温和、神情镇定。坚持基本的安全规则，但是不要走开，也不要叫孩子离开，除非你自己需要休息一下以便保持冷静。不要强迫孩子振作精神，也不要命令他们回房间去反省。孩子恢复情绪需要一定的时间，其长度很可能超出我们的忍受范围。当愤怒开始缓和时，可以用轻松、滑稽的方式慢慢帮他从生气的情绪中走出来，但前提是不要让孩子觉得是在嘲笑他。对于一些不太激烈的愤怒情绪，我有时会以夸张的方式把怒火"反射"给他们，有时也会假装在他们的怒视下落荒而逃："不，不要这么看我！"

激烈的愤怒情绪，通常会伴随歇斯底里的尖叫、恶语毒言的诅咒甚至拳脚相加的行为。我们对此会非常烦恼，甚至自己也会怒火中烧。我们本能的反应是动用更激烈的手段来进行反击，包括斥责、批评、说教和威胁。然而你是否发现，这些常见的手段往往并不奏效，因为孩子在生气的时候绝不会跟你讲道理，既不会好好地说话，也不会好好听你说话。他们此时此刻所需要的，是在保证安全的前提下有一个空间来跺脚喊叫、发泄情绪。如果他们可能会伤害到他人、自己，或者损坏贵重物品，那么大人则需要抱住他们——温和而坚定地抱住。做到这一点非常不容易，因为这要求大人自己情绪镇定。尽量用温和的语气对孩子说话，不要把他生气时的言行看成是针对你的攻击。孩子可能只是把别人骂过他们的话转口再骂出来，或者是对过去的遭遇发泄不满。

大多数儿童情绪专家都认为，愤怒的表象之下掩藏的是脆弱的感受，如恐惧、肉体伤痛和丧失亲人等。为了避免这些脆弱感受暴露出来，孩子用诅咒的言语和暴力的行为搭建了一个防护雷区。然而糟糕的是，这条愤怒的防线同样会赶走那些真正想伸出援手的人。正如惠芙乐所说："事实就是这样的不公平和不合理：孩子在感觉到危险或无助时，就会把愤怒和不信任的反应投射到最亲近的人身上。”如果我们可以记住：愤怒的外表下面，其实是孩子一颗受伤的心灵，那么我们便能冷静而坚决地向他们伸出双手，而我们同时得到的回报将是他们更愿意直接吐露心声。当脱缰的言行被温和地阻止后，孩子就会颤抖地哭泣，向你倾诉他们害怕或脆弱的感受。例如，面对孩子的暴力行为，你没有大吼大叫地斥责，只是温和地制止了他的行为，那么你将换来孩子的眼泪，以及眼泪之后理性的讨论和分享：在刚才的愤怒和暴力之下，到底隐藏着什么。

用上述的式应对孩子的愤怒并不容易做到，我们更习惯于吼叫、惩处、斥责甚至体罚——这些都是我们自己小时候生气时父母对付我们的手段。为了能真正有效地处理孩子的愤怒，我们需要与更多父母分享自己愤怒时的反应，这一点在第 15 章中会谈到。

应对“恐惧”和“焦虑”

我们不希望孩子害怕，所以会说：“没什么好怕的，别那么胆小!”或者：“如果你害怕，那就别游泳了!”恐惧很正常，它是人类的基本情绪，甚至是生存本能的需要。在所有的瞪羚都开始逃命时，还在睡大觉的那只一定会被狮子先吃掉。我们需要帮助孩子发展勇气而不是无所畏惧，获得自信而不是顽固不化。你必须首先感受到害怕，之后才会有勇气，否则你就只是鲁莽，或者只是在寻求刺激而已。你也需要推动自己做一些以前害怕的事，否则你永远都不能尝试新事物。

我们一边让孩子“不要害怕”，一边正在使他们害怕。我们威胁他们；把他们独自一人关在房中；他们经常看到恐怖的电影镜头或夜间新闻；很多孩子被大人打过，被其他孩子欺负过，或者目睹过暴力。有些孩子不敢上学，因为学校的社交环境太糟糕，或者他们觉得自己很无能。总之，很多孩子都带着很多的恐惧，但却没有机会来表达。

恐惧积累所导致的，要么是鲁莽，要么是害羞、拘谨，要么是焦虑。鲁莽的孩子需要有人和他们一起爬树，向他们示范如何安全地进行冒险，并用平静的情绪感染他们。当孩子害羞、拘谨时，我们需要通过游戏把他们从小世界里拉出来。他们需要我们陪着从滑梯上滑下来，多试几次后他们才能自如地加入其他孩子。把害羞的孩子扔进水里是无法逼他们学会游泳的，但是让他们永远留在家里也不是办法。

人在焦虑时，喉咙、胸口甚至肠胃都会有所感觉。焦虑是一种半隐半现的恐惧：人在心里感到害怕，但是却无法自由地将其释放出来。焦虑是一种折中的妥协：既不是恐惧情绪的纯粹爆发，也不是毫无担心的泰然状态。我们的目标是要把这种半隐半现的恐惧，也就是焦虑，彻底地释放出来。游戏，发挥创造力和想象力，都是帮助孩子释放焦虑的好方法。有些孩子通过谈话就可以消除焦虑，但更多孩子是用游戏释放焦虑的。他们可能幻想某个角色不断地遇到麻烦，然后一再被拯救。他们花几小时设计和建造无敌的宇宙飞船，象征性地保护自己不受伤害。几年前“解忧娃娃”风靡一时，小孩子可以对着“解忧娃娃”诉说自己的烦忧。同娃娃说话是一种很好的过渡，孩子以往是用单纯的游戏方式来面对恐惧，而这时正是在逐渐练习用语言表达情绪。

艺术形式也是释放焦虑或恐惧的最佳方式之一，无论是唱歌、跳舞，还是画画、写作、陶艺制作，都能发挥作用。“哇，你在喉咙上画了个很紧的蝴蝶结，如果它会说话，它会说什么呢?”“如果你肚子里的这些蝴蝶会跳舞，它们会怎么跳?”“噢，你梦见可怕的怪物了，你可以把它画出来吗?”很多孩子不需要引导，就会把恐惧和焦虑带到他们的游戏之中。而另一些孩子则需要一些提示，如“咱们假装去看牙医”，或者“昨天晚上好可怕啊，咱们假装再演一遍吧?”

对于旧时代中大人对孩子的忽视，今天的父母会深感震惊并决心做得更好。于是有些父母认为自己的职责就是保护好孩子，避免孩子遇到任何伤害和危险。但是，这既不可能做到，又没有好处。我们需要做的是培养孩子的力量、自信、技巧以及与他人联结的能力。有了这些，孩子就能够经得住伤害，甚至从伤害中成长。当然，我们要帮助孩子建立基本的安全原则，尽量避免重大的危险，但是诸如疾病或摔伤的情况，都是不可控制的。不少孩子都在游乐场摔伤过手脚，但为什么游乐场还依然存在呢？就是因为孩子必须游戏，尽管游戏具有一定的危险。生命的残酷一面，如死亡、无家可归、战争、贫穷、不公正、暴力等，对孩子来说确实可怕，然而我们不可能永远庇护他们。因此，当这些主题出现在孩子的游戏中时，请不要大惊小怪。

应对“哭泣”

眼泪，是最好的朋友。当我们用哭泣来释放难过、失落和悲伤的情绪后，我们会感到舒服很多，能够更理智地思考，并最终复原。而假如此时，有一个关心你并理解你的人在身边，复原的效果将尤其明显。在多年的心理治疗过程中，我一直努力帮助成人恢复哭泣的能力，以便让他们从创伤中有效复原。然而与此同时，我却一度是个想方设法来让孩子“不哭”的父亲，我身边有很多父母也在做着同样的事情。似乎很少有人能意识到，哭是孩子主动要求关注和主动表达情绪的唯一方式。我们似乎认为，如果你能让孩子“不哭”，那么你就消除了他们的痛苦。事实恰恰相反：你阻止了的，是孩子天然的疗伤本能，而伤痛也正在他的内心逐渐积压起来。我认为哭得越多，伤痛才会越少。我知道这种观点与传统观念大相径庭，但这是事实：痛快地哭，将为孩子蓄满杯子，尤其是在哭的时候能够有人拥抱和安慰。

对于婴儿，哭泣是第一种沟通方式，哭泣之后他们会凝视我们的双眼，微笑着发出其他声音。原始的哭可以代表任何意思，包括肚子饿、生气、尿布湿了等。因此，阻止他们哭泣就好比叫他们闭嘴。当然，如果他们哭泣是因为肚子饿、尿布湿了或者累了，那么你就需要喂奶、换尿布或者哄他们睡觉。一旦舒服了，他们就会停止哭泣。婴儿常常通过哭泣来表达自己，或者释放他们由于经历一些新变化而累积的挫折感和紧张感。

前面讨论“发脾气”时列出的几个问题，在这里也适用于哭泣：你觉得孩子想用哭来表达什么？哭过之后，他是否更开心并且与我们更亲密？你是否曾经想方设法地阻止哭泣，例如斥责、威胁、命令他走开，或者诱惑、转移注意力等？如果这样做过，那么结果怎样？你家的文化中，哭的人是否会被嘲笑和捉弄？孩子见过你的眼泪吗？孩子哭时，你是否会全心全意地陪伴他、倾听他，直到他毫无保留地表达完感受？同时，我也请父母回忆自己的童年：小时候哭泣时，自己的境遇是怎样的？是不得不独自趴在枕头上哭？还是根本不被允许哭？或者，有幸能有一位长者或朋友在身旁相伴？

关于如何应对孩子哭泣的问题，如果只让我给出一条建议，那就是：请不要让他自己哭。眼泪，是加强两人关系的绝佳机会，特别是亲子之间。想一想，安抚一个哭泣的婴儿直到他在你怀里睡着，没有什么能比这个情景更令人满足了。假如你总是想切断眼泪，或者孩子一哭你就慌忙把他甩给别人，那么你将无法拥有这种幸福并满意自己的体验。

有一个现象，说明眼泪与联结密切相关。这是一个“偷看”的小动作，即：一个人刚刚一直大哭、一直大发脾气或者一直把头埋着不想看你，但是此时会偶尔向外“偷看”一眼。这是一个美妙的小动作。孩子哭了一阵子后，往往会“偷看”你，而目光相触时，如果他看到的是一个充满关爱同时又镇静放松的大人，那么他就会回去继续哭。孩子继续哭的原因，不是因为他看到了你而增加了难过，而是他确认了“自己很安全，可以再继续哭”。最后，当他们不再偷看时，就会与你相互凝视了。如果孩子没有“偷看”的动作，那么我们可能需要给予更多的联结：抚慰地对他说话，轻轻叫他的名字，与他更紧地依偎在一起，或者小心翼翼地去看他的眼睛。如果你急于叫孩子别哭，那么你就享受不到这些过程。

不要把“偷看”和孩子的假哭混为一谈，孩子假哭时偷偷往外看，是为了看大人对假哭的反应：这可以帮我得到我想要的东西吗？假哭常常使大人们感到困惑（如果不是生气的话）。有些孩子假哭，是因为他们知道大人对哭泣会有强烈的反应。但是对于更多的孩子来说，假哭只是因为他们没有足够的安全感和亲密感来释放真正的眼泪，他们想用假哭来测试：如果真的哭了，自己是否会被接纳。孩子的这种测试逻辑确实不够明智，因为大人对假哭的反应通常是生气和拒绝，而孩子也由此得出错误的测试结果：如果真的哭，大人同样会生气和拒绝。因此，对待假哭的最佳游戏反应是："嘿，我猜你是在假哭，你害得我好难过，呜呜呜！"或者"我知道你在假哭，不过我愿意跟你一起玩游戏。"如果孩子在内心确实隐藏着真实的眼泪，那么快乐的游戏时光和更多的亲密感，可以帮助他在将来把眼泪最终倾泻出来。

"这么大了还哭"是一个害人的常见用语，它暗示着哭泣是软弱和幼稚的不良表现，这种暗示具有相当大的破坏力。确实，有些孩子似乎总在哭，而且不知为什么。但是，我们不知道孩子哭的理由，并不表示他就没有哭的理由。情绪的出现是不会没有原因的。我们最好不要擅自决定哪些眼泪值得同情，而哪些应该忽略。孩子经常哭，很可能是因为在哭够之前总是被中途打断，于是他只好努力从头再来，因而落入了哭泣的循环。在父母和同伴的眼里，他们确实是爱哭的孩子；但是在他们自己心里，他们从来没有真正完成过一次哭泣。你是否有过这样的经历：谈话中你很想表达自己的想法，但总是被打断；这时你要么放弃，要么执着地从头再来，但是结果发现，从头再来的时机却越来越不恰当。

孩子心中经常充满难以宣泄的深层感受。有时，真实的情绪过于强烈，让他们感到很难面对。因此，孩子选择一些小事情来借题发挥。有一次，我向朋友爱丽丝解释什么是"借题发挥"，可是当时我无法说清楚，因为3岁的艾玛在一旁吵着要吃冰淇淋。我们走进一家餐厅，点了艾玛要的蓝色冰淇淋，我告诉爱丽丝，艾玛的妈妈最近工作很忙，我觉得艾玛有点难过，尽管她表现得满不在乎。艾玛坚决地否认："我才没有呢！"然后蓝色的冰淇淋来了，艾玛一看到却立刻哭了起来，说她要的是另一种蓝色，不是这种蓝。她爬到我的腿上啜泣不停。爱丽丝懂了："哦，借题发挥吧。"她的眼泪与冰淇淋的蓝色毫无关系，而是想念妈妈了。

让“哼哼唧唧”停下来

几年前，我们一家和朋友一起去爬山。我太太和女儿走在前面，我和朋友以及她7岁的儿子走在后面。男孩东摇西晃着不断哀求妈妈抱他，哼哼唧唧地说他再也走不动了。我想大家对这种腔调都不陌生。在我看来，他只是有情绪，并不是真的疲惫，所以我开始鼓励他。其实我当时更想冲他大吼，但我知道不会有用。我也知道他那样哼哼唧唧对他自己也毫无意义，只能让爬山变得更费劲。但是，除了用大人的权威强迫他停止哼唧，又有什么办法能使他改变状态呢？大家已经了解我的意思了，我的观点是孩子的情绪必须获得释放，而不是受到遏制。但是我也认为，哼哼唧唧并不是真正的情绪表达，它就像轮子在不停地空转，既无法释放情绪，也不能使孩子感到快乐。

因此我决定尝试新方法。我说：“你说话的那种声音，很像在踩刹车，它会让你走得更慢，更难上山。我有另外一种声音，会像踩油门加油一样。”接着我用最愉快的声音说：“我行我行，路上这些大石头挡不住我，我不怕苦也不怕累！”他停止了哼唧，开始爬山。当他又开始嘟囔抱怨时，我就会说：“等一下，不要踩刹车，我们快到了。踩油门来加油！”我嘴里发出油门的声音，让他跟着我做。就这样，他又继续爬。在某一刻他停下来，头一次用轻松的语气说：“我需要休息一下！”我说：“太好了，加油站到了，我们来喝点水、吃点葡萄干。”之后我们一路爬到山顶，他为此感到自豪。我自己也很高兴，因为找到了一种方法来告诉他，抱怨没有用，愉快的声音才有帮助，尽管那像是假装出来的。事实上，这种假装意味着我们选择了积极前进，而不是消极受苦，即便当时我们很想哼唧一会儿。

我不喜欢哼唧，因为它什么都不是。它既不是具有疗效的情绪释放，更不是自由自在的快乐。由于我们过去不允许孩子直接表达情绪，因此大部分原始的情绪无法自然地流露出来，如深切的悲痛、纯粹的恐惧或者极度的愤怒。但是这些情绪也无法一直藏而不露，结果就会以一些其他方式扭曲地折射出来：哼唧、抱怨、嫉妒、漠然、破坏性行为，甚至肚子痛或其他生理疾病，一切都有可能。父母的工作就是要帮助孩子更直接地把情绪释放出来，尤其是通过快乐的游戏和亲密的联结。

假如情绪不能时常得到一点儿释放，那么它可能会在意想不到的时刻激烈地爆发。我和同事山姆为一所学校做顾问时，老师们描述了这样一个案例：一个小女孩大发脾气，持续了一个半小时，期间几乎失控，大家从未见过她如此激动。最让老师想不通的是，小女孩发脾气的起因，是她被评为本周的优秀女孩。山姆解释了其中的缘由：当女孩受到极大的关注，剧烈的感受冲垮了她的防线，使她无法再用惯有的策略来隐藏情绪了。当我们心中藏有某种情绪，我们就不得不与他人保持距离，否则，亲密感将把我们隐藏的所有情绪都拖出来。很多父母都熟悉类似的情景：孩子在自己的生日聚会上，或者在美好的一天结束时，突然失控甚至崩溃。那是因为，快乐与温馨的感受，让我们再也无法抑制深藏已久的眼泪了。

另类“大哭”

孩子学习时，尤其是在非常想学会时，他们将不可避免地经历挫败：跳起投篮时总是投不中；别人似乎都会做的数学作业，自己就是搞不懂；满脑子图画想法，就是无法实现在纸上。有时，他们会动力十足地继续努力，或者有幸遇到一位好老师来帮助他们达到目标。但更多的时候，他们会放弃。假如真的放弃了，那么对于孩子将是一个巨大的损失。事实上，他们这时所需要的，是有机会释放自己挫败、难过、害怕的感受，然后再回到先前的挑战中去。这就需要我们坚定地给予鼓励：“你能行，别泄气。再来一遍，我相信你能行！”不过，千万别指望孩子会说“说得对，谢谢你，老爸”，然后马上重新投入。相反，他们更可能会说：“我真笨！”“我是最差的球员！”“我永远也学不会！”接着，他们可能会流泪，甚至会把作业撕掉。这时，请在旁边坐下，让他们发泄，保持平静，更要保持对他的信任，不要施加任何压力。通常，阻碍他们的情绪一旦被宣泄干净（准备好，这是需要一定时间的），他们就会重新回去面对挑战，而此时伴随他们的，是全新的热情、信心和创造力。

游戏与情商

本章谈论的重点是强烈的情绪，因此你可能会问：游戏在这里有什么作用呢？如今，每个人都在谈论情商、情感素质、情绪竞争力。从某种角度看，游戏力的目的就是培养情商，因为游戏是孩子用来表达自己和释放情绪的方式。

游戏治疗大师兰德斯（Garry Landreth）与赫梅尔（Linda Homeyer）在书中写道：孩子的世界是一个充满情感的世界，唯有孩子自发的游戏，才能充分表达这些情感。游戏的过程为孩子治愈了伤痛，释放了情绪，缓解了紧张。让孩子知道他可以安全地表达感受，最重要的方式之一就是游戏。

情绪竞争力，指的是我们应该有一个情绪的强弱调节器，而不是一个非开即关的按钮。我们不希望孩子的开关卡死在“关闭”档，或者一直处在“打开”档。我们希望孩子表达自己的强烈情绪时，能够有一定节制，安全而直接，不会伤害他人。我们可以直接而开放地表达自己的情绪，从而影响孩子的表达方式。我们也可以在假想游戏中引入富有情感的角色。我们可以教给孩子不同情绪下的不同身体语言。我的成人患者中，有不少人（多数是男性）甚至不知道手心冒汗和心跳加快是自己恐惧的信号，或者不知道眼眶红了是因为哭不出来。

情绪竞争力的发展阶段，包括从最初的直接行为反应，到通过游戏表达情绪，最终到能够用语言表达情绪。没有语言或游戏作为媒介时，孩子只能用冲动的行为来表达：摔门、尖叫或打人。为了辅助孩子发展表达能力，我们可以询问他们有什么感受、他们觉得别人的感受如何，或者玩偶们有什么感受。

作为父母，我们希望孩子可以快点儿到达最高阶段，现在就到达，现在就用语言来直接表达。但是，能力的发展有它自己的时间表。同时，我认为我们过于依赖语言，过于坚持要孩子“说出来”。孩子可能很能说话，但在情绪上还远未成熟。加上有很多情绪太过强烈，实在无法用语言来表达。孩子光是说了“我很生气”或者“我很难过”，并不说明他们已经充分表达了自己，他们仍然需要哭泣或发脾气。我发现许多大人不理解孩子的“无理取闹”在情绪上的含义，我们会认为这是孩子行为不端的表现，必须予以惩罚。我们不知道在那个时刻，孩子的“无理取闹”正是他们所能掌握的表达情绪的最佳方式。我们不能只是制止他们的行为，而不为他们的情绪寻找更好的出口。

在孩子学会用语言谈论情绪之前，他们需要先学习如何把情绪在游戏中玩出来。这是至关重要的中间步骤，然而它的重要性被低估了。为了帮助孩子完成这一重要的中间步骤，我们可以请他把感受画出来、编故事讲出来或跳舞跳出来。游戏治疗师经常会这样建议：“来，用这两个娃娃来告诉我，到底发生了什么？你在中间的感受是什么？”用游戏来发展情绪竞争力的另一种方法，是假装你有某种情绪，而这种情绪正是孩子难以表达的：“气死我了！我要打枕头！”你还可以用夸张的方式来表达他们自己否认的情绪：“天哪，我快吓晕了！”“我气得要吐出来了！”如果孩子打了别人，或者说了恶毒的话，我会经常说：“哎哟！好疼啊！”这是因为打人的孩子可能太激动了，而无法意识到他所造成的伤痛，甚至无法意识到自己的手也疼了。

孩子还有一种本能的“游戏”，叫“情绪转嫁”，即：试图把不想要的情绪传给别人。大人也常常这样做，我们生气时就去找个人吵架，把那个人弄得很生气，而神奇的结果是，我们自己感觉就好多了。有一次，我同一个 7 岁男孩游戏时，他摔伤了腿。他躺在地上紧抱着伤腿。这是一个鲁莽的孩子，经常因为玩得太疯狂而伤到自己。我跑过去察看伤势，对他说“这次一定很疼”，并试图让他喊“哎哟”。然而与以往一样，他疼得表情扭曲，但仍然坚持说自己没事。于是，我就替他喊：“哎哟！哎哟！”这让他笑了出来。可是突然间，他开始打我，而当时他的腿一定还很疼。

他的父亲原本在旁观，此时冲过来生气地叫他停手。我对这位父亲解释了我的看法：由于孩子受伤很疼，他实在不想要这种感觉，于是就打我，让我代替他疼。男孩听到后满脸笑容，拼命地点头同意。这似乎是一种本能：当你无法面对一种感受时，你会尽力把它消除掉，而消除的最佳手段之一，就是把它转嫁给别人。

转嫁当然不是什么好办法，因而父母运用游戏力的目的之一，就是帮助孩子找到更好的方式来面对自己的情绪。

第 13 章　重新思考规则的方式

世界上有很多悲哀的事情，但最悲哀的莫过于孩子惧怕他的父亲、母亲或老师。他对他们只有害怕，而没有爱和信任。

——柯尔恰克医生

游戏力的基础之一是对孩子的尊重。在孩子和我们都心情愉快时，尊重会是相当容易的。但是如果孩子愁眉苦脸，或者做出的事让我们愁眉苦脸，那么一切就会变得困难。当孩子拉扯猫尾巴、打小朋友的头、不做作业或者醉酒回家时，我们必须想办法。我反对放任自流，就像我反对严厉惩罚一样。是的，我们必须采取措施，但不是惩罚和威胁。我们还有更好的选择，因为惩罚总会失效（事实上，惩罚一直就无效）。如果从全新的视角来观察规则的建立和孩子的行为，我们就会发现，亲密联结、快乐游戏和情感上的理解，远比惩罚、教训以及放纵要有效得多。

建立规则的新视角：

· 冷却自己

· 联结

·“沙发会议”，而非“冷处理”

· 游戏

· 逐渐引导良好的判断力

· 翻译行为背后的情绪和需求

· 事先预防，而非事后惩罚

· 了解孩子

· 给出明确的界限

冷却自己

头脑不冷静时，很难有效地建立规则。在采取行动前，试着数到 10，暂时休息一下，等待事情自然平息，给朋友打个电话，等等。我们的情绪当然有爆发的时候——被孩子踢了一脚，台灯摔碎了，姐姐又捉弄弟弟了。但是，千万不要让情绪成为教导孩子的动因，要让自己先冷却下来。

与其他父母交流，是自我冷却的一个好办法。他们能够了解你作为父母会有多生气、多担心、多沮丧。想把孩子好好揍一顿的，不只是你一个人。但是同时，其他父母也可以帮助我们再次认清现实："他毕竟还是个孩子，别太着急！"他们甚至会给我们一些支持："我来帮你看他们一会儿，你出去散散心。"其他父母理解我们的希望、梦想、恐惧和焦虑。与他们交流，可以帮我们卸下沮丧和愤怒的情绪负担，使教育孩子变得更加容易。

我不敢相信的是，时至 21 世纪，仍然有人在打孩子，但这是千真万确的。有些父母只是由于一时生气而打孩子，因此过后就会后悔。而有些人却认为体罚是规则的必要手段，甚至是对孩子有益的手段。总有一些成人坚称，只要初衷良好，大棒教育就不会对孩子造成任何伤害。然而，专业研究的结果却完全否定了这种看法。很多专著已经对此进行了大量论述，我仅在此提炼一下结论：体罚会使孩子更具攻击性，更具有反社会的倾向，长大后更可能蹲监狱，或者产生严重的情绪问题；另一类惩罚的杀伤力比体罚一点儿都不逊色，包括羞辱、斥责、挖苦和威胁，这些手段所造成的心理伤害比肉体上的伤口更难愈合。即使我们不打孩子，也应该在采取行动之前先冷静下来。

联　　结

我已经清楚地表达了这一观点：多数"行为问题"的根源，实际上都只是联结的断裂。联结感良好的孩子更愿意与他人合作，更能为他人着想。惩罚只会加剧亲子之间的断裂，因此，请首先考虑重建联结。上一次与孩子拥抱是在什么时候？上一次和他一起的游戏时光是什么时候？上一次同他们出去闲逛又是在什么时候？当你注视他们的眼睛时，有没有觉得漠然无物？他们的杯子是不是空了，怎么才能蓄满？你自己的杯子怎么样？重建联结的方式有很多：一个拥抱，静静地一起坐一会儿，打闹游戏，到户外跑跑跳跳，一起吃一块点心，一次聊天，等等。如果问题比较严重，那么我建议采取"沙发会议"的方式。多数的惩罚都会对孩子造成压力，因此只会增加孩子的孤独感和无力感。而沙发会议既有助于建立联结，使孩子获得力量感，又是在用行动示范价值观和行为准则，从而更有效地建立规则。

“沙发会议”，而非“冷处理”

问题出现时，父母或孩子都有权要求召开沙发会议。不一定非得在沙发上，可以是在任何地方。我们的目标是建立联结。我一直坚持认为，不管是什么问题，联结断裂要么是主要原因，要么就是事态恶化的催化剂。这里唯一的规则就是，一旦有人召集“沙发会议”，另一方就必须出席。

当两个人都坐在沙发上后，你们可以直接开始认真谈论问题，也可以不谈问题而先进行联结。孩子可能会释放压抑很久的眼泪。你可以表达你的不满：孩子的卧室乱得像个狗窝，作业还没做，噪音震耳欲聋，等等。你也可以再次重申基本的家规：不准捉弄妹妹，每个人必须分担家务，等等。有时，如果不急于在事发现场处理问题，而是换个地方说话，并把重建联结作为首要任务，那么结果就会大不一样。你们坐到沙发上时，紧张的气氛很可能就缓解了，新的联结取代了愤怒。留在沙发上别动，直到双方都认为可以散会为止。

我希望能表达清楚的是，沙发会议的方式从根本上有别于罚站、回房间反思等“冷处理”方式。这里没有权力对抗，不需要争辩还要罚站多长时间，也不需要把又踢又叫的孩子往房间里拖。最重要的是，沙发会议是父母和孩子“共同完成”的一件事情，而惩罚则是父母单方面对孩子采取的行动。

我喜欢沙发会议的另一个原因是，它所能解决的不单单是行为问题。如果你注意到孩子最近心情不好，或者你们心情都不怎么好，或者最近大家很少有机会联结，或者需要决定到哪里度假，都可以是召集开会的理由。它的另一个好处是，一般情况下，大家离开沙发时的心情都已经好转了。

在游戏力中，建立规则是改善亲子联结的机会，而不是在两者之间再添一堵墙。为了使规则更具有联结性，我们应该把问题视为大家共同的问题，而不只是孩子行为不端。如果孩子看到父母和他共同面对问题并且共同解决问题，那么事情就会顺利得多。如果父母的角色不是警察或法官，那么孩子也就不用撒谎（“我没有!”），也不必耍心眼了（“怎么才不会被抓到呢?”）。如果发生问题时我们大家是联结在一起的，那么结果自然是更多的合作。这就是为什么我要建议的方式是“我们去沙发那边谈谈吧”，而不是“回房间去自己反省”。

很多父母感到惊讶的是，我不仅反对体罚，而且还反对“冷处理”的方式，包括忽视不理、让孩子自己回房间以及所谓的“反思角”。既然游戏力强调联结，那么我的态度就并不意外。冷处理，是人类特有的摧残孩子的方式，但不知为什么却成了时髦的“积极养育”工具。冷处理最大的弊端，就是会使本已感到孤独和联结断裂的孩子，在内心里更加孤独。

有一次我开车去接朋友，在楼下等她时，收音机里正好在播放儿童行为问题的专访。那位“专家”说，假如孩子深更半夜闹着要进父母的房间，那就应该把他锁在房门外，不管他如何大哭，也不管他是否会蜷缩在门边睡着，都绝不能妥协。我的朋友上车后正好听到节目的尾声，于是问我：“哦，你在听怎么训练狗狗的节目吧?”老天！事实上，现在即使是驯狗专家，也会建议在动物感到伤心和孤独时，去安慰和抚摸它。

在很多家庭和学校，冷处理都被当作惩罚或者控制孩子行为的一种有效方法。“冷处理”（Time - out）一词源于球类比赛的“暂停”。然而，在体育比赛中，你只有权为自己一方叫暂停，而无权给对方叫暂停。“暂停”的目的，是让每个人都得到暂时的休息和调整。在我女儿的学校里，如果有冲突即将爆发，老师会说：“暂停！大家都后退一步!”然后介入进来，将游戏重新进行规划或引导。这种“暂停”不是为了处罚谁和孤立谁，而是加入孩子并积极引导的方式。还有一种“暂停”的方式，也可以收到积极的效果，那就是有一个温暖舒适的角落可以帮孩子安静下来，前提是孩子自己选择去那里休息，而不是我们命令他去。

既然前面我们已经花了那么多时间来讨论联结和关注孩子的重要性，你一定可以猜到我对这句话的态度：“不要理他，他只是想引起大人注意”。这是多年来最常听到的标准建议，我真不明白是为什么。我们似乎不会说：“他一直要食物，别理他，他就是饿了。”我们也不会说：“你的杯子空了吧，所以我肯定不会给你蓄杯！”孩子拼命想得到关注，只能说明他确实需要关注。如果我们给予合理的关注，那么他就不必采取那些非常手段了。

对于少数孩子来说，冷处理也许可以提供冷静和反省的机会。但是对于大多数孩子来说，它是一种折磨。孩子需要抚慰，害怕孤单，在他们眼里，冷处理或者被命令回房间，是一种“驱逐”。为了抗议这种“驱逐”，他们会制造出更多的麻烦。他们可能会可怜兮兮地承诺坚决改正、不会再犯、好好听话，但到了下次还是做不到。他们由于恐惧而被迫做出承诺，而实际上却没有能力来控制自己的行为。对于这样的孩子，沙发会议的效果则要好得多。

有时候，为了与孩子建立联结，你可能首先必须要坚决地引起他们的注意。孩子可能需要听到我们大声喊他们的名字，或者感觉到有人把手放在他们的肩上，或者看到你正注视着他们，这样才能把注意力转移到我们身上。记住，我们的目的是获得孩子的注意并以此建立联结，而不是震慑他们。从这一目的出发，我们才能想出更有效的办法，而不是一味地吼叫和威胁。不过这并不容易，有时我们会做过头。我们确实获得了孩子的注意，但凭借的却是强硬的态度。孩子被惩罚或者被训斥之后，心怀怨恨地回到房间里，你认为他们会反省自己的错误行为吗？不可能。他们脑子里想的，更可能是在将来如何报复，或者下次如何不被抓住。只有在获得孩子的注意后，及时建立真正的联结，你才会得到真正的合作，而不是满怀怨恨的暂时性屈从。

每一个心理治疗师都听到过无数成人（大多数是男性）讲述的痛苦经历，关于自己在本应受到接纳和宠爱的童年，却遭遇了严厉的惩罚和无情的斥责。最悲哀的故事来自那些家庭暴力犯，其中绝大部分人在童年都曾是暴力的受害者。当年他们遭受暴力，现在他们把暴力转嫁给妻子、女友和孩子。他们当中还有人振振有词："我爸爸也用皮带抽过我，可是你看，我现在不是很好吗？"出人意料的是，当他们突破心理防线，谈论对童年的真实感受时，他们表示：最糟糕的并不是暴力本身，而是缺少温暖和关怀的内心荒漠。

当然，这些成人并不那么可爱，但他们小时候与你我一样，都是最普通的孩子。当他们开始走上歧途时，他们没有得到温暖的关爱与温和的引导，而只有更严酷的惩罚。对于所谓的坏孩子，我们会犹犹豫豫地不敢再爱他们，即便他们所需要的就是关爱。

游　　戏

许多父母不能想象游戏也是一种建立规则的方法，他们一直认为规则应该是很严肃的事。放弃这种看法吧！

朋友罗杰对我讲过一件事。有一次，他们全家去参观一处历史古迹，正要离开时突然下起倾盆大雨，几个家庭就被困在一个小谷仓内。别家的几个孩子开始无聊，动手要把墙上的泥灰刮下来。他们的父母怒气冲冲地吼叫着威胁他们。这些孩子没有电视和玩具来娱乐，只能不停地抱怨和找麻烦，而他们的父母也只知道用大吼、威胁和惩罚来应付。罗杰建议他自己的孩子们开始玩猜动物的游戏，并邀请其他孩子加入。很快每个人就都玩得开心起来。他们需要的只是游戏而已。

如果孩子吃正餐时吵着要吃甜点，你可以夸张地扮演严厉的母亲："不给不给！绝对不行！"也可以扮演超级随和的妈妈："太好啦！今天的正餐改吃冰淇淋啦！"只要孩子笑出来就好。如果孩子经常顶嘴，那就试试让两个娃娃吵架，其中一个总是出言不逊。如果因为执行规则而头疼，那就制定一个你不在乎的规定，跟孩子玩打破规则和进行惩罚的游戏。不用再跟孩子说："你必须穿上衣服，马上就去！"你可以试着说："只有一个规定：不许一只脚穿红鞋，一只脚穿黑鞋！”然后看看会怎么样。我可以担保，这绝不会让孩子养成破坏规则的习惯，只会让他们更合作而已。

一般情况下，孩子并不需要什么特别的游戏，他们只是需要玩得更多而已。只要孩子能在一个安全有趣的地方玩个痛快，那么不少所谓的行为问题就可以立刻得到解决。我不能理解的一件事是，某些学校惩罚孩子的方式是课间不许出去。如果这些孩子已经无法安静地坐好听课，那么不让他们课间活动只会使情况更糟。

教导孩子时，风趣、轻松的语调会比严厉的语气要有效，特别是对于男孩。有一天，我在超市里看到一对父子。排队结账时，男孩偷偷把一包糖果放进购物车。父亲严肃地说：“不行，放回去！”孩子低着头把糖果放了回去。接着父亲冲男孩挤挤眼，小声说：“差一点儿就成功了！”男孩冲父亲笑了。父亲又问：“帮我拿一下零钱好吗？”男孩脸上的笑容变得更加灿烂了。

这位父亲不仅把自己的怒火压了下去，还做了一些更有效的事情。他和孩子开起了玩笑，理解并肯定了孩子的感受，还及时意识到孩子想得到一定的重视，于是给了他一个工作，让他帮忙拿零钱。这样，孩子离开超市时可以感觉到，自己既被理解又有价值。假如这位父亲用的是斥责的方法，那么孩子离开超市时就会是另一番感受：自己微不足道，不被理解，因为想偷拿违禁品而感到罪恶，并因为没能得到而感到气愤。

这个故事让我想到游戏力中我最常使用的方法。我会说一些貌似威胁但实际傻乎乎的话，例如：“如果你再做一次，我就要唱‘一闪一闪亮晶晶’了！”这种策略是用“假生气”来缓和紧张的气氛，让我们卸下一些情绪放在一旁，而不是把它们倾倒在孩子身上以至于造成伤害。如果回顾游戏力的原则，那么你会发现它们都可以有效地预防及解决冲突：加入孩子，建立联结，嬉戏打闹，让孩子主导，与孩子对准频道，让事情变得有趣，等等。尝试用一些不同以往的方法：“你又打翻牛奶了吗？那我要跳‘打翻牛奶舞’了。”

我们在急着惩罚孩子时，却忘记了规则的最终目的是引导。还记得孩子 1 岁时会把食物从桌子上推到地上去吗？他在学习地心引力。大一点儿的孩子会不断试验并思考自主意志、主从关系和因果关系。事情是自己发生的，还是我让它发生的？如果我推马瑞去撞倒卡洛，那么到底是马瑞让卡洛跌倒的，还是我呢？与学习其他事情一样，孩子是通过游戏来领悟许多类似概念的。我帮助孩子理解这个问题的方式，是抓住他的手来轻轻地打别人一下，然后我煞有介事地说："不可以打人，打人是不对的！"当他们正在学习这个概念时，他们会觉得好笑极了。惩罚并不能帮助孩子理解这个概念，因此我们并没有引导他们学习。

很多父母不愿在孩子违犯规则的情况下使用游戏，因为担心它会成为对不良行为的奖赏：我一定要生气、严厉、表情冷峻，这样他才会知道自己做错了。但是，游戏力的目的不是奖励或惩罚，而是补齐孩子缺失的元素：联结和力量。由于联结和力量的缺失，才导致了这些问题。放下严肃，鼓起勇气试试游戏的方式吧，你能更有效地引导孩子的价值观，让孩子在规则问题上主动合作。

逐渐引导良好的判断力

教育的最终目的并不是培养服从的能力，而是培养孩子自己具有良好的判断力。服从，无法帮助孩子自己处理新的情况和新的问题，除非我们一天到晚地守着他们。我想每位父母都有过这样的经验：孩子的行为太离谱了，这件事虽然我们没有制定过规矩，但是他"应该知道什么可以什么不可以"。如果我们只教孩子服从既定的规则，那又怎么期待他们在遇到新情况时能够灵活地运用智慧来分析对错呢？世界对于孩子是如此的复杂，他们需要培养自己的良好判断力，而不只是对规则的服从而已。

绝大部分惩罚的目的都是让孩子服从。而良好的自我判断力则来自与孩子的交谈，从而激发他分析处理不同的问题，思考相关的道德伦理和价值观。开始交流之前，我们必须先与孩子调整到同一沟通频道，因此，联结是首要任务。当孩子做错事时，先与他联结，聆听他的感受，再平静地向他表达我们的感受，这样逐渐启发引导他的判断力，其长期效果远胜于一上来就加以惩罚。

孩子之所以能够在长大后最终形成体贴周到、诚实善良的品格，是因为得到了充分的爱的滋润，是因为一直有高尚的道德标准伴随身边，并在生命中一直有一位高尚的人用行为做出榜样。我从未见过谁是因为被惩罚而身心健康的。贿赂，给孩子一点儿小恩小惠，也同样无效。允诺、威胁、奖励和惩罚，是处理人类事务的最低级方式。既然人类能够运用理性来思考问题，既然亲密联结对我们如此重要，那么我们就应该把爱与交流作为建立规则的基础，这样才更有意义。

传统的行为矫正方式，直接利用了动物本能中对于奖惩机制的条件反射，而跳过了人类的思考过程，因此在长期效果上收效甚微。我的朋友露西就是一个典型的例子：当儿子停止哼哼唧唧、停止惹是生非、停止无理要求时，她就给孩子奖励。结果怎样呢？这些负面行为反而增加了，因为孩子可以通过更多的“停止”来得到更多的奖励。

父母常犯的另一种错误，是利用奖惩机制来控制孩子无法自控的行为。例如，不管如何惩罚大哭不止的新生儿，他都无法让自己停止哭泣。很多大一点儿的孩子被惩罚的原因，是阅读不够快，不会做数学题，不能安静地坐好，或者由于专心地看故事而没有听到大人喊他吃饭。这些状况是孩子暂时没有能力改变的，不管是给他 100 万元做诱饵，还是以一顿暴打相威胁。很多父母在不停地寻找更有效的惩罚方式，但是从未重新思考过惩罚的完整意义。

有关大脑的研究告诉我们，惩罚对不同的孩子有着不同的影响。令人惊讶的是，惩罚对那些最常被罚的孩子最没有效果。也就是说，某些孩子更容易冲动，更难形成是非观念，更不容易与他人建立联结，不觉得自己是团体的一分子。惩罚和对惩罚的恐惧，只能恶化这些性格特征，而不会从根本上改善行为。在这些孩子身上，惩罚的强度越来越重，但却一直无效。另一方面，对于那些是非明确的孩子，惩罚就更没有必要。只要清楚地知道我们的期望和要求，他们就能够自己控制行为。

出现行为问题的孩子，需要的不是惩罚，而是有人帮助他们变得更有条理。我指的不是把房间收拾整齐，而是指帮他们在头脑中更有条理地处理信息和作出反应。大多数的惩罚只能使孩子处于更加混乱的状态。为了帮助孩子更有条理，我们可以给他们提供一个安静的空间，以及一些传递温馨的玩具、小毯子或者枕头。抱着他们去坐坐摇椅或秋千，或者最简单的就是把他们抱紧。这些方法对于年龄稍大的孩子也同样有效，他们的行为问题部分是由于在婴儿及幼儿时期缺失了类似的安抚和调节。对于稍大的孩子，有规律的作息、手工和艺术创作以及安全的打闹游戏都可以作为有效的补充手段。

翻译行为背后的情绪和需求

如果以孩子的需求和感受为出发点，我们的规则方式就会完全不同。把孩子的行为想象为加了密码的信息（事实上，儿童行为就是一种加密信息）。信息解码的方式，是将他们的行动翻译为以下句式："我需要________"或者"我觉得________"。把空白处填上后，回应他的需求和感受，而不要只回应行为。如果两岁的孩子把桌上所有的东西都扯了下来，他可能是在说："我觉得无聊，需要有事可做，需要有人跟我在一起。"如果初三的学生开始忘记做作业，他可能在说："我觉得很害怕，要升高中了，我不知道自己准备好了没有。"你不一定每次都能正确翻译，但是尽量弄清这些恼人行为背后的需求和感受对于解决问题一定会有帮助。这个过程也挺有趣，至少可以转变你生气、无奈和挫败的状态。

下面这些"翻译"，对于很多具体问题都具有参考价值：

- 你觉得无聊了吧？你一定觉得寂寞了。我们来玩游戏，或者我们请别人来家里玩。
- 你开始觉得泄气了，我会给你加油！
- 最近我们在一起的时间太少，所以你一直惹麻烦。我们一起来做一些事吧！
- 你看起来有点难过，我来安慰你。
- 你需要一些活动空间，消耗一下精力。我们到外头去吧！

- 你好像在生气，我帮你拿一个枕头，你来用力打。
- 你一整天都在想办法要引起我的注意，所以我要把工作放下 10 分钟，来专门关注你。
- 你不太能安静坐好。我们来跳舞吧！
- 你看起来很烦躁，我来帮你冷静下来。一起来做三次深呼吸！
- 你最近对弟弟脾气不好。我想知道什么事在困扰你？
- 你似乎有点儿暴躁易怒。我们来吃些点心，看看会不会有帮助？

你一定注意到了，这些“翻译”没有一条能与惩罚建立逻辑关系。我们不可能说：“你的感觉很糟糕，所以我要对你大吼大叫。”“你觉得孤单，所以我要命令你回自己的房间去。”“你觉得与别人没有联结，所以我要打你。”“你觉得饿了，所以我要没收你的玩具，而不是给你食物。”很可笑吧！惩罚的出现，是因为我们自己的感觉：我觉得生气，所以我要骂你；我觉得沮丧，所以我要发脾气；我觉得害怕，所以我要威胁你；我今天过得糟透了，所以我要找你出气。

当孩子表现很“坏”时，父母很难记得他们需要的是安慰而不是惩罚。如果关注背后的需求和感受，而不是回应表面的行为，那么我们的困扰就会少很多。没有人因为缺少惩罚而死，但婴儿会因为缺少爱而死亡或生病。满足孩子的需要，才是纠正行为的最好方式。退一万步讲，对孩子太多的恼怒会使我们忘记那个最基本而又真正重要的问题：孩子快乐吗？如果不，那么原因何在？

如果我们的视线能够穿透孩子的行为表面，那么也就能够审视我们自己的表面行为之下隐藏着什么。当孩子行为不端，让我们担忧或伤心时，我们会本能地生气和烦恼。带着这种感受来给孩子建立规则时，我们更有可能会动用惩罚或者大吼大叫。事实上，如果我们足够诚实，那么我们会发现，很多规则只不过是在放纵我们自己的情绪而已。

当孩子的言行伤及我们的自尊时，我们就会用报复情绪作出回应；当孩子无法达到我们的要求时，我们就会用恼怒作出回应；我们疲惫了一天，而孩子还在不停地吵闹，于是我们的挫败感作出回应；一见到他们哭泣、害怕或发脾气的样子，我们就被传染，接着也发起火来；年龄小一点儿的孩子跑到马路上，我们就打他们的屁股，因为我们自己吓坏了，并且因为没能及时阻止而感到内疚；青春期男孩穿了耳洞，我们对此大发雷霆，而不能冷静反省他们已经长大的事实。与孩子交谈吧，不要再用大吼大叫和严厉惩罚来放纵自己的情绪了。也许需要一个巨人老师时刻在我们身边提醒："小朋友，要好好对别人讲话！"

事先预防，而非事后惩罚

惩罚之所以无效，其原因之一就是"马后炮"。如果想对孩子的行为进行有效的干预，那么我们需要做的是事前的预防和中途的制止，而不是事后再作出反应。我妹妹黛安为一所幼儿园做顾问，那里有一个男孩经常打其他小孩，大家用尽了法律所允许的各种惩罚，却仍然无效。有一次，黛安正在与一位老师讲话时，老师说："你看，他在那里，他要打那个女生了。"老师已经预见到即将发生的事情，却只是坐在那里等男孩出手，然后再想办法去惩罚他。黛安说："这次他不会了。"她走过去，抓住男孩刚刚抬起的手。男孩很生气，而黛安则温和地告诉他，她不会让他打那个女孩。刚开始时，男孩以为黛安会揍他（别奇怪，因为他在家里经常挨揍）。后来当他发现她只是温和地抓住了自己的手，男孩开始哭了起来。有史以来第一次，他说出了在学校不被人喜欢的感受。惩罚的传统限制了老师的思维，使他们无法着眼于预防，也没有考虑男孩的感受。对于破坏性行为的制止，是划出界限，而非施加惩罚。界限，可以帮助孩子锻炼自我控制，安全地表达情绪，并且有机会思考自己的行为。听到男孩的挫败感和孤独感之后，老师们这才找到办法来帮助他发展更好的人际关系。

学校以往使用的所有惩罚手段，只能使男孩越来越抗拒大人。而积极的规则手段在制止行为的同时，能够帮助他直接面对自己的感受。有效的规则手段将引发交谈和联结，而无效的规则手段将导致羞耻感与隔阂。因此我们的工作是，即使在约束和限制孩子时，也要与他心心相连。做到这一点相当有难度，因为在执行规则时我们自己很可能会生气和烦躁。但是请牢记，我们的冷漠与严厉只会增加孩子的孤独和自卑。因此，温柔地看着他的眼睛，放缓语调，尽可能温和地拥抱他，假如自己太激动，那就暗自做几次深呼吸。

游戏，是我所知道的预防行为问题的最有效方法。与孩子一起游戏的时间越多，需要惩罚的事情就会越少。

了解孩子

我们为什么惩罚孩子呢？通常是由于他们做了这个年龄段自然会做的事情：两岁的孩子发脾气或者不愿意同别人分享玩具；幼儿园的孩子怎么也坐不住；8岁的孩子喜欢在走廊里跑来跑去；前青春期的孩子说“我讨厌你”，等等。我们惩罚他们，是因为东西太乱，因为太吵太闹，因为太自私，因为累了就发脾气，因为太冲动——总之一句话，因为他们太“孩子”。当然，我们是需要管理这些行为，帮助孩子逐渐懂得分享、能够安静、好好走路以及待人有礼貌。但是，孩子并不会由于受到惩罚或责骂而提早成熟，不可能跳过必经的发展阶段。假如一定要说出惩罚对孩子的成长有何作用，那么唯一的作用就是延迟发展。

另外，我们还会因为孩子与我们不一样而惩罚他们：我们喜欢赶时间，他们喜欢磨洋工；我们一直坐着不动，他们一刻也坐不住；我们希望他们的房间很整洁，他们却总让它乱成狗窝；我们喜欢安静，他们喜欢吵闹；我们喜欢井然有序，他们喜欢天下大乱。无论如何，惩罚改变不了孩子的天性。他们与我们只是不一样而已，但是谁会因为不一样而受到惩罚呢？因为我们更强大，所以我们就可以放纵自己的烦躁。我们惩罚他们，仅仅就是因为孩子的天性把我们惹烦了。

孩子长大一点儿后，当冷处理不再有用，我们就威胁扔掉他的玩具、没收手机、不准看电视、取缔上网时间。这些惩罚没有真正的效果，只会引发憎恨和冲突，并不能帮助孩子培养出高尚的品格。确切地说，孩子还无法控制自己上网、打电话或者看电视的时间，但是界限绝不等同于惩罚。划出界限，是养育工作的重要组成部分，关系到我们是否真的了解孩子。惩罚，针对的是过去已经发生的问题，是父母对孩子的单方面宣判；而界限作为养育工作，针对的是将来可能发生的问题，是父母与孩子共同制定的可行方案。这两者有着本质的区别。

了解孩子，也意味着我们要了解他们对不同的规则方式的不同反应。有些方式对我的孩子有效，但并不一定对你的孩子也有效。然而相同的是，所有孩子都会对过于严厉的管教产生恐惧。在本章开始我引用了柯尔恰克医生的话，他在波兰担任一所孤儿院的院长。他在一次针对师范学生的演讲中带去了一名 4 岁的男孩。关于那次演讲，有学生记录如下：

他走进来，带着一个孩子……男孩吓坏了，因为有这么多陌生人……他对男孩说话时，声音很轻很轻，为的是不再增加他的恐惧……柯尔恰克对我们说："不要忘记你们看到的：孩子害怕时，他的心会跳得这么快；我想告诉大家，如果他感到大人在生气，那么他的心会跳得更快；而当他害怕受到惩罚时，情况就不必我来形容了。"说完，他拉着男孩的手向门口走去，出门前补充道："我没有更多的要说了。"大家也不需要知道更多了。这次演讲的题目是《孩子的心》。

给出明确的界限

有些家庭过度依赖严厉的惩罚，而另一些家庭却走向相反的极端：过度放任。界限、引导和秩序，都是孩子所需要的，只不过要承载于关爱和放松的态度中，而不是愤怒或报复的情绪里。大多数人以为我们必须在"严厉"和"放任"之中选择其一。其实，我们可以做到既用高标准要求和约束孩子，同时又理解他们的需求、接纳他们的感受。

首先我们必须明确，事事迎合，绝不是在满足真正的需求。孩子既有真正的需求，又有不现实的奢求，两者截然不同。给饥饿的婴儿喂奶并不会宠坏他，给孩子关注、爱和安慰也不会宠坏他。但这不等于要从头到脚地服侍他们，尤其当孩子长大一点儿后，他们将产生独立的需求，并需要感受到自己的力量和成熟。这些都是真正的需求，我们都必须予以满足。

一方面，如果我们基于对孩子选择的尊重，提供他们需要的东西，那么就不是在放任孩子。毕竟，是我们在控制家庭中的所有资源，他们想要什么，就得来求我们，而我们则不需要去求任何人。另一方面，如果我们给孩子东西，只是出于害怕他们的情绪反应，或者因为自己的内疚，那么我们就滑向了放任的极端。宠坏孩子的真正原因，是我们违背了自己的良好判断。我们不相信孩子能承受沮丧、生气和挫折，或者我们只是不想面对他们的哭闹。我们不是在满足需求，而是在逃避需求。

社会变迁的同时，总有一些保守人士主张严格的纪律，批评并拒绝斯波克（Dr. Spock）宣扬的容忍。他们没有抓到重点。问题的关键在于严厉管教和溺爱放任，都不能提供孩子所需要的联结，因而都无法帮助他们成长为有道德心、责任感、积极快乐的社会一员。严厉的父母忽视了孩子自主抉择的能力，放任的父母忽视了孩子能为集体做出贡献的愿望。

两个极端竟然有一个惊人的相似之处，那就是两种父母都无法忍受孩子的眼泪和脾气，一个用的是惩罚，而另一个用的是逃避。后一种情况中，孩子很容易成为情绪勒索的能手，对待他人要么进行操控，要么进行反叛。

放任的父母经常自以为这样做是在培养孩子的自信，他们可能允许孩子说谎、偷窃、不做家务、整天游手好闲，但却不必承担任何后果。事实上，所有孩子都将获益于父母对自己的高期望值，特别是针对道德和为群体做贡献的高期望值。如果大人不能给孩子划出坚决而明确的界限，那么孩子要么自认为权力无限，要么感到失控。两种情况都不属于真正的自信。自认为权力无限的孩子，一旦发现自己不是宇宙的中心，就会暴跳如雷；感到失控的孩子在内心中忐忑不安："如果爸爸妈妈不管，那谁会管？"如果界限是通过爱与尊重的方式传达出来，那么就能提供秩序感和安全感，可以帮助孩子降低对自己情绪冲动的焦虑，减少对外界危险的恐惧。

惠芙乐这样解释界限与倾听的关系：给孩子界限，然后聆听他心中的感受倾泻而出。然而很多时候，我们要么根本不划界限，因为不想面对孩子的情绪反应，要么生气地给出界限后转身走开，拒绝听取任何不同意见。不要逃避，也不要走开。记住，界限一定会引起孩子的不满。但是如果你的界限和要求是合理的，那么就不要因为孩子的情绪反应而放弃。坚持界限，然后倾听。

我经常听放任型父母诉说这样的焦虑：他们偶尔会在忍无可忍时对孩子大发雷霆，之后又万分内疚。这种情形会让孩子感到相当困惑，因为他们听到“不行”这两个字的时候，都是父母暴怒的时候。相应的结果就是，这些在平常事事顺心的孩子，稍遇挫折就会“火山”爆发。孩子需要听到的是爱与温和的“不行”，而不是恼怒和暴躁的“不行”。

有一些家庭中存在这样的冲突循环：孩子先开始发脾气或者言行不端，接着是父母的情绪被引爆，然后是大家的眼泪、和好、道歉、拥抱以及冰淇淋。这个循环可能会变成一种习惯。父母以为他们冲孩子大吼是进行惩罚，然而从孩子的角度看，吼叫之后便是父母的妥协。因此，当孩子没有别的办法让父母妥协时，那么他们就来引爆父母的情绪。

在放任孩子的家庭里，界限是时隐时现的。父母可能经常说“不”，但他们从不坚持到底（除非情绪爆发）。我们必须将“不行”两个字留到真正必要的时候，然后坚决地执行。这可能意味着你必须亲手制止孩子打人，或者不得不坐下来监督他们完成作业。我们不能只是告诉孩子该做什么，然后转身走开，而不去管他们到底做了没有。

威胁，将对孩子造成焦虑，即便有些不可能真的实施。虽然我们自己知道不会把孩子真的扔在超市里，但孩子却并不十分确定这一点。另一些父母制止孩子时语气软弱，几近羞涩：“请你别这样，好不好？”这对孩子同样也会造成困惑。孩子靠我们提供明确的界限，直到他们形成自己的判断为止。软弱羞涩的语气，暗示着我们不能为孩子提供必要的安全感。有些家庭则在放任和惩罚之间忽左忽右。父母把同一个规则重复了 20 遍，每次都肉包子打狗，而每次也都没有进一步的措施。终于，父母突然愤怒地尖叫起来：“我跟你说了 20 次了！”是够气人的，但是你说了第一次后，为什么又说了 19 次呢？

惩罚和放任，都将把孩子推进孤独与无力的困境；而游戏以及相应的规则手段，将帮助孩子摆脱困境。我们必须牢记最重要的一件事：每个人都需要一只蓄满的杯子，杯子中装的是亲密的联结。是的，每个人都如此！下面的故事就是一例。

意外出场的英雄

我坐在墨西哥一个小岛的餐厅里，身边有两桌人。面前一桌是三个快乐的男人，边聊边笑边喝着啤酒；另一桌是两个人相互沉默，低头喝着闷酒。两人中的一个很快默不作声地离开了，留下另一个人。这个独自喝酒的男人身材魁梧，他突然转过身，语调沉闷地向那桌有说有笑的三个人说了些什么，似乎是嫌他们太吵。他说完就又回到两眼发呆的状态，但每隔二三十秒，又会对那桌人重复一次刚才的话。另一桌人用了所有可能的回应方式：嘲讽、不屑、回骂、威胁以及忽视，但是无一能够化解矛盾。

最后，三人之中的一人，我所谓的意外英雄，对壮汉说："嗨，过来这边！"壮汉不确定这是不是要打架的意思。他缓慢地站起来，故意放慢脚步走过去。我警惕地后退一些，以免卷入群架。

但是，火爆的冲突并未发生。英雄说："不是，带着你的酒过来！"他拉过一张椅子，拍拍椅垫请壮汉坐下。之后，英雄不时地邀请壮汉开口，拍着他的背，让他融入圈子。很快大家就又谈笑风生了。

我坐在那里感慨不已。我告诫自己要永远牢记：人们在心底渴望的就是彼此亲密，不管他们对此的表达方式是多么疯狂和愚蠢。然而就像大部分人一样，我时常还是会忘记这一点。

第 14 章　解决手足之争

一天，邻居听到街上传来小孩悲痛的哭声，急忙冲出来查看，却瞧见林肯和他的两个儿子。两个小孩正啜泣着。“孩子怎么了，林肯先生?”邻居问。“跟整个世界所面临的问题性质一样，”林肯无奈地回答道：“我只有 3 颗核桃，而他俩每人都想得到两颗。”

很少有什么事能像兄弟姐妹之间的冲突那样让父母头疼不已了。听着他们之间的大声吵闹，我们耗尽了时间和心神，不仅自己火冒三丈，同时又隐隐担心子女们长大后会形同陌路。对此，你一定猜到了我的观点：我并不指望彻底根除这些情绪和行为，而会更多地思考如何通过游戏来应对它们。多子女家庭中的复杂关系，为游戏力增添了更加丰富的内涵。在下面的内容中，我们还会讨论为什么这种“手足之争”不是自家兄弟姐妹间的独有现象，而在所有孩子之间都会出现。

跟多个孩子游戏

与单独跟一个孩子游戏相比，跟多个孩子游戏的原则在有些时候基本相同，有些时候则需要做一些调整，而有些时候还会产生一些非常特殊的问题。同两三个或者一群孩子玩，我们仍然需要跟随笑声的脚步、建立联结、培养自信、努力参与我们从前不喜欢的游戏。我们也将面临何时介入主导、何时跟随孩子的抉择。

当一个孩子被另一个孩子欺负，或者受到群体排挤时，我们必须介入。如果弟弟妹妹被哥哥姐姐打了，或者邻里间最小的孩子总是被排除在游戏之外，我们也需要提供帮助。许多成人在接受心理治疗时，会痛苦地提到小时候被哥哥姐姐欺负或被社区的孩子群排挤的经历，而当时他们的父母却只是让孩子自己解决。当然，如果孩子确实能够自己解决，大人就不要介入。

要让孩子承受多少我们才需要介入呢？对此，特维克 · 史密斯（Jeffrey Trawick - Smith）这样论述：“只有卷入争端，孩子才能学习如何解决争端；只有先被大家排斥，孩子才能学会如何加入集体游戏；只有当玩伴中有意见不同者，甚至有恃强凌弱者时，孩子才能拓宽人际交往的策略；只有在游戏中遭到拒绝，孩子才能学会如何让自己更有说服力。成人如果过早干预，这些学习的机会就丧失了。”

皮亚杰（Jean Piaget）是第一位伟大的儿童游戏观察者，他注意到孩子通过争论规则来学习道德。下一个轮到谁？球是进了还是先出界了？什么可以被允许而什么必须被禁止？这些冲突都是孩子所需要的。我们经常下意识地插手去解决纷争、说明规则，因为我们无法忍受冲突。然而，冲突有时就是游戏的核心。童年游戏帮助孩子获得的主要成就之一，就是学习如何有效地处理冲突。他们必须先有一些冲突的经验，之后才能摸索出处理问题的方法。当然，被严重欺负的人是学不会如何解决冲突的。如果皮亚杰看到当今大多数游戏都是大人一手操办的，那么他一定会瞠目结舌。同时，他也可能会喜欢最近流行的神奇宝贝皮卡丘，因为它复杂的规则让孩子们没完没了地争论不休。

大人何时该介入冲突，而何时该退后让孩子自己解决？我试图找到一条明确的标准，但最终发现不太可能。同一情况下，往往两种做法都各有道理。因此我的基本原则是：退后，但要睁大眼睛。我们退后不介入，绝不表示就走开不管了。介入时要点到为止，不要一锤定音。当我们决定介入时，往往会做得过火、干预太多。我相信不用采取全盘接管的方式，我们也可以防止出现最糟的情况。我们可以持续保持关注，但让孩子来主导。我们可以提供一部分帮助，再后退一步，看看他们能不能自己解决剩下的问题。

在我的经验中，循序渐进的方法最有效。通常我会先旁观，然后向孩子描述我看到的情景。如果这样做还不够，那么我会问他们在这种情景下大家怎么做更好。最后，如果需要的话，我才会比较强势地介入。我自己站在游戏场中间的明显位置：“你们需要的话，我就在这里。”“我觉得你们可以自己解决，但如果需要我帮忙的话，随时叫我一声就行。”当孩子过来要求我们仲裁时，当然是显示我们智慧的好时机。但是，请按下这种冲动，倾听冲突的双方即可，不用多说什么。可以向他们提问题，但要尽量让他们自己提出解决方法。要表现出很感兴趣的样子，但不要太担心。通常情况下，他们离开时会皆大欢喜，并打心眼儿里觉得你像所罗门一样聪明。

如果确实需要大人在一定程度上介入，那么我会走到有麻烦的孩子旁边，非常友好地打招呼，不管我认不认识他们。有时候，成人只需要这样简单地打个招呼，就足以让害羞的孩子鼓起勇气，或者让霸道的孩子收敛一点儿。我尽量不给孩子造成“我在监督”的印象，而是让他们知道，如果有谁需要帮助，我会随时到场。

有时候，我会多说一句：“发生什么事了？”“噢，那样会很疼的！”如果有人被欺负了，我会说：“他好像不喜欢你们这么跟他玩。”我也会重申一些基本的原则和价值观：“每个人都要轮流玩。”“我不喜欢这种骂人话。”“如果不安全，我们就不能再玩了。”然后让他们自己解决剩下的问题。

如果这些婉转的话都不管用，那么我们可以执行一些规则。我们可以把霸道的孩子同被欺负的孩子分开（不管我们自己的孩子是哪一个角色）。我们可以加入游戏，而一旦我们加入了，情况通常会随之改变。如果某一个孩子被攻击，那么你的加入会使其他孩子转而攻击你。如果之前大家都不知道要玩什么，那么孩子们也会因为你的加入而想出一些好玩的点子。

前面谈到的游戏力原则中，有两个方面很难适用于多个孩子：一个是对准孩子的情绪频道，另一个是打闹对抗。由于人数多，因此我们不仅要注意每个孩子的状况，还要注意孩子之间的状况以及整个群体的状况。我们不可能注意到每一件事，但是我们可以关注一些关键的元素：有人被排挤了吗？有人结成小团伙了吗？是不是有人在进行“情感勒索”（一不称心，就哭嚷吵闹）？有人被欺负了吗？是不是还在忍气吞声？有人在游戏里作弊了吗？有人是不是自命为警察而对他人指手画脚？大孩子能不能克制自己，与其他小朋友公平地玩耍？小小孩是否有足够的技巧参与游戏？

与多个孩子进行游戏时，最困难的莫过于每个孩子的情绪频道都不一样，特别是在对抗、打闹和竞争性游戏中。有一次，我和三个男孩玩，他们分别是 3 岁、7 岁和 12 岁。我和 7 岁的玩摔跤时想尽量不被他踢到，但与此同时，3 岁的那个却在一旁叫我不要打哥哥，而最大的那个则推波助澜，叫我全力打败对手，好轮到他自己上场。

另一种类似的情况是在竞争性游戏中：一个孩子需要使出全力，而另一个则需要谦让。或者有的孩子还不具有一起玩的能力，但却吵着要参与。这些时刻，孩子都需要我们更加积极地介入，以使每个孩子的需求都得到一定的满足。我们可以同那个还没能力参与游戏的孩子组成一队，或者建议更改游戏规则；我们有时也需要安抚小小孩去玩别的游戏，这样大孩子不必总是约束自己的能力。

只要有两个孩子，就会有争吵：玩具、遥控器、大的那块蛋糕等，都是他们争夺的对象。我最常用的回应方式，是抓起玩具就跑，于是两个孩子就会联合起来对付我。我不会总这样做，因为他们也需要学习如何进行协商。但是孩子陷入冲突时，把我自己变成箭靶会有助于他们走出冲突。假如他们在打架，我就说："你们肯定打不到我！"然后跑出房间，假装害怕得要命；假如他们在争吵公平的问题，我会愁眉苦脸地说："我一次都没轮上，这才不公平呢！"或者，我抓起一把叉子说："这把叉子我谁也不给，谁也别想用！"如果某个孩子表现出害怕，那么我就装成《绿野仙踪》里那只胆小的狮子，对一切都害怕得要命，于是其他孩子就会调头来捉弄我，而不再针对那个害怕的孩子。我的加入就像是个鱼饵，孩子有时会来咬，有时不会咬。但是如果他们来咬，那么他们很快就会把自己所关注的同伴相处的问题引入到游戏中来。

只要有 3 个以上（包括 3 个）的孩子，就会产生包容和排挤的问题。我们不应过度插手孩子的游戏或者友谊，但是我们必须确保没有人被完全排挤或者受到严重攻击。我的朋友蒂娜在棒球场上会对中等体型的孩子说，她会帮助他们不被大孩子赶走，但他们也必须要包容比他们更小的孩子。我们的工作并不是要让每件事都完全平等，而是在双方力量极不对等时起到一些平衡作用。在包容的问题上，我们也需要坚持高标准：不抛弃任何人，不放弃任何人。一方面我们知道孩子之间的排挤其实很正常，而另一方面我们也要为他们指引努力的方向。

最好的游戏是对所有人都敞开大门的，并且在不同年龄、不同族群、不同性别以及不同阶层的人之间架起桥梁。心理学家拉姆西（Patricia Ramsey）提到："当孩子投入真正的游戏（开放的、自发的、没有事先编排的游戏）之中，他们是在创造一个既属于自己、又包容他人的世界。"我们成人的工作，是要帮助孩子获得包容的胸襟。她解释了为什么具有普遍性和包容性的游戏是最好的，而基于电视节目或电子游戏的游戏则不具有太多包容性。她讲了一个故事：她领养了两个孩子，6 岁的丹尼和 3 岁的安迪。安迪刚刚来到新家两天时，丹尼想和安迪玩金刚战士，可是玩不起来，因为安迪从没看过电视。但一个小时后，他们两个一起在浴缸中玩起了吹泡泡，玩得不亦乐乎。金刚战士和吹泡泡的差别在于，前者很大程度上依赖于电视节目，而后者更具有普遍性，因而跨越了文化的鸿沟。前者把不同的孩子分开，而后者把孩子之间的距离拉近了。

每个孩子心中都有"手足相争情结"，即便是独生子女

手足之间的竞争中普遍出现的感受、想法和行为，实际上是每个孩子在成长中都将面临的课题，包括独生子女。在多子女的家庭中，手足之间的冲突总是让父母心烦意乱；而与此同时，在独生子女家庭中，孩子表现出的同类情绪和行为更使父母震惊不已。

几年前，一位朋友请我去帮忙。她 5 岁的儿子鲍比对妹妹塔尼亚很不友善，他动作粗鲁、抢妹妹的东西，大人对妹妹的任何关注，他都极为不满。不过有些时候，他还是能对妹妹表现出关爱、温柔以及保护心。我带着女儿艾玛一起去了她家。艾玛当时差不多 5 岁，因为是独生女，所以她想趁机享受一下有小妹妹的感觉，装成小妈妈来帮塔尼亚穿衣服。对此，鲍比非常生气，认为妹妹抢走了"他的朋友"。

我请妈妈和塔尼亚留在楼下，自己把两个大孩子带到阁楼去玩，这样才能有机会让他们玩出相关的感受。当他们蹦蹦跳跳地玩耍时，我抱起一个娃娃说："看，是刚出生的宝宝，多可爱啊！"我一边说，一边对娃娃又抱又亲。两个5岁的孩子先是互相看了一眼，又看看我，然后相互对视了一眼，似乎达成了共识，接着一起尖声大笑着冲过来，一把抢走了娃娃。鲍比说："啊呀，不好了，她掉到岩浆里了，我去救她！"艾玛（独生女和小妈妈）把娃娃抢过来说："你不乖，掉到水里，鲨鱼会把你吃掉的！"这样玩了大概半个小时。这个游戏进行得很顺利，我也很庆幸塔尼亚不用目睹这个场景。之后他们三个又在一起玩时，大孩子的攻击性明显降低了。后来，我又花了一些时间单独和塔尼亚玩，让她扮演有力量的一方，例如追她但总是抓不到她。

我想用这个故事说明，所有孩子都有一种情绪，我们称之为"手足相争情结"，不管他们是否有亲兄弟亲姐妹。其实，孩子更愿意通过游戏来处理这些情绪，而不是真的去伤害别人。只有当大人没时间、没精力、不得其法而无法提供帮助时，他们才转而去攻击他人。多子女的父母对这些问题疲惫不堪，而独生子女的父母却还没意识到自己也必须面对同类问题。

手足相争的核心，是孩子提出的一系列既深刻又普遍的问题：我被爱着吗？是被真诚地、绝对地爱着吗？我被需要吗？我有什么特别吗？我有力量吗？如果我的父母爱上另一个孩子，他们会不会不再爱我？我能让别人服从我的意志吗？他能做的，为什么我不能做？他能得到的，为什么我得不到？这些问题和相应的感受影响着各个年龄的孩子，不管他是独生子女还是有兄弟姐妹。我们可以帮助所有的孩子借助游戏来释放这些情绪，从而在他们彼此之间搭建亲密相爱的关系。

有兄弟姐妹的孩子每天都有很多机会来处理这些问题，虽然不是每次都有效。而独生子女则必须寻找机会来玩出自己的手足相争情结。曾经连续几个月，每次我女儿、她的好朋友以及好朋友的妹妹一起上车时，三个人都会吵着要坐中间。看她们的架势，吵上几小时不在话下（当然，没有哪个父母可以忍受那么长时间，最多只给她们几分钟）。有趣的是，两姐妹在其他场合从不这样争吵，而我女儿也从不与别人这样争吵。只有三个人在一起时，只有她们在一辆车上时，才会发生如此情景。从某种意义上说，这种情景就是一个游戏场，让一个姐姐、一个妹妹和一个独生女来玩出各自的手足相争情结。

正因为是手足同胞，所以他们之间的问题常常会有被忽视的危险，如果不能有效解决，孩子们就会一直在困境里挣扎。有些兄弟姐妹确实可以妥善地解决问题，但是在更多家庭里，当大的欺负小的时，大人却简单地认为那是孩子们在自己解决问题；另一种情况中，有些小的孩子会要手段操控大人，让哥哥姐姐一直倒霉。这些情况，都无法帮助孩子学会正确处理兄弟姐妹间每天产生的问题。

兄弟姐妹与蓄满空杯

思考手足相争的问题时，脑海中想象空杯和蓄杯的图画将会很有帮助。手足相争的根本目的，就是在竞争蓄杯的机会。年长的孩子看到小婴儿仅仅因为打嗝一类的小事就能被一直蓄杯，而自己的杯子似乎总处于没剩多少的状态。更糟糕的是好像没人在乎这一点，他们得到的总是责骂或惩罚，于是他们的杯子变得更空。再往后，年纪小的又觉得是哥哥姐姐一直能被蓄杯：他们可以晚睡，有真正的自行车，还有更多的特权。

事实上，多数的手足冲突都可以被视为企图从别人杯里偷东西来蓄满自己的杯子：偷玩具，把她惹哭，赢得比赛，表现得更聪明，让他挨骂，等等。孩子是天生的达尔文主义者：资源有限，物竞天择，适者生存。当大的说："你太小了，你不能跟来。"他实际是在说："我要去加满杯子，没有你的份儿！"当小的说："妈，她对我很凶。"他其实在说："请给我多一些，我的杯子比较小！"

因此，我们必须主动给孩子提供更多的蓄杯机会，让他们不必偷，也不必抢。与一对一时的做法一样，我们用关注、爱的情感和倾听来蓄满他们的杯子。与一个孩子在一起时，蓄杯将提供力量和热情；与多个孩子在一起时，蓄杯将帮助解决冲突，增强合作和包容，激发他们的创意来更好地共同游戏。如果孩子们因为互相竞争而受到惩罚，那样会把他们的杯子倒得更空。

让大孩子承担照顾弟妹的责任时，可能会蓄满两个孩子的杯子，但也可能会倒空杯子，这要看是什么样的孩子和什么样的任务。如果大孩子觉得自己的付出对家庭有价值，而小孩子也觉得自己受到了很好的照顾，那么每个人的杯子就都蓄满了。但是也有些时候，大孩子只是觉得愤愤不平，因为自己失去了玩耍的时间，失去了自由。或者有些大孩子还不具有照顾弟妹的能力，不能满足弟妹的需求。

有一次，我看到两个男孩，大概一个 7 岁一个 3 岁，他们手牵手地从图书馆出来。哥哥对弟弟呵护有加，弟弟对哥哥言听计从，场面非常温馨。但是当他们向妈妈的汽车走去时，哥哥明显开始紧张，因为他要带弟弟穿过整个停车场。哥哥开始朝弟弟吼叫，催他走快点儿，与自己靠近点儿。弟弟则被吓怕了，越走越慢，而哥哥也就越来越生气。他们的杯子刚开始时还是满满的，但到最后却要见底了。

如果我们想让孩子互相照顾，除了叮嘱要注意安全之外，我们也要提供一些情感沟通的技巧，例如，示范年长的孩子如何让弟弟妹妹偶尔来主导游戏。角色置换能够帮助每个人都有机会把竞争情绪释放出来。年长的孩子通过假装比年幼者更慢、更弱的方式，可以更深刻地理解自己的重要性和能力。

朋友雅各布的独生子雷欧是个“我先蓄杯”的高手。一次，雅各布给雷欧和另一个孩子分冰淇淋。当发现冰淇淋不多时，雷欧说：“先把我的盛满，要很满，剩下的都给她。”雷欧还曾给我上过一课，让我明白了为什么当一个孩子想要某样东西时，另一个孩子马上就想要同一样东西。有一次，我和女儿去他们家，女儿想借一件红外套。雅各布让雷欧把他的红色外套借给我女儿，没想到雷欧坚决地说：“不行，那是我最喜欢的外套。其他的都可以，就那件不行。”雅各布说：“你都很久没穿那件了，而且可能都穿不上了。”“我不管！就是不行！”

就因为别的孩子想要，本来那件早已被遗忘的外套瞬间就变成了宝贝。换句话说，外套变成了可以蓄满杯子的东西——他决不允许别人用自己的外套来蓄满杯子。对任何孩子来说，杯子里的一点一滴都是珍贵的——“我的杯子现在可能不是空的，但谁知道明天会怎么样？”

有一个家庭，妈妈正怀着第4个孩子。5岁的泰瑞和他4岁的妹妹很兴奋地要迎接小宝宝的诞生。然而7岁的姐姐由于尝过婴儿诞生后她自己会被冷落的苦头，因此她把弟妹叫过来开会说：“你们两个不要这么开心，家里的爱已经不够了，等到婴儿出生，情况会更糟！”这个故事告诉我们，父母必须让孩子知道，爱总是足够让每个人都蓄满杯子的，即使新成员或其他事情可能会减缓蓄杯的速度。我们也必须了解很多孩子的普遍担心：别人会不会偷走我杯中的东西，来为他自己蓄杯？

很多孩子似乎认为，用来蓄杯的资源是奇缺的。事实上，很多大人也有同样的感觉。毕竟，没有人会主动敲门来为我们免费蓄杯。如果我们自己的杯子里所剩无几，那就不可能满足孩子的蓄杯需求，这种情况下我们必须从其他父母、亲人、朋友或者治疗师那里得到支持。以下建议是能够为多个孩子蓄杯的一些方法，也就是多个孩子在一起时需要我们提供的帮助。希望你能同意我的看法，即：我们的资源并不匮乏。刚开始时，你可能只能运用一两个方法。慢慢来，逐渐尝试其他的方法及其效果。

1. 提供解决方案

身为父母，我们最了解自己的孩子。有时候我们需要做的，只是为冲突提供一个解决的方案：出去散散心……大家各自安静一会儿……每人都请一个朋友来……咱们扔硬币来决定……大家一起吃些甜点……如果只剩下最后一杯果汁，而两个孩子都想喝，那么简单地让他们平分通常不会有效，你可以在果汁里加些水果或饼干，再让他们平分。当然，我们不能总是帮他们解决问题，他们需要自己锻炼的机会。假如无论我们建议了什么方法，孩子总是怄气地拒绝，那么说明我们插手太多了，他们可能想要自己来解决问题。最糟的状况下你还可以尝试那个傻乎乎的方法："如果你们解决不了的话，我就要把果汁倒在我头上了。"

由于手足之间的冲突中充满了情绪，因此我们经常找不到最好的解决办法。例如，有些父母"解决"一切冲突的办法就是惩罚大的孩子；另一些父母听到大孩子欺负小孩子时，只会说："你们小声一点儿！"而且，我们提供的方法总是缺少创意："一人一半……轮流玩……每个人10分钟……上次你先玩的，所以这次他先……向他道歉。"

很多父母认为，我们要么完全介入并强制解决，要么完全放手不管。其实，我们可以给孩子提供更多的资源和方法。

2. 给予鼓励，激发自信

为了让孩子创造出自己的有效解决方法，我们需要在一旁随时给予鼓励和激发信心。冲突所造成的挫折感会使他们用最原始的方法来解决问题：打人、尖叫、哭泣、口不择言、哼哼唧唧。所以我们不能只说一句"想办法呀"，然后就转身离开。我们也不能太快地说出答案，因为那会瓦解他们的信心。我们一定要让他们感受到，爸爸妈妈真的相信他们能够找到对所有人都有利的解决办法。当他们找到办法时，我们就必须在一旁及时给予鼓励。假如他们开始打架，一旁的我们也可以及时出手阻止。

鼓励而非干涉，是一个微妙的平衡。我会说类似这样的话："我相信你们一定有办法。谁先说个办法？""我不知道该怎么办，但一定能解决。咱们一起来想想。""如果继续打架，那么谁都不能再玩了。你们一定有办法让暴力消失。""每个人都抢着要玩，结果大家都玩不到。怎样才能让每个人都有机会玩呢？"其中有些话里已经提供了一半的解决方案（要让每个人都有机会玩，要注意安全），但是把另一半留给了孩子。

另外一种方式同样提供了一半的解决方案："马克真的很难过，你们大家有什么办法来帮助他呢?"不要用老套的办法，诸如"向他道歉"或者"他不是故意的"。孩子勉勉强强、毫无诚意的道歉只是想让父母停止唠叨，没有任何意义。不过我们还是经常见到父母这样要求孩子道歉。

我们以随时会提供支持的态度鼓励孩子自己解决问题，孩子对此会有非常积极的回应。也许他们找到的方法和我们想建议的一样，但是效果还是不同。他们的解决方案会更有创意，他们的道歉会更加诚恳，他们达成的协议也更为大家所接受。而之后，他们就可以真正地合作，而不再斤斤计较。

3. 让孩子沐浴爱与关怀

有时，我们只需要做到这一条就够了：把孩子搂在怀里、讲故事，或者是体贴的话语、温馨共处的时光、孩子最喜爱的食物，等等，如果我们用这些最基本的方法把他们的杯子加满，那么孩子就能够自己解决剩下的问题。尽管本书讨论更多的是游戏，但不要忘记在有些时候，只要提供温柔和安慰就可以了。例如，当某个孩子伤害了另一个孩子，不管是身体上的还是情感上的，你可能首先需要倾听孩子的哭诉，然后再去寻找解决的办法或者游戏的点子。当我们给予安慰时，针对的不仅是被打的孩子，那个打人的孩子同样需要我们的关注，但我指的绝不是惩罚。

当孩子对他人言行恶劣时，他们通常在传递这样的信号：我需要更多的爱与关怀。遗憾的是，在这些时刻他们可能会在表面上拒绝我们的爱。我们必须坚持到底，直到他们知道自己确实被深爱着。另一个问题是，我们在情感上可能不想给那些"坏孩子"太多的爱与关怀。也许这就是为什么孩子觉得，爱是一种稀有物。如果我们毫不犹豫地爱那些"坏孩子"，它也就不再稀有。

孩子有"接受"爱与关怀的需求，同时也有"给予"的需求。除了爱父母以外，他们还可以通过爱娃娃、爱弟妹、爱朋友或者爱宠物来满足这个需求。在这个方面，男孩更加不幸，因为除了爱宠物以外，他们表达爱与关怀的机会少得可怜。和朋友在一起时，他们不能拥抱、牵手或直接表达关爱，否则就会被嘲笑甚至被欺负，所以他们只能彼此嘲笑、攻击或者贬损。这些方式既代表敌意又意味着关怀。他们加满对方的杯子后，又将其打翻在地，这个现象常常令人深感困惑。

4. 保护

我们所能提供的另一个帮助就是保护，尽管有时很难分辨孩子是在玩还是在真的打架。我们不可能事无巨细地对孩子进行完完全全的保护，实际上我们也不应该这么做。但是，我们必须保护孩子彼此不要造成过度的伤害。我们可以坚持强者不能欺负弱者的原则；我们也要时刻留意是否有人总是被伤害，如：被恐吓、被欺负或者被诬陷。

适当的保护，不仅能让孩子免受严重伤害，还能帮助他们获得安全感。当孩子获得安全感时，他们就能够更加融洽地彼此相处，并且更加自由快乐地游戏玩耍。

孩子需要知道：自己有一定的自由，但是没有伤害他人的权利；自己有获得安全的权利，别人也有获得安全的权利；没有什么不能告诉别人的，只要找到愿意倾听的人。在发展出保障自己和他人安全的内在能力之前，孩子依赖我们来确保他们不受到虐待或遗弃。就像所有治疗师一样，我听过太多成人谈论儿时被哥哥姐姐虐待的经历，而他们的父母却没有重视，或者干脆否认。

5. 向孩子反映全局

父母很容易陷入冲突的细节：谁欺负了谁？谁要为此付出代价？如果我们能退后一步，就可以冷静地把我们所见所闻的客观全局反映给孩子。这种帮助有时会收到出奇的效果，我们只需要轻松地指出每个人的立场："你想要球因为是你的球，他也想要是因为他还没有机会玩到球。"仅仅是倾听和对全局的反映，也许就能够满足他们的需要。我们也可以在客观反映之后再加上一个问题，促使他们在考虑自己立场的同时，也能多替别人着想。"你想玩乐高，可他想玩篮球。

那你们该怎么办呢？”轻松的语调也会帮上忙：“嗯，听起来真是糟透了，所有事情都是因为她拍了你一下。”

6. 促进共赢的结局

共赢，意味着大家对结果都满意。当然，共赢的结局并不一定总能实现，但这是我们的努力目标。获得共赢的关键，在于我们要专心倾听每个孩子的立场和感受。通常，表面上看似无法和解的情况，背后总有一个让每个人都满意的解决方案。至少，每个孩子都能觉得有人在倾听自己、重视自己的感受。每个人不可能都实现愿望，但是每个人都可以表达愿望。假如我们不问青红皂白地充当裁判，那可能恰恰阻碍了共赢的结局。例如，看到孩子争吵，我们就插手进来：“好了，都闭嘴。现在轮流玩，每个人 10 分钟。乔迪，你先玩!”孩子会拒绝这样的判决，即使同意了也是不情愿的，过一会儿又会吵起来。但是如果我们换一种说法呢？比如：“好了，姑娘们，发生什么啦？你想怎样？你又想怎样？”于是南尼有机会更清楚地表达，说自己要先玩芭比娃娃，因为是她先想到芭比娃娃，不过玩的时间可长可短；接着乔迪说想玩得久一点儿，因为她喜欢芭比娃娃，可是她怕南尼先拿去玩就不给她了。最后，大家发现解决问题的办法很简单：南尼先玩，但只玩一小会儿，然后就归乔迪。皆大欢喜。

孩子需要时间来关注和思考手足之间的关系。人际关系本身，也有需要蓄满的杯子。在理想世界里，手足之间的关系应该是相互关爱和彼此合作。但是在真实世界中，任何关系都需要滋养。因此，有必要为手足关系预留一些特定的时间：“下一个小时是你们的兄妹时间，你们想做什么都可以。”假如他们花一整个小时来争吵要做些什么，那也没有关系。不要插手去帮他们解决。如果确实需要干预，那么你可以引导孩子关注彼此的联结：“你们已经吵了很长时间，我很想帮帮忙。对我来说，你们能彼此亲密是非常重要的。”

引入这个概念后，就放手跟随他们。也许他们会因为你的话而彼此抱怨，那么就尊重地倾听双方的感受，并帮助他们用语言把情绪表达出来；也许他们开始打闹游戏，借此释放竞争对抗的情绪；也许他们会提出一个你从没想到过的新点子；也许他们不以为然。都不要紧，他们需要时间。

7. 轻松游戏

如果你花费了很多时间来呵斥孩子停止争吵，那么用这些时间来同他们做游戏，结果会怎么样呢？我相信他们吵架的时间会减少，会更多地喜欢彼此，你自己也会更舒心。针对手足之争的一个有效的游戏是抓起他们争抢的东西就跑。三方枕头大战也会很有乐趣。

前面的章节中，我曾描述过“实况报道”的游戏。这个思路对手足之争尤其有效，因为它可以集多种帮助为一体，而且会非常好玩。就像你正在解说网球比赛，认真的目光随解说在双方之间移动，例如两兄弟正在激烈争吵：

“发生什么事了？”

“他拿了我的红蜡笔！”

“天哪！那可不得了！”你的目光转向另一方：“他说你拿了他的红蜡笔。”

“我需要用呵。他现在又不需要用。”

你的目光再转回去：“他说你现在不需要用，但他需要用。”

“我正要用呢。而且这是我的蜡笔。”

你的目光再转过去：“他说他正要用，而且那是他的蜡笔。”

不用多久他们就会大笑起来，不再争吵。我们的轻松语调带上一点儿快乐的傻气，将会化冲突为笑声。

8. 不要追求绝对的公平

满足每个孩子的需求，但不要企图做到公平。追求绝对的公平只会让你失望。老大得到了一双新靴子，于是老二也要。老二的靴子还很新，但她却歇斯底里地想再要一双。老二确实有所需求，但她的需求不是靴子，而是在自己的杯中蓄满关爱。看到姐姐得到新靴子后很快乐，因此她以为靴子是蓄满杯子的好方法。我们知道那不是，但她却不知道。我们一方面可以一边抱着老二，让她用眼泪释放不公平的感受，一边温柔地提醒她我们的爱绝不只是一双靴子而已；另一方面应该主动找到有效途径，让孩子感受到足够的爱与关怀，以此来满足她的真正需求。

有一次，一位二年级老师来找我，求助关于一对双胞胎男孩的父母为了使一切都公平而头痛不已的事。两个男孩为此不断发脾气，而且情况越来越糟。我建议他们放弃对绝对公平的追求，转而专注于孩子没有被爱够的感觉上。老师把我的想法转告了家长。之后有一次，妈妈出差回来带了一块草莓糖和一块蓝莓糖。她把蓝莓糖给了哥哥，他是两个里最强调公平的那个。哥哥吃了一口开始大叫："不公平，不公平！"妈妈并没有像以前一样把每块糖切开两半，一人一份，因为那样只会让弟弟也加入抗议。她抱着哥哥，理解而温柔地说："我知道，不公平！"他们这样来回对话了大概上百次。最后，哥哥抬起头看着妈妈说："我喜欢蓝莓口味的。"然后抱了妈妈一下。之后，在学校和家里，情况都得到了真正的改善。

年幼者的隐蔽力量，以及家庭互动的神秘模式

由于自己的经历和所受的教育，我们很多人都会急于保护"弱小"，甚至为此扼杀孩子之间的自由游戏也在所不惜。以前见到冲突时，我一度会更加偏袒年幼的那方（猜到我在家里是老几了吧）。但是后来我发现事情远比我想象的复杂。在一个家庭里，不能把每个人简单地划为"肇事者"或"受害者"。现在，当我看到哥哥打弟弟或者姐姐骂妹妹时，我会问那个"受害者"："你准备怎么报复呀？"大部分时候，他们会诡异地微微一笑。也有时候，他们会坦率地告诉我说："是我先惹他的……我偷偷地进了她的屋子，翻看了她的日记……我把她的东西弄乱了……我就是想看看怎么把他弄生气。"

我的朋友罗斯和路易莎夫妇一直在重复下面这个场景。他们有个 9 岁的儿子汤米，汤米和爸爸罗斯玩时总是会以哭收场，他会哭喊说爸爸做错了什么事，于是路易莎就会跑来责怪丈夫，说他如何如何不知轻重，如何如何像个孩子。路易

莎认为儿子的陈述完全是事实，因为他在伤心地哭，而且他是弱小者。罗斯则很不服气，经常为自己辩解道："汤米刚刚还很喜欢这样玩，而且笑得很开心。真不知道有什么大不了的！"在路易莎看来，丈夫是麻烦制造者，汤米是无助的受害者，而自己是被牵连者；而在罗斯看来，汤米是个被惯坏的捣蛋鬼，而妻子把事情搞得更糟，自己则是无辜的被牵连者。

他们各执一词，事情僵在这里无法解决。我提醒路易莎和罗斯，这个场景似乎与汤米同妹妹露丝玩的场景极为相像：两个孩子开始玩得很开心，但汤米玩得有点儿过火，露丝开始哭，于是妈妈跑过来骂汤米。我认为汤米是在进行角色置换，妹妹怎么对他，他也就怎么对爸爸。不同的是，这次挨骂的是爸爸，而不是他。

事实上，让哥哥姐姐惹上麻烦，是年幼者经过实践而获得的一种力量抗衡的策略。他们有很多这样的策略。因此在年幼的孩子尖叫时，不要太快就认定他是受害者。

格雷格和巴巴拉是两兄妹。表面上，哥哥总是以大欺小，而妹妹是个乖乖女。有一次，我同格雷格在玩拼字游戏，巴巴拉坐在一旁看书，同时手里摆弄着一根跳绳。每当跳绳不小心碰到格雷格时，男孩就会冲妹妹大吼。女孩对此并不作声，但也没停止骚扰。我问他俩，哥哥大吼时，妹妹会不会反击？两人同时回答："不会。"过了一小会儿，格雷格问我"花生"的单词怎么拼。就在同时，巴巴拉用一种居高临下的语气说："哟，这都不会呀。我还以为你什么都知道呢。"我明白了，说："原来你是这么反击的啊。"巴巴拉冲我坏笑一下。我转头再看格雷格：他是一副垂头丧气、无可奈何的样子。

针对手足相争的游戏力原则

接下来的故事，来自我的父母工作营中的一位母亲。为了说明游戏力的基本原则，我把实际情况浓缩为一次互动过程。这位母亲有两个孩子，7 岁的大卫和 8 岁的爱丽丝。有一天，两个人吵了一整个下午。他们已经吵了好几年，到了七八岁的年龄时情况变得更糟。妈妈耳边又响起了外婆当年的警告：“早就告诉你别急着要老二！”一想到这些，这位妈妈简直想发疯地尖叫。孩子的杯子空了，妈妈的杯子也空了。孩子需要蓄杯，通过游戏来重建手足联结，并释放相互间的怨恨，从而找回家庭中的生机和快乐。于是，妈妈开始蓄杯：她先给每人一个拥抱，接下来给每个人提供了 5 分钟的“妈妈时间”（即与妈妈单独相处的时间），然后建议大家吃些点心休息一下。

短暂的休息之后，她开始思考：“孩子这样的行为，到底在向我传递什么信息？也许他们在表达需求？可能是需要我对每个人给予更多的专注？也许是害怕我更喜欢另一个？也许弟弟因为做不了姐姐能做的事而感到挫败，而姐姐因为弟弟的成长而觉得地位受到了威胁？”这位妈妈同时也试着把孩子的行为翻译成对手足联结的需求：大卫和爱丽丝其实很想拥有亲密关系，即使表面看起来完全相反。只是，他们之间有个小矛盾——爱丽丝喜欢事事做主，而大卫不喜欢什么事都听别人的指挥。因此，他俩当然会有冲突。当感到自己的杯子快要空了的时候，大卫就开始打人，爱丽丝则开始尖叫；结果，两人的杯子就空得更快，而妈妈的杯子也连带着被倒空了。

在父母工作营中，每当提到游戏力的方法，这位母亲总是说她没有时间和孩子玩。在她转述了孩子之间的冲突后，大家鼓励她开始尝试把对孩子生气、发火和施行惩罚的时间拿来做游戏。她终于愿意放手一试。其他的父母同时也提醒她，手足相争是天底下最正常的事情之一。

终于，游戏开始了。基于新的视角和新的方法，妈妈来到孩子旁边，用游戏切入近几年姐弟俩经常争吵的主题：每个人都觉得另一个得到的比自己多；大的觉得小的是入侵者；小的觉得大的总以大欺小，等等。虽然妈妈并没有一个确定的游戏计划，但她愿意进行一切尝试。事实上，加入孩子时不要带着自己的确定计划，这是游戏力的重要原则。

她决定从亲密的身体接触开始，于是当孩子正在争抢一件玩具时，她把两人一起抱起来，欢呼着冲向沙发。三个人大笑着摔到沙发上。接着，她拿起一把剑假装把自己切成两半，分给姐弟俩一人一半，然后模仿他们争吵的语气说："你得到心和胃了，我只有肝。不公平！是我先得到妈妈的！"虽然她不能确定这是否有效，但至少吸引了孩子们的注意力。以前，她用大吼大叫来阻止两人争吵时，从未获得任何人的任何注意力。与此同时，她也时刻观察着孩子的反应，确定这样的模仿没有让他们觉得被嘲笑。他们笑得很开心，因此妈妈让这个游戏持续了几分钟，一边玩一边对两人又亲又抱。之后，姐弟俩又进行了一场"拔妈妈比赛"。再接着，妈妈又假装生气地说："你们喜欢小旺（她家的狗），都不喜欢我！"她想做角色置换，但据说这个游戏当时的效果一般。因此她换了个游戏，抓起刚才孩子在抢的那个玩具往屋外跑，边跑边喊："哈哈，终于轮到我玩了！"姐弟俩一起追来，刚才还在相互争斗的对手，现在组成了联盟一致对外。

妈妈的这一番举动，让两个孩子惊讶不已。当他们回过神来，就开始主动提出游戏建议："我们假装离家出走的孩子，你假装当妈妈。"于是妈妈不断哀求他们："千万不要出走，求求你们。只要你们不走，做什么都可以，我会同意你们继续吵架，要打架也可以。我不会再发脾气了，我的心肝宝贝！"孩子在前面一边尖叫一边跑，妈妈在后面一边哀求一边追。

大概 1 小时的欢声笑语后，妈妈说要去做晚饭了。情况急转直下，爱丽丝尖叫道："你从来都不跟我们玩！"大卫推了爱丽丝一把，叫她闭嘴，结果爱丽丝开始更大声地尖叫。这时，妈妈也开始幽默而夸张地尖叫道："啊！我要跳到鱼缸里唱歌去啦！"大家都笑了。之后，孩子们放妈妈去了，没再吵闹，而是开心地一起玩了起来。这是几个星期来的头一次。

游戏过程中，妈妈不时会怀疑自己是在浪费时间，或者觉得实在无聊透顶。但是，每次她都提醒自己，与孩子建立联结，并帮助他们彼此建立联结，是极为重要的工作。当晚孩子上床睡觉后，她打电话给自己的哥哥，先倾诉了孩子的争吵多么令她烦恼，然后自嘲说："要是被别人看到我跟孩子做游戏的那个样子，那我这辈子就再也没脸见人了。”最后，谈到自己有多么爱两个孩子时，她哭了。她说她好担心孩子们长大后会形同路人。哥哥被妹妹的真诚感动了，也谈起自己所遭遇的问题：妻子认为他偏心大儿子，但其实他只是因为小儿子更调皮而不知如何更好地相处。两兄妹聊了很久，回忆到自己在儿时的争吵，感到既好笑又温馨。电话挂断时，两人的心情轻松多了，就像电池又被充满了一样。

第 15 章　为我们自己充电

最使我们感到孤独的，就是自己心中的秘密。

——图尼耶（Paul Tournier）

有一天，一位朋友打电话给我，请我对她孩子的问题提供建议。我给出一些建议，她有点儿不高兴地说："上次你说的也就是这些。"

"那你试了吗?"

"没有，但是……"

"等一下，"我打断她："如果你连试都不愿意试一下，那么我的脑力有限，没法再帮你出什么新主意!"

我们大笑，她答应去试试。不过我不太确定她是否真会去试。

虽然许多父母都渴望得到好的建议，但是我也发现，我们大多无法将所学的东西在生活中付诸实践。换句话说，即使很多父母认为游戏力的方法不错，但是仍然觉得有困难。我也希望只要简单地说一句"试试看"就足以解决问题，但是显然，我们还是少了一个元素。除了有关孩子和亲子沟通技巧的信息外，我们还需要一个更重要的东西。希望最后这一章内容能够补齐这个元素。

轮到我们自己了

在我们能够真正应用有效的养育原则和方法之前，我们需要为自己充电，蓄满我们自己的空杯，学会彼此倾听，让自己从孤独感和无力感的困境里走出来。也就是说，在游戏力中反复强调的概念和原则，都适用于父母自己。

为自己充电的第一步，是承认我们在开始游戏时的情绪：无聊、挫败、厌烦、愤怒、急躁、焦虑、疲惫、太多干扰、太大压力，等等。以下都是父母们经常谈到的感受：

他们得到的关心爱护可比我小时候多得太多了……

我总是回到老路上，掉进权力对抗的怪圈里……

从没有谁这样跟我玩过……

我想陪他玩，但我真的想睡……

我简直快累死了……

他们玩的游戏太无聊了……

我办公桌上的工作都处理不完，怎么有办法玩……

他每次这样我就会很生气……

就是因为这些感受和情绪，我们想放弃、想休息、想拿孩子出气。当我们被这些感受、情绪淹没时，就很难享受乐趣，更难关注到孩子的需求。对于习惯掩藏情绪的成人来说，与孩子游戏是个挑战。就像孩子一样，我们必须把这些没有哭出来的眼泪哭出来，把紧张的肌肉松弛下来，把恐惧和担心放下来，我们才有可能游戏。现在轮到我们了，轮到我们去找人倾诉，把杯子蓄满。只有这样，我们才能给孩子蓄杯，用他们的方式来游戏。

蓄满我们自己的杯子

谁能帮我们把杯子蓄满呢？当一切顺利、心情愉快时，我们觉得花在孩子身上的时间得到了回报，于是这种感觉就可以蓄满我们的杯子。但是，为人父母绝不可能一帆风顺。任何不顺利的经历（有时甚至只要一想到那些），都会把我们自己的杯子倒空。

为自己蓄杯的最简单方式是找到一个倾听者，可以是配偶、其他父母、自己的朋友，或者心理咨询师。找一个能够尊重你、对你的话感兴趣，但不会教导你该如何如何做的人。他要做到的是，不管你是哭、是笑，还是气得发抖，他都能坚持倾听。我们可能需要教会倾听者如何倾听，请他们不要打断，也不用告诉你该怎么做或者该怎么感觉。同时，我们可能也需要互相倾听、互相倾诉。

我们大多数人都没有得到足够的倾听。常常发生的是，原本是我想让别人听我说，结果那个人却开始要我听他讲。咨询师是不错，可他却是收费的，这样会让我们觉得倾听是个稀有的贵重商品。我发现了一个小秘密：如果能做到彼此轮流倾诉，那么倾听也不再是一件难事。你们可以在电话里每个人谈 5 分钟，也可以面对面地促膝深谈两小时。倾诉和倾听，就如同大人的游戏一样，在聊天的过程里，我们真诚地分享各自的思考和感受，从而释放了情绪。这是我们表达内心、重回自我的途径。

当孩子挑战我们的极限时，当强打精神鼓舞受挫的孩子时，当费尽心力与孩子重建联结时，我们把自己搞得疲惫不堪。现在轮到我们了，我们需要倾诉，需要揭开心中那些为人父母的痛苦秘密。我们可能对自己最好的朋友都难以启齿，但是我们可以与其他父母相互倾诉。很多父母都会惊讶地发现，不仅仅是自己曾经有过暴打孩子一顿的幻想，不仅仅是自己曾在游戏中无聊得几乎崩溃，也不仅仅是自己曾因为万般苦心得不到点滴回报而气得想吐血撞墙。

本章开始所引述的那句话，指出了分享秘密的重要性。把秘密告诉别人，尤其是一些有同情心、能理解我们的人，我们就能减轻压力。我认为，一些父母似乎总是很疲倦的原因，在于他们肩上担负了太多的忧虑和困窘，觉得自己是不称职的父母，感到无助和痛苦，因而也不向任何人倾诉。有时，我们甚至将最快乐的秘密也深藏心底，害怕别人嘲笑我们对孩子如此在意、如此多情。

有不少父母，特别是母亲，彼此之间常常会进行一些随意的交谈。但是，你可能需要更深入的倾听和交谈。而这种深入的沟通，在日常与朋友或家人的交流中未必能够实现。关于如何倾听，我不想长篇大论，只想总结一些重要的原则。好的倾听方式包括：轮流诉说和倾听；让对方相信自己不会泄露秘密；让对方可以尽情倾诉而不必担心被评判或者被否定；不要打断对方，比如不要说“我也是啊”，紧接着就聊起自己的事。

当人们真诚开放地谈话时，他们常会哭泣、害怕或者上演成人版的发脾气。好的倾听者会让这些情绪自然流出，而不会劝倾诉者把情绪收回去。所以不要说：“开心一点儿，喝一杯，不要再去想它。没有什么好生气的。”在得到良好的倾听后，人们自然就会觉得轻松、重获自信，并更有活力。请记住，倾听别人和自己被倾听一样，对我们都有好处。

两位妈妈（或爸爸）在一起时，即使双方的杯子都快要空了，但她们还是可以通过轮流倾听来相互蓄满杯子。可能刚开始时，倾听的那个人会每 5 秒钟就打岔、走神或者想起自己要去超市买东西了。然而即使是这一点点，也会起到帮助。假如这种不够纯粹的倾听能够持续几分钟，那么很快我们就能更加专注地相互倾听。因此，建议你找到另外一位妈妈或爸爸，或者参加一个父母团体，从而大家可以相互倾诉。以下话题供大家参考：

- 你是否还记得，自己在你孩子的这个年龄时发生过什么事？
- 这些记忆能否帮你更好地理解今天作为父母所遇到的困难？
- 你对孩子寄予了什么希望和梦想？是否符合实际？你有没有给孩子留下一些空间，让他拥有自己的希望和梦想？
- 电视和书籍里有很多关于为人父母的描述，然而在你自己眼里，为人父母这件事到底是什么样子？
- 为人父母有什么幸福？你自己作为父母有什么幸福吗？你有过哪些幸福时刻？
- 为人父母最艰难的事情是什么？什么事让你觉得很丢脸而不想告诉任何人？

这些问题的答案非常重要，尤其是那些一想起来就头疼、很难启齿的问题。把这些事埋在心底不是办法，那只会使我们犯同样错误的几率越来越大。例如，有些父母不愿承认自己有时很想打孩子，或者希望自己可以离家而去不用再回来，或者比较偏袒某一个孩子，或者幻想自己能被人照顾而不是去照顾孩子。如果我们可以把这些小秘密对一位具有同情心的成人讲出来，那么我们为人父母的工作乃至整个生活都会顺利很多、有趣很多。

我们会发现，不仅仅是自己才有这些感受。假如你觉得在朋友当中，只有你与孩子的联结发生了断裂，那么很可能你们这群朋友还没有彼此分享过那种痛苦的感受。朋友海伦希望我开一门课来谈谈如何不对孩子发火，但她又不能确定她那些朋友是否需要，在她看来，他们都是“完美父母”。但当她鼓起勇气问了大家后，一个班的名额瞬间就报满了。她得到的回答基本都是：“你不是开玩笑吧！我一直以为只有你才从来不对孩子发火呢！”

当你找到一位体贴周到的倾听者，你会惊讶地发现，回答这些问题的过程是那么令人感慨和激动。即使你在心底默默地自问自答这些问题，那么之后你也会发现自己从中获得了力量。当回去再与孩子游戏和交流时，你会更有力量、更有激情。

有些人觉得与专业心理咨询师交谈会更自在一点儿。向咨询师倾诉，可以起到分享感受的作用。但是，如果你总觉得自己是个不合格的父母，那么倾听其他父母的困境将对你有很大的帮助。

帮助其他的父母

有些父母对自己的要求很高。其实有时候，我们对别人的要求也很高，经常对其他父母的养育方式不以为然。我们来看看这个常见的情景：很多人在超市排队，你的后面有一个小孩无缘无故地发起了脾气，他的爸爸（或妈妈）开始训斥和威胁。但是情况毫无转机，而是越来越乱套，那个孩子竟然去掐了一下旁边手推车里的小弟弟，于是爸爸打了孩子，而孩子开始尖叫。纠缠中孩子踢到了你的小腿，而他爸爸却只是笑一笑，连一句“对不起”都没说。这时，你会怎么做呢？如果你和我一样，那么你的第一个冲动就是边摇头边叹气，心想怎么会有这么差劲的父母。你甚至会瞪起眼看着那位爸爸，用不满的口气教训他。也许你也这样被瞪过，至少我自己就被瞪过。

我们还有另一个选择：提供帮助，向父母伸出援手。想想他们可能一整天都过得不顺利，甚至可能从小到大都不太顺利。想想你也曾经有过的类似时刻，即使你处理得比他们更妥当，但当时你是希望别人向你伸出善意的援手，还是给你难看的脸色？放下批评，帮一下那位处境艰难的父母吧！如果你是我，你可能幻想过要把孩子从那个糟糕的父母手里拯救出来，或者至少把孩子带开并施以更为

"恰当"的教导。这些空想对孩子不会有什么帮助。真正有助于孩子的，是你与困境中的父母建立联结。

有一次，我的朋友亚杰在海边看到一位父亲强迫他4岁的儿子下水。男孩并不想下去，结果父亲就越来越生气。亚杰确定假如继续这样下去，一定不会有什么好结果。于是，他用平静的声音说："我觉得他不想下水。"那个男人转过身来，生气地对他说："你说什么？"亚杰说："我说的不一定对，但我觉得他不想下水。你好，我的名字叫亚杰。"他友好地伸出手来。那位父亲握着亚杰的手，说："你知道吗，我想你说的没错。"然后他转身看着儿子，仿佛此刻才真的看见他。他笑起来。两个大人后来成了好朋友。

听到亚杰的故事后，我在超市里开始做出一些不同以往的举动。我不再转身离去，我会过去说："你一定累了一整天吧？"或者"照顾这些孩子一定很辛苦，要不要我帮你提袋子？"有时我站在旁边，给他们一个温暖的微笑。多一些理解就能使事情变得更好。有时正在发脾气的孩子也会注意到旁边有个奇怪的人，当我对他挤眼睛或微笑时，他也会知道有人能理解他的感受。

这个方法听起来是不是很熟悉？对，这其实就是游戏力的应用，只不过这次我们不是针对孩子，而是为其他的父母及家庭提供关注、尊重和帮助。我们关注到他们的需求，然后尽量去满足。即使我们的理解和知识可以帮他们在养育问题上做得更好，但是没有谁愿意受到更多的批评或者非难。尽管我们不一定认同他们的所作所为，但是只要与他人保持正面的互动，那么事情很快就会变得顺利起来。看到"坏父母"或"坏小孩"时，我们最想做的是惩罚他们，或者让他们留在悲惨的孤独中自食恶果。但是，这样却对他们毫无助益。

我有一个朋友，他的孩子双目失明。在孩子很小的时候，带他去买东西简直是一场噩梦。他会伸手去抓东西，把架子上的东西弄倒，然后大笑。他会哭嚷着要糖吃。最糟糕的处境是当我的朋友要约束孩子时，无论方法多么温柔，别人都总是会用厌恶的表情看他，好像他在虐待这个可怜的失明孩子。没有人走过来说：“你真不容易，需要帮忙吗？”没错，大家确实都很忙，但我不觉得这是拒绝帮助其他父母的理由。

我们当今似乎有个不成文的约定：我不打扰你的寂寞，你也不要来打扰我。从我们自己的孤独中走出来，再去帮助别人走出孤独，这实在太麻烦了。这就难怪我们从其他成人那里得到的支持越来越少。

由于这个缺失，我们有时会下意识地产生错误的期待，期待从孩子身上寻求弥补。因此当我们说教不成时，就会感到万分挫败。孩子并不是最好的倾听者，尤其在我们指责他们行为不端时，他们往往会假装听不见。结果我们也就更加愤怒，并将愤怒升级为严厉的惩罚。让我们自己先休息一下吧，向其他父母倒一倒肚子里的苦水，再回到孩子那里。那时你会觉得好过一点儿，从而也一定会改善与孩子之间的互动。我们希望孩子能够听进我们的每一句话，然而事实上，成人才真的能倾听我们。

我永远都不会忘记女儿刚学会说话时发生的一件事。与多数同龄孩子一样，当无法表达自己的想法时，艾玛就很容易气急败坏。我忘了我们当时争执的原因，但我记得我差点儿就要失控了。我一直想离开房间出去冷静一下，但她尖叫着不让我离开。但是我留下来后，她还是一样地对我尖叫。最后我说，我要去给蒂娜打电话，而她可以随便尖叫。蒂娜是我的倾听伙伴。艾玛竟然安静了下来，拉着我的手走到电话旁边说：“来给蒂娜打电话吧。”她竟然知道我的需要：需要有人听我发泄抱怨几分钟。当我再回来时，我们重建了联结，回到了快乐的游戏当中。

相互倾听、相互倾诉，是游戏力所强调的重要环节。一些父母对此有所抵触，他们通常的借口就是没有时间：“我已经很忙了，你刚才说需要花更多时间同孩子游戏，现在又要我花时间去同其他父母互相倾听？”一点儿都没错！因为得到支持的结果会让你有更多的时间。就像阿米什人盖谷仓的策略，大家一起盖社区谷仓，比每家盖自己的小谷仓要更快、更有用。如果我当时没有去给蒂娜打电话，那我不知道会跟艾玛吵到什么时候。花 5 分钟给朋友打了一个电话，其结果就是让我们有了更多的愉快时间。

在生活中嵌入更多的游戏元素，同样会让你的时间富余起来。如果早晨总是一片混乱，你当然不想再花 10 分钟来玩穿衣游戏和出门游戏。但是，如果你真的玩了这些游戏，你会省掉恼怒的时间和唠叨的时间，而这些时间远不止 10 分钟，因此你也许就不会迟到了。我刚开始任教时，一位老教授告诉我："如果你想让学生离开你的办公室，那就不要急着赶他们走，因为你越是赶，他们就越是不合作，你们会纠缠一个小时。你要装作一点儿事都没有，亲切地欢迎他们，他们在 5 分钟内就会离开。"

表面上，游戏不仅浪费了我们的时间，还把我们的杯子彻底倒空了，本来杯子里的水位已经很低了。实际上，有趣的游戏会把我们的杯子蓄满，也会把孩子的杯子蓄满。游戏本身具有活力，而真正蓄满杯子的是游戏过程中产生的联结。也许，我们开始时不得不强迫自己，但是当我们有收获时，我们会发现当初的付出完全值得。

当成人自己身陷孤独与无力时

你是否注意到，当事情一团糟时，父母会用什么语言来描述孩子的行为？"无理取闹"、"撒泼耍赖"、"不可理喻"，等等，不一而足。与此同时，我们会形容自己是"被逼无奈"。我们快要爆炸了，不想再做任何努力了。在前面的章节中，我所介绍的方法能够帮助我们保持幽默感，从而使养育工作更加有效。这些方法的基础，是对孤独感和无力感困境的理解。也就是说，孩子面临困难，或者给我们制造困难，原因是他们被关在孤独感和无力感的堡垒里，而我们的任务就是帮助他们走出来。

然而很多时候，我们也把自己关在堡垒里，因此我们很难帮助孩子走出来。我们下班后已经十分劳累了，很容易发火，所以我们在堡垒外又加修了一道电网，使孩子更难亲近我们。我曾对孩子这样说："我太累了，没法玩！""我的腰好疼！”“现在不行，走开！”“不要吵我，安静点，我的头已经够疼的了！”我们对孩子不加理睬，因为我们太累了，或者因为我们根本不知道怎么帮他们。我们既恼怒又无奈，因为他们太孩子气，对一切都充满好奇，浑身有使不完的劲儿，还不断要求我们百分百的关注和爱护。

一方面幸运的是，断裂虽然不可避免，重建联结却仍然可能。另一方面不幸的是，我见到太多的父母和孩子错过了太多重建联结的机会。我们每个人都希望对方能够主动道歉、请求原谅。但是，守株待兔能有什么结果呢？我想作为父母，作为成人，我们应该积极地采取主动。主动进行目光交流，主动把孩子抱在怀里，争吵后主动和好，主动原谅对方，主动真诚道歉。拥抱是解决冲突的有效方法，而惩罚通常却不会奏效。

孩子经常会主动来重建联结，但是大人却会完全误解。例如，女儿不肯去睡觉，难道她只是在制造麻烦吗？她也许是在尝试拖延时间来与你联结，解决你们之间悬而未决的问题。儿子在你做饭时一直缠着你，这时你已经够烦了，所以叫他走开。但是，这些行为是一个孩子所能找到的最佳联结途径，他们为此倾尽全力，因为断裂的感受太痛苦了。换句话说，当孩子尝试着自己走出孤独感的堡垒时，我们却畏缩地躲在自己的孤独之中。透过雾蒙蒙的玻璃，我们只看到他们讨厌的行为，却忽略了他们为重建联结而做出的努力。不要停留在表面，行为背后隐藏着的是一种人类本能：努力联结。

在自我感觉非常糟糕的时候，孩子会拒绝联结，成人也会如此。当他们整天都坐在电脑前面，或者花好几个小时给芭比娃娃穿衣服时，我们会很不耐烦，要么对他们粗暴惩罚，要么索性置之不理。其实在这些时候，孩子还是需要我们，而需要的程度甚至比他们心情愉快时更强烈。

有时别人与我们发生争执，譬如上司或者伴侣打击了我们的自我价值感，于是我们变得更“黏”孩子，希望他们更爱我们，以此来获得一些情感上的补偿。然而假如此时孩子的想法、情绪或行为不如我们所愿，那么我们的感受就会雪上加霜。

成人的情绪问题有时并不那么复杂。我们只是因劳累而有些疲倦而已。乐高吸引不了我们多长时间，我们想玩新的游戏，而不是重复玩同样的。我们也不想永远躲在堡垒里，但我们现在很想休息一下。不管怎样，想办法把自己的杯子蓄满吧！如果我们的杯子空了，就无法帮孩子蓄杯。有时我们不得不把自己的情绪暂时放下，振作起精神和孩子游戏。理想的情况下，我们和孩子都可以玩得十分开心。万一不行，我们的电池用光了，那就用摇柄来启动引擎，然后再回到赛场。在工作中，我们不是经常需要放下情绪和振作精神吗？面对孩子时，为什么就不行呢？

从紧张的工作转换到家庭生活，从繁杂的家务转换到与孩子游戏，这些转换都要求我们拥有足够的力量。我把这种转换称为“重新入境”。重新入境时，大人和孩子都很容易犯错，因为大家在分开的这段时间里都累积了一些情绪。对于一天下来后的团聚，每个人都有各自的期待，父母想要安静地休息一下，而孩子则等了一整天要跟爸妈玩打闹游戏。立刻从工作状态进入游戏状态，对于大人来说，有时简直就是无法完成的任务。

有些孩子会在团聚时刻对父母笑脸相迎，但是生活不可能尽善尽美。有些孩子的团聚方式会让父母的处境更加艰难。关于这一点，李伯曼的描述颇为精彩：“有些孩子一见到父母就会哇哇大哭，以此释放内心积压的紧张情绪。另一些孩子可能会变得浑身带刺，故意找你麻烦。有一些则表现得自相矛盾，一边往爸爸妈妈身上蹭啊爬啊，一边又对父母的拥抱与呵护手推脚踹……有些幼儿会装出若无其事的样子继续自己玩耍，对你的招呼完全不予理睬……爸爸妈妈们这时就会觉得自己多余，没被孩子接纳，会在情感上感到沮丧退缩……”也难怪有些父母，特别是父亲，会把越来越多的时间投入工作，因为他们觉得自己在家庭里成了次要甚至多余的角色。有些父母一回家就喝酒、看电视，把工作带回家，以此来麻痹“重新入境”的痛苦。然而这些做法都不是孩子所希望的，他们希望我们把工作上的担忧都放在家门外，而进门后就努力与他们重建联结，尽管他们时常装出不理睬、不在乎甚至不耐烦的样子。如果他们哭了，那就拥抱他们；如果他们躲着你或者假装不看你，那就跟在他们后头“巴结”他们。这样就可以使“重新入境”的紧张转化为温暖的家庭联结。

我们既要处理孩子的分离情绪，又要在辛苦一天后努力进入家庭游戏的情境，因此你就不难明白，为什么我们有些人很容易会神经崩溃：此时此刻，我们最不想做的就是游戏，但恰恰是游戏，特别是摔跤、枕头大战和傻笑，才最容易帮你顺利通过“重新入境”的关卡。与 8 岁的孩子在地板上闹成一团，或者与 12 岁的孩子手拉手互相讲述心中的小秘密，这些做法似乎太不成熟，甚至太肉麻了。是办公室把我们训练成这个样子的：把自己裹得严严实实，对别人时刻保持警惕。因此在很多人看来，游戏就是给孩子买更多的玩具。

我们拒绝同孩子游戏的最后一个理由，是他们所表达的强烈情绪会让我们很不舒服。但是，只有让孩子彻底将自己表达清楚，他们的情商才能得到充分的发展。因此，我们不仅仅要允许，还必须积极地鼓励他们表达情绪。这一点对我们大部分人而言都相当困难，因为在我们（尤其是男人）看来，强烈的情感如同瘟疫一样可怕，唯恐避之不及。

有一位大学生来找我进行治疗，他在儿时遭受过性虐待，现在仍然摆脱不了这个噩梦。同大部分男人一样，他几乎从未哭过。每当我问到他的感觉时，他总是觉得麻木和空虚。有一天，他兴奋地跑到办公室来对我说：“我上星期过得太棒了，”他说：“我觉得自己发生了大变化。”“什么变化？”“我整夜整夜地都在发抖、流眼泪、出汗，感觉自己快死了。”“那有什么棒的？”“你不知道吗？我终于有感觉了，我终于成为有感觉的、活生生的一个人了！我把这些情感压抑得太久了。它们是有点恐怖吓人，但是不像我以前想的那么可怕。”此后没多久，他竟然意外地完全康复了。我把这个故事告诉了前来要求治疗的许多男人，以此安慰他们不要顾虑因为倾诉而引发的情感波动。我也愿意把这个故事告诉那些急于让孩子停止哭泣的父母。

成为出色的游戏伙伴

身为父母，我们不可能只是孩子的玩伴和朋友。我们还要考虑安全问题，给孩子一些必要的指导，告诉他们界限在哪里，还要想着晚餐吃什么。但是，我们仍然需要游戏，而且可以越来越在行。也就是说，我们需要学习如何享受更多的乐趣，需要学习如何用游戏来帮助孩子健康地发展。这个目标一定能实现，但是需要努力。当务之急，也是最困难的，就是积极地游戏，而不是逃避。我们必须挑战自己的习惯，改变原有的“安逸”状态。

对于很多父母而言，首先要做的就是关掉电视，与孩子更多地进行游戏。孩子刚开始可能会拒绝，不相信你真有兴趣玩他们想玩的游戏。一开始，只需要花时间和他们在一起，不要帮他们规划游戏内容。从每天一次开始。如果你不知道怎么开始，就让它越简单越好：做鬼脸，不小心摔倒，拇指对抗，装出傻乎乎的样子，或者站起来跳个扭臀舞。如果你最近花了太多时间照顾孩子，那么可能需要休息一下，给自己充电。找其他人来帮忙照顾孩子，经常出去走走，与其他成人坐在一起聊聊天，这样你才不会过度疲惫。每天早上，在电话里同其他父母聊上 5 分钟也会给你增加能量。

在我们努力游戏的同时，最可能遭遇的情况，就是孩子想玩我们觉得无聊透顶的游戏。在这种情况下，我们通常会停止游戏，转身离去，或者开始操控游戏。这些做法只会加深我们与孩子之间的鸿沟，我们觉得他们的喜好如此无聊，而他们则会把我们当成只会唠叨、不会游戏的老朽。这时，我们需要做两件事：第一，想办法在游戏中注入联结。第二，无论如何都要去玩——就像当孩子说学校无聊时，我们依然还是会要求他们去上学。有一次，我同一群孩子游戏时，大家都觉得无聊。于是我即兴发起了一个“打哈欠”的游戏，大家一起假装打哈欠。很快，每个人就真的打起了哈欠。大家对此大笑不已，无聊的情绪也随之淡化，每个人又开始精神抖擞。

有些父母不会觉得无聊或疲倦，但他们容易生气发火。假如是这样，那就先让游戏暂停，休息一下，然后花一点儿时间重新联结，再回到游戏中。或者在假想游戏中扮演爱生气的角色，这样可以避免把怒气真的撒到孩子身上。但要记住，之后最好还是去找个成人来倾诉一下自己生气的感受。

我目睹过一些父母，因为孩子发起的主题令他们感到不舒服，于是就突然终止游戏。可是正因为孩子需要进一步了解自己的情绪和周遭的世界，才会在游戏中引入这些主题。如果为了保护我们自己的情绪而停止游戏，孩子得到的信息则是：自己的情绪不被接纳，自己的游戏糟糕透顶，自己最好躲回堡垒里去。他们需要我们继续游戏，哪怕内容是砍掉娃娃的头、把毛毛熊踢到楼下，或者为小美人鱼安排第二次婚礼。

作为成人，我们习惯将自己的幻想当作隐私。我们很少与别人分享自己的白日梦，即使对方是最好的朋友或最亲的爱人。而孩子却不同，他们可以非常开放地分享自己的幻想，对于在幻想游戏中扮演杀人犯、小偷、骗子或者受难者，他们从不觉得有什么丢脸。当 5 岁的孩子对你说："我演灰姑娘，你演坏继母，然后你对我很凶。"这很可能给我们造成迷惑。我们该怎样呢？别担心，听她的，夸张地装出很凶的样子。因此，如果孩子指定一个角色给你，那就跟随他一起游戏吧。

成为出色的游戏伙伴的一个基本原则，是尽量保持亲密的身体接触。我知道这会让很多人神经紧张。作为心理治疗师，我花了很多时间来治疗童年遭遇过性侵害的成人，因此在建议同孩子进行身体接触时，我也变得相当谨慎。但是，孩子确实需要身体接触。事实上，婴儿会因为没有身体接触而死亡，大一点儿的孩子也会因为缺乏身体接触而产生严重的情绪问题。当然，身体接触必须遵循一些规则以保证安全，要尊重孩子的感受，防止对孩子造成侵犯或虐待。对于保护孩子免遭身体伤害以及性侵犯，我们仍须努力。的确，有一些成人不知道什么是适当的身体接触，不知道怎样做才不算性侵犯。然而，也正因为身处恐惧之中，我们不知不觉已经剥夺了孩子所需要的人类温暖。

我不断听到那些关爱孩子的老师告诉我，他们对孩子连拍一下背或者友善地摸一下头都不敢。这种害怕侵犯的恐惧已经发展到了极端的程度。我有一次在电影院排队上卫生间，一位母亲从外面冲着男卫生间里的儿子大喊："如果有人碰你，你就大声尖叫!"我理解她的恐惧，但这无助于孩子建立自信和独立。我们绝不能以伤害孩子的方式触摸他们，但是情感和身体的亲密在游戏力中是不可或缺的。

父母的另一个担心是怕自己丢脸出丑。孩子可能想在公园里脱衣服，或者把头发染成蓝色。他们可能会捉弄我们，让我们唱滑稽歌曲，或者在公共场所玩"跟我学"的游戏。但是，不要因为尴尬就让你自己远离游戏，而最终失去欢乐。要不了多长时间，他们就是大姑娘大小伙了。到了那个时候，被同伴看到跟你走在一起，就足以让他们自己觉得没面子，所以这件事早晚都会扯平。

游戏力的下一步，是打破我们以往的游戏习惯。我们有些人太争强好胜，而不管孩子想不想跟你竞争比赛。有些人则太害羞，无法提供孩子全力对抗时所需要的阻力。有些人干脆把孩子丢在一旁，自顾自地搭起积木和乐高来。有些父母需要练习如何才能在游戏中更加投入，有些则需要练习如何才能更有效地鼓励孩子独立。

简而言之，由孩子表达需求，由我们积极地回应需求。父亲们有个出名的举动，类似于"老鹰扑食"。对此，妈妈们经常满腹怨言。父亲回到家中，很高兴见到自己的宝贝，于是就猛扑过来，一把把婴儿抱起来。婴儿本来正开心而安静地玩耍着，可如此一来，他就可能开始尖叫，变得焦躁不安，无法安静地坐着吃饭。结果，父亲很挫败，母亲很恼怒，而婴儿则被搞晕了。打闹或运动游戏确实对孩子有益，但前提是孩子和你一起玩，而不是"被你玩"。试着放慢动作，从目光接触开始，注意孩子传递的信息，了解他喜欢被抛得多快多高。否则的话，我们就不是在按照孩子的节奏游戏，而是在固执地坚持自己的节奏。

类似的情况还有很多：快到晚餐时间了，来访的伯父却要拉着孩子去吃冰淇淋；孩子正在和爸爸开心地打闹，母亲则气急败坏地叫他们停止游戏，立刻上床睡觉。这些时候，大人都没有注意到孩子的节奏，而只是强迫孩子接受大人偏爱的模式。

对于声音、触摸、口味、气味、动作或四周的干扰物等，每个孩子的感官敏锐程度都各不相同。有的喜欢速度，而有的害怕速度；有的喜欢尖叫，而有的喜欢耳语；有的在 5 分钟内可以换 20 个游戏，而有的可以把一个游戏玩上一整天；有的不许我们分心做其他事，有的只要待在我们附近就可以自己玩。这些差异会对孩子的游戏方式产生重大影响，因此我们必须辨别这些差异，从而调整我们的方式。我们经常忘记这个问题，主观甚至武断地作出判断，就像那句“名言”：“你快穿上外套，我觉得很冷！”

最典型的情况是，我们希望孩子用语言来表达一切，因为这是我们的主要沟通方式。然而，语言并不是孩子的表达方式。他们的方式是游戏。因此，假如我们不和他们“玩”，而坚持要他们“说”，那么沟通的效果将极其有限。假如我们去玩，尤其是按照他们的方式玩，那么孩子将向我们展示意想不到的感受和想法；而如果我们足够耐心，孩子最终会用语言来与我们沟通。尤兰（Brenda Ueland）在书中写道：

> 别再对可怜的孩子们提出那些机械性的问题：“宝贝，你洗手了吗?”这似乎是多数父母主动发起的唯一对话……有没有注意到，他们在听到这个问题后，原本神采奕奕的笑脸上瞬间就布满了厌烦或木讷……多年前的一天，那时女儿 4 岁，我突然意识到这一点：不行，我一定要让自己说出的话能“捕获”她的心。于是我说：“嘿，我看见隔壁家的帕特一边跑一边叫，因为后面有一只黄猫在追他，真是奇怪!”神采又回到女儿的脸上，回到大家的脸上，也回到我们的谈话之中。很快，她说出了许许多多新奇的事情和新奇的想法。

在一些家庭中，父亲与母亲各司其职，一个比较严肃，另一个比较风趣。试着偶尔对调一下，这会对大家都有益。妈妈不能只是细心呵护，也该有和孩子打闹的机会，而爸爸不要只和儿子打篮球，也要和女儿坐在地上过家家。如果你还从没跟孩子玩过1小时以上，那么你就还无法体会其中五彩缤纷的创意和乐趣。

总之，要玩得高兴，并不断与孩子联结。他们不需要我们做到完美，但他们会知道我们正在努力。

建立游戏力互助社群

建立一个互助社群可以很简单，只需要几个能与你经常打电话或一起喝茶的父母；可以是非正式的聊天，也可以事先策划，安排大家轮流讲述和倾听；可以谈谈对前面建议的那些问题的看法，也可以聊聊最近的养育生活。对于那些压力很大，需要更多支持的父母，你可以帮他们照看孩子，让他们得到休息。如果你知道哪位父母最近情况不好，那么可以约上两三个朋友一起去他家，像特种部队那样实施情感救援：一个和孩子玩，一个来跟他聊天、倾听，一个帮忙打扫卫生。我们要改掉“各人自扫门前雪”的态度，因为那通常只是自己感到无力时孤独的伪装。

即使你已经被自己的孩子搞得焦头烂额，但与别人的孩子相处还是会对你有益的。我的朋友雷夫和几个家庭一起去攀岩。领队有一个3岁的女儿名叫玛莲，因为感冒才刚好，所以特别黏妈妈，并且不肯与别的孩子分享攀岩用具。雷夫原本不喜欢玛莲哼哼唧唧的样子，不过他想起了游戏力讨论过的一些理念，把玛莲的行为翻译成想要蓄杯的需求。于是他走过去对玛莲说：“嗨，好久没看到你了，我真想单独跟你待一会儿。要不要听故事，或者下棋，还是玩你想玩的游戏?”玛莲开心地坐在了他的腿上，另外两个男孩也加入进来。之后雷夫告诉我：“知道我当时的感受吗？把理论用在别人的孩子身上实在是容易多了。”

我非常相信互助团体的力量，这一点对父母尤其重要，因为我们已经习惯于老死不相往来。父母之中，父亲们又更是如此，他们通常连一般的安慰、鼓励都不会做。我在女儿出生后组织了爸爸互助组，持续了 3 年。虽然我这个新爸爸要千方百计地挤出时间来参加小组活动，但是我的收获足以弥补时间上的损失。

不过，我发现今天的父亲们已经越来越多地开口交流了。有一次在录像店，两位先生认真地谈论着带孩子的心得，于是我本能地凑到近处偷听了一会儿。他们先是表达了养育一个精力无限的男孩的烦恼，又交流了如何避免体罚孩子的经验，最后一致达成的共识是，他们都希望孩子有一个与自己不一样的童年，只不过还不太确定该怎么做。两个男人一边聊天，一边在挑选最新的惊险动作片。我心中顿生感慨，最近几年中人们的意识确实发生了很大变化。

惠芙乐和她的同事发动了不少很好的家庭互助活动，例如“游戏日”和“家庭工作坊”。“游戏日”那天，孩子及其父母，加上其他相关的成人，大家花几个小时来一起做游戏。通常，一个孩子会有至少两个大人陪伴，这样就可以分配一个大人陪孩子游戏，而另一个去和其他人彼此倾诉和倾听。参与游戏的大人也会特别尽心尽力，愿意跟随孩子，因此游戏日的场景既热闹又轻松。“家庭工作坊”则是把这种形式复制到整个周末，而其中会安排一些一对一的时间，由孩子决定和哪位大人在一起，并且决定做什么。除此之外，他们还发明了一种活动叫“成人游戏小组”，大人们可以从中找回游戏的感受，发现游戏对于生活的价值。同时，父母们还可以分享喜悦，表达挫折、恐惧和愤怒等各种感受，因为很多时候我们并不想在孩子面前表露这些感受。

我女儿 3 岁时特别热衷于小美人鱼的游戏，而我却越来越受不了英雄救美的情节。我曾试着加入其他创意或者女性也能自强的理念，但是每当我企图这样做时，女儿的反应都是：“你玩得不对！我再也不要和你玩了！”我差点儿就大喊出来：“好吧，不玩就不玩！我讨厌这个游戏！我快受不了啦！”其实，我真的很想和女儿玩，只不过无法投入我以往的热情来跟随她。因此可以想象，由于我带着无聊和被折磨的态度来加入游戏，因此她就更加坚持要“用她的方式”玩，而我也就越来越感到崩溃。

恰巧在这种情况下，我参加了“成人游戏小组”。为了帮助我，两位成人请我玩女儿的小美人鱼游戏。我可算有机会发脾气了，尽管一半是假装的：“不！我不玩！我讨厌这个游戏。”一边是我在尖叫，一边是他们在哀求我。我暴跳如雷，恶言恶语，终于说出了我不敢对女儿说的那些话。这样进行了 20 分钟，最后我笑个不停。而在大笑中我吃惊地发现，原来我在向女儿传递这样的信息：你最珍爱的玩具愚蠢至极、无聊透顶。这实在不是帮她培养自信和联结能力的好方法。

把这些感受宣泄出来以后，我终于能够回家好好地游戏了。我对游戏的热情让艾玛吓了一跳，她的创意受到激发，而游戏也变得越来越有趣。很快，她开始玩各式各样的游戏，不再只重复同一个主题。

着手写本书的同时，我读到了蒙台梭利的一段话。她是一位伟大的教育家，对于很多问题都有非常精辟的论述，但我却不能同意她对游戏的看法。她说：“在孩子的生活中，游戏（玩耍）的价值极小，只有当孩子没有更好的事情可做时，他们才会游戏。”

我想不出还有什么能比游戏更重要，无论是对于孩子，还是对于我们自己。其实在我本人心中，更同意库尔特·冯尼格特（Kurt Vonnegut）的一句话：“我们来到地球，就是为了四处逍遥，说别的都是扯淡。”

衷心希望你和孩子都能从游戏力中得到快乐。

译 后 记

在我最初的个人感受中，原书的结尾几近完美，译后记纯属画蛇添足。然而一位好友的点拨，让我有了新的认识。他说：如果这是一本好书，那么它就没有结束；相反，它应该有继续。

好作品的价值不仅在于它既有的内容，更在于它留给人们的空间。在这个空间里，每个人都会有疑问，都会有思考，甚至都会有行动；也正是在这个过程中，每个人都会重新发现自己的智慧和力量。

《游戏力》帮我们打开了一扇门，也帮我们迈出了第一步，但是剩下的路还要靠我们自己走。对于包括我在内的很多人，书中的不少内容都有待于进一步解读。作为游戏力的学习者，我也曾摸不着头脑，也曾对某些方法产生过深深的怀疑，也曾迫不及待地去尝试一些游戏，希望收到神奇功效，但结果却南辕北辙。

本书的翻译历时一年之久，在当今出版界的低效率排行榜上肯定名列前茅。然而正是充分的时间，让我有幸从更多父母那里受到了启发。群体的智慧和力量，不仅帮我解开了很多疑问，更让我获得了许多无法言表的积极感受。

已经有越来越多的父母加入了游戏力的持续讨论，并且在实际生活中不断拓展游戏力的策略与方法。借此一席之地，分享一些我个人在学习和应用中曾有的疑问和感受，算是抛砖引玉，目的是同大家一起更好地继续我们共同的工作——为人父母。

疑问1：这样做不会把孩子教坏吗？

我女儿是两岁8个月开始上幼儿园的。头三天的新鲜劲儿一过，第四天就在幼儿园门口上演了“生离死别”。这天晚上接她回家的路上，她就主动发起了“上幼儿园”的游戏，并且要扮演爸爸，而要我扮演她（一切就像事先与本书作者串通好了一样）。假如按照我以前的思维模式，我一定会扮演一个“懂事”的小孩，在幼儿园门口“主动与爸爸告别，然后高兴地跟老师进去”。但是按照游戏力的原则，我就该扮演一个哭闹黏人的小孩，而且要演得比女儿的实际情况更夸张。这样能行吗？说实话，我当时心里实在没底。

我强忍着自己的担心，呆板地“哭着不让爸爸走”。相比之下，女儿的入戏能力真可以称得上天赋，因为她活灵活现地背出了台词——早晨我对她说的话：

“宝贝，我一定会来接你的。等你吃完晚饭，我就会站在门口等你，然后咱们一起去游乐场。来，亲一下，我去上班了。”亲完我，她转身就走。

当然，游戏力不是速效药，并没有在第二天产生神奇效果。之后的三天里，这个主题不断上演，女儿轮番扮演爸爸、妈妈和老师，而我当然一直扮演着哭闹的小孩。不过有了第一次的经验，我之后的表演也就生动了很多。

第四天时，她突然决定扮演自己。我脑筋急转着：“我是否该扮演一个成熟的大人，利用这个机会再对她强化一些道理呢？”显然，游戏力不这么认为。

“我不要去上班！我会很想你的。”我虽然这样演，但心里依然忐忑不安：这样不是在加重她的焦虑吗？

“爸爸，你要负责去上班，我要负责上幼儿园。”女儿一脸坚定地说。

我喜出望外，但此时必须忍住兴奋，继续不情愿地说：“那我什么时候能来接你呢？”

“我吃完晚饭，你就可以来接我。”

我假装还是不放心：“真的吗？那咱们拉钩儿。”

第二天在幼儿园门口，真实上演了头天的游戏：我黏着她，而她给我讲要上班的道理。最后，拉完钩儿，亲一亲，她自己就大踏步地跟着老师进去了。反而是站在门外的我，心里此时空荡荡的。

我再次对自己说："要相信游戏的力量。"

不，应该更准确地说：要相信孩子的力量。

疑问2：我一定要"出洋相"吗？没有别的方法吗？

6年前第一次读《游戏力》时，我朦胧地意识到，应该改变一下自己"威严父亲"的形象，于是决定假如儿子用玩具枪射击我，我就中弹倒地。机会很快来了：儿子用他们新买的玩具来复枪伏击刚进家门的爸爸。当时的情景至今清晰：我脑子中有一个声音在大声说"倒下，快点倒下！"。可是，我还是无法战胜几十年打造的"架子和面子"，还是站在那里，虽然假装捂住胸口，但形态就是一个最拙劣的演员，想做点什么，但又扭扭捏捏，一脸尴尬。

看着儿子一如既往地转身去做自己的事了，我仿佛听到他们在说"就知道会没意思"。自出生以来，其实他们一直在坚忍不拔地尝试，努力邀请我加入他们，虽然一次次失望，但仍在坚持向我敞开大门。他们会坚持到什么时候？假如我现在不进去，那么总有一天，这扇门一定会关上。

几天后，儿子再次给了我机会。当时我的感受是：跳楼的决心应该也不过如此。

我终于倒下了。

大出意料的是，那个时刻我虽然还是感到尴尬，但很快，一种更强烈的喜悦取而代之。当时我只是以为，是儿子前所未有的兴奋给了我极大的赞许，因此让我感到如此喜悦。不过现在看来，恐怕另有其因。那就是：我终于越过了自己心中的那个障碍。

我想："倒下"与否并不重要，重要的是要不要改变自己几十年的固执。这肯定是世界上最难的事，也许只有为了生命中最重要的人，我们才有力量去尝试。一位试读本书的妈妈明确提出：游戏力的重点不是方法，而是态度。新的态度会启发我们新的思路，进而创造出适合各自家庭的给力孩子的新方法——读书力、图画力、旅游力，等等。

疑问3：游戏“失灵”了怎么办？

前面已经提到，《游戏力》的翻译不是个人行为，而是集体行动，集结了无数父母的智慧、力量和热情。下面的小故事来自一次游戏力工作营，引用在这里一来是回答“游戏失灵”的疑问，二来作为集体合作的留念。

一位行动力很强的妈妈在论坛上发帖（以下内容经过译者整理）：

女儿不刷牙，是我家的愁人事儿。我发明了一个游戏，自己扮演牙齿细菌，希望以此激发女儿打败细菌的主动性。第一次效果确实不错，但是第二天就不灵了，我刚自称牙齿细菌，女儿竟然回答：“我是细菌宝宝。”我当场傻眼了：这可这么演下去啊？

三天后的现场讨论中，大家首先分享了各自的“失灵”经历：无论是吃药和起床，还是限制吃糖和不让玩电脑，经常是一个点子好使了两天就失灵，真可谓“道高一尺，魔高一丈”。看来：“斗智斗勇”在每家每户都是贯穿始终的旋律。

接着，大家智慧迭出，把“刷牙游戏”进行了多种变化：妈妈学刷牙，倒霉的虎克船长，蓝精灵大战格格巫，等等。每个人都贡献了创意，每个人也都获得了灵感。

不过，这些方法并不是全部的收获。

讨论中大家发现，游戏“失灵”的背后，往往隐藏着孩子更深层的需求，比如：当妈妈扮演牙齿细菌想让孩子刷牙，可孩子却要当细菌宝宝，那么这时孩子需要什么呢？

用游戏解决一些具体的麻烦，固然是生活中少不了的内容，但绝不是游戏力的最终目的。

透过表面，针对孩子的深层需求提供最根本的营养，并且用孩子容易吸收的方式提供营养，才是游戏力永不失灵的秘诀。

孩子其实明知道游戏都是假的，明知道我们都是在假装，但他们仍然会发出最真实的笑声。显然，他们正在吸收游戏提供的根本营养。这个营养又是什么？

那次讨论的最后是一项情景体验，也是最难忘的：

假如每个人自己就是那位妈妈，每天举着牙刷和孩子“斗智斗勇”，多半也会疲惫而无奈……然而18年后，长大成人的孩子已经离开家门。假如那时我们想起当年，那么这些“失灵”的游戏又会承载着什么记忆？到那时，我们评判游戏成败的标准又会是什么呢？

为人父母，注定会遭遇不断的问题甚至冲突，很多具体的难题也注定没有答案。然而正像许多过来人所描述的那样，所有的父母故事都有一个共同的结尾：让孩子走。到了那时，假如有人问：“当初遇到麻烦时，你是怎样处理的？”对此，我们希望选择哪个答案：

A. 我会严厉镇压

B. 我被迫放弃

还是……

C. 我和他一起游戏

李岩

于 2011 年春节